文
景

Horizon

社科新知　文艺新潮

水浒寻宋

一

虞云国 著

上海人民出版社

目 录

市肆篇

游艺篇

器物篇

风俗篇

规制篇

人物篇

自序

我以《水浒传》为题材写随笔，始自2000年，其缘起、用意与作法，十年前印行《水浒乱弹》时，在代序《我读〈水浒〉》里已有交代。读书界对《水浒乱弹》还算认可，近年时有读者说起难觅其书，这才促成了《水浒寻宋》的新妆亮相。金元杂剧里，凡角色初登场，总得说几句上场诗或科白，我也何妨借此机会饶舌一番。

《中国读者理想藏书》对最具代表性的80份推荐书目做过一次排行榜统计，四大古典小说中，《红楼梦》第一，获荐21次;《水浒传》第二，18次;《三国演义》第三，15次;《西游记》第四，13次。毛泽东说过："中国三部小说，《三国演义》《水浒传》《红楼梦》，谁不看完这三部小说，谁就不算中国人。"（陈晋《毛泽东与文艺传统》，中央文献出版社，1993年，第107页）。相信不愿被开除国籍的国人，这三部小说都应该看过的。

毫无疑问，在艺术的伟大上，《红楼梦》无可争辩地高居榜首；但《红楼梦》有点贵族化与士人化，近乎阳春白雪而曲高和寡。就普及化程度而言，《水浒传》与《三国演义》似乎超过《红楼梦》，成为普通大众的社会历史教科书。进而言之，

《水浒传》比《三国演义》更平民化，其着眼点不是统治者的政治权斗与军事角逐，而是更广泛的民众生活和社会矛盾，在这点上，它与《红楼梦》一样，都具有丰富深刻的思想内涵。

然而，若论《水浒传》的思想倾向与价值观念，不仅复杂多歧，甚且颇有冲突抵牾处。即以贯穿始终的“替天行道”而论，统治阶级的主导意识与被统治阶级的叛逆思想就割不断理还乱地杂拌纠葛在一起。所谓“天下有道，则庶人不议”，其道便由“天命所归”的天子所出；唯“天下无道”时，才企望有人挺身而出“替天行道”，拯百姓于水火，解黎民于倒悬。由此可见，“替天行道”尽管未必等同于革命思想，但至少为苦难民众保留了对无道统治进行武力批判的话语空间；但“替天行道”毕竟无法跳出“天命”的磁力场，不仅“天子昏昧”往往归咎于“奸臣弄权”，造反领袖也必然与生俱来具有皇权思想。唯其如此，鲁迅说的“大军一到，便受招安，替国家打别的强盗——不替天行道的强盗去了。终于是奴才”，等等，也确实都是小说所表达的意向。

近二十年来，学术界与读书界对《水浒传》背离现代价值的某些取向，例如对女性蔑视乃至诋毁的态度、滥杀无辜的暴力倾向、梁山聚义的民粹主义取向，都有所批判，这是完全必要的。但也有论者以为，《水浒传》宣扬的是农民起义、农民造反的小传统，有违于尚和、尚文、尚柔的中国文化的大传统，影响和破坏了中国的人心，斥之为“中国人的地狱之门”。于是，为避免“教坏”下一代，禁止中小学生阅读《水浒传》的呼吁也见诸媒体。这里不拟深入讨论这些宏大议题，但诸如此类的极端主张，且不说与二十世纪八十年代“读书无禁区”的呼吁相去难以道里计，而且显然是把孩子与脏水一起泼掉。倘若这样以当下的价值观念与道德标准求全责备地判决古今中外的文学名著，有几部能幸免责难而审查过关的？在“农民战争”被热捧为史学研究“五朵金花”之一的年代里，过度拔高农民起义与农民造反，固然不足取（当然，《水浒传》并非以农民起义为主题的所谓农民战争颂歌，已是文史学界的共识，此不具论）；但并不意味着就走向另一极端，奢谈所谓尚和、尚文、尚柔的大传统，却无视激起民众造反的深层原因，甚至对他们揭竿而起的不得已选择也缺乏起码的“了解之同情”。清人金圣叹虽然说“乱自下生，不可训也”，却更强调“乱自上作，不可长也”；今人对“逼上梁山”好汉们的同情与评价总不至于还不及金圣叹吧！

撇开主题思想不论，《水浒传》堪称是一部以梁山好汉兴灭聚散为主线的宋代社会风俗史。小说从高俅迫害禁军教头王进切入，拉开了“乱自上作”的序幕；随后鲁提辖拳打镇关西，触及了渭州地头蛇迫害江湖女艺人的底层冲突；而后借由鲁智深与林冲相识，摹绘出东京市井的人情风光，御街、大相国寺、东岳庙与东京第一酒馆樊楼，令读者宛如置身其中；以郓城风土人情为背景，交叉推进宋江与梁山好汉以及与阎婆惜之间的复线描写；而武松杀嫂与斗杀西门庆，则让阳谷县社会诸阶层栩栩如生；其他诸如花荣清风寨的烟火，江州城里的官民众生相，高唐州里统治阶层的内部斗争，以祝家庄为代表的豪绅农庄，大名府的城市风貌，东京城的元夜灯市与李师师的行院风情，泰安州的庙会与集市……伴随着情节的推进，逐步展开了宋代政治历史与社会风俗的文字长卷，在广度与深度上远胜过张择端的《清明上河图》。

据罗烨《醉翁谈录》说，南宋“小说”名目里就有公案类的《石头孙立》、朴刀类的《青面兽》与杆棒类的《花和尚》《武行者》，塑造出孙立、杨志、鲁智深与武松等好汉形象，足见勾栏说书其时已讲开了水浒故事。余嘉锡认为，略具《水浒传》雏形的《大宋宣和遗事》，即“南宋人话本之旧”。从南宋初期流传的水浒故事，经街谈巷语、宋元说话与金元杂剧等多元样式与不同地域的持续敷演，到元明之际形成了百回本《水浒传》主干部分，所呈现的也是宋元时期的社会情状与思想风俗。

大约元明之际，对其前的水浒话本有过一次汇总性整理（尽管整理者究竟是否施耐庵，迄今未有定论），在今传百回本《水浒传》里仍留有宋代话本的若干痕迹，应该就是那次整理的孑遗。例如，“林教头刺配沧州道”那回一再说及“原来宋时的公人，都称呼端公”；“原来宋时但是犯人徒流迁徙的，都脸上刺字，怕人恨怪，只唤做打金印”；“宋时途路上客店人家，但是公人监押囚人来歇，不要房钱”。而“朱仝义释宋公明”那回交代为何宋江家里备有藏身的地窨子，则说得更仔细：

> 原来故宋时，为官容易，做吏最难……为甚做吏最难？那时做押司的，但犯罪责，轻则刺配远恶军州，重则抄扎家产，结果了残生性命，以此预先安排下这般去处躲身。又恐连累父母，教爹娘告了忤逆，出了籍册，各户另居，官给执凭公文存照，不相来往，却做家私在屋里。宋时多有这般算的。

第三十八回“及时雨会神行太保”时又解释戴宗为何称作“戴院长”：

那时故宋时金陵一路节级，都称呼“家长”；湖南一路节级，都称呼做“院长”。

百回本中这类“宋时”“故宋”的说词，显然是入元以后的说话人对话本里涉及宋代特定现象的必要说明。而有关元朝的类似交代，却未在《水浒传》中出现，这也反证百回本大体完形在元末。

既然如此，研究者大可以借助百回本《水浒传》，去探寻宋元时期的社会风俗。作为话本小说，《水浒传》当然有其夸张失实之处，例如战争情状的叙述与道术魔幻的描写，但绝大部分内容却非闭门造车、向壁虚构，而有宋元社会的生活细节作为其叙事依据。研究者只要在《水浒传》里细心梳理，认真抉发，宋元时期的制度衙署、法律宗教、社会经济、市肆商业、科技军事、阶级身份、礼仪习俗、衣食住行、戏曲杂技、体育游戏，等等，都留有弥足珍贵的吉光片羽与毫不经意的雪泥鸿爪，足以成为还原一代制度风俗或典故名物的文学性资料，倘再辅以其他文献记载，相关研究或能别开生面而喜闻乐见。这也是促成我发心写《水浒传》随笔的主要动力。正如《我读〈水浒〉》里说的：

希望能集腋成裘，达到一定规模，比如也来个一百单八篇（实际上，我手边已有百来个现成的题目），也许对于希冀了解宋代社会生活的读者，分则能独立成题，推开一扇窥探的窗户，合则能略成气象，构筑一条巡礼的长廊，对人们从整体上把握宋代社会有所帮助。

然而，《水浒乱弹》梓行以后，我的《水浒传》随笔却长久抛荒，致使十年前的许愿至今未能兑现，尽管也可以找理由做辩解，但仍应向读者告罪的。这次承蒙微言传媒与世纪文景的通力合作，为我推出《水浒寻宋》。较之于《水浒乱弹》，在内容上，新增了《神算子》《打火》等篇目，收入了与《水浒传》有关的书评，对旧作诸篇也尽可能做了增补或订误。在编排上，将全书粗略归为"读法篇""地名篇""市肆篇""游艺篇""器物篇""风俗篇""规制篇"与"人物篇"。至于书名将"水浒乱弹"改为"水浒寻宋"，只是老店新开，重整望子，并无深意。"水浒"一词典出《诗经·大雅》"率西水浒，至于岐下"，《毛传》说："浒，水厓也。""水浒"原意也就是水边的意思，施耐庵用来作其小说的书名，于梁山泊故事的内涵堪称熨帖。自《水浒传》风行以后，"水浒"的原意随着白话流行已少见使用，而作为特指《水浒传》的专用名词大有约定俗成之势。这册小书里有时即径以《水浒》来指代规范称呼《水浒传》。书名《水浒寻宋》也是这一用法，无非表明本书意在《水浒传》里寻找打捞宋代社会生活的遗痕。还应该告白的是，《读法篇》里原拟收入《毛泽东与〈水浒传〉》，但"等因奉此"，不便阑入。好在拙著《放言有忌》（华夏出版社，2014年）里收有此文，有兴趣的读者不妨找来一读，或有会心之处。

最后，谨向中国画大家戴敦邦先生深致谢意。忆当年，他慨然俯允《水浒乱弹》封面设计移用他的《水浒》人物造型图；这次，《水浒寻宋》有幸再次借他《水浒》系列画中"清风寨宋江观花灯"来为拙著增光添彩。借此文画之缘，作为晚辈，我由衷祝愿戴老画笔长健，为《水浒传》这样的名著留下更多的不朽画作。

读法篇

我读《水浒》

——《水浒乱弹》代序

先抄一段旧文：

幼时在小人书摊看《水浒》，也曾看得天昏地暗，如痴如醉。人到中年，以讲史为业，且以宋代为主。于是，偶尔也将《水浒》与《宋史》串着味读，间有所得，录为《浒边谈屑》，遂自作题记云：

少喜耐庵，血气未曾偾张；
长好乙部，《水浒》权充资粮。
慕陈寅恪之证史，小子岂敢？
效邓云乡之说梦，后学莫狂！
亦雅亦俗，或能共赏；
有史有文，相得益彰！

这是新世纪第一年，我在《万象》杂志上开写《浒边谈屑》时自撰的开场白，大体概括了我写《水浒》文章的因缘、用意与特点。

幼年时代，我的文学启蒙与历史启蒙，就是与父亲一起守着一架旧收音机，把评话《水浒》《三国》听得有滋有味。离家不远，有一家老虎灶，是附设茶座的那种，每天下午有说扬州评话的，也去蹭着听过几次《武十回》。身边有点小钱，热衷到小人书摊上看连环画，那是在上小学以后。下午放学，在路旁的小人书摊上，花一分钱看上两册连环画（倘若新书，还只能看一册），一次看上一两册过把瘾，一套《水浒传》就是这样看全的。记得那时《水浒传》连环画共二十一册，到《梁山泊英雄排座次》为止，还不是后来六十册一套，否则，吊胃口的日子还要长些。偶尔有几次，忘了周围人来车往，借着朦胧的路灯光，把租借的连环画看完，头上已是满天星斗，长长吁一口气，思绪却还在梁山泊转悠。

人们常说，“少不读《水浒》，老不读《三国》”，担心的是少年人血气方刚，怕他们读了《水浒》，缺乏理性，失去控制，模仿效法，闹出乱子，小焉者聚众斗殴，大焉者犯上作乱。但我自幼胆子不大，人也长得孱弱，或许是不自觉地在阅读中寻找一种代偿与平衡，至少从小人书走近四大古典小说，最早选择的却是《水浒》。记得是小学升初中的暑假，正儿八经地读了七十一回本的《水浒传》，感动的劲儿似乎已经赶不上读小人书，虽然也还是少时，但其后似乎没有做过什么出格的事儿。

“文化大革命”进入尾声时，我正在一所中学里当代课教师，赶上了“全民评《水浒》”运动。现在看来，运动发起者自比不得令终的晁天王，让运动有了点黑色幽默的味道。但当时，大多数人可都是认真投入的，我也未能置身事外。记得做过两件有关的事。一是自愿的，排队买了一部《水浒传》（这在十年书荒中不啻一掬甘霖），从头到尾重读了一遍，这次是一百二十回本。二是校领导与工宣队交办的，因忝为语文教师，让我给全校师生介绍过一二次《水浒》梗概，中学生们连《水浒》都没接触过，怎么能领会伟大领袖的战略部署呢？但说来惭愧，我对《水浒》，那时也谈不上有自己的想法。

过了一年，“文化大革命”结束；又过一年，高考恢复，我有幸录取于上海师范大学历史系。就读的第一年，也许受前几年评《水浒》的影响，史学界以邓广铭先生为主角，还有他的弟子与追随者，对历史上的宋江是否投降，是否打方腊，争论得不亦乐乎。那些文章，我几乎都浏览过。大学阶段，我通读了《宋史》，写过一二篇关于宋代的论文，有一篇还被业师程应镠先生收入他与邓先生主编的宋史研究会首届年会论文集。转眼就大学毕业，留校任教，后来又读在职研究生，专业方向就是宋史。

一进入专业研究，才知道宋史领域广大。我的兴趣又不窄，什么都想有所了解。先是选择制度史作为硕士论文的方向，完成了《宋代台谏制度研究》，而后就有点泛滥无归。不过，我却始终没有把专业眼光回到儿时喜欢的《水浒传》上来过。1998年初，《水浒传》电视剧热播，一家上海的电视杂志找我从专业角度写一篇短评（即收入本书的《〈水浒传〉再创作的历史定位》），似乎是唯一的客串。

也是这年岁末吧，陆灏兄以“安迪”的笔名出主《万象》编务，以一人之力为读书界贡献了一本活色生香的上品读物。蒙他的雅意，也刊发过我的几篇宋史随笔。大概是世纪之交的那一年，他提议我为他的杂志写一个不定期的专栏，并指定《金瓶梅》作为主题，要求是小说与历史穿插着写，写得好玩好看——好玩好看，是他常挂在口头的衡文标杆。他说，《金瓶梅》敷演宋代故事，正好在我的专业范围之内。

因为治宋史，我对陈寅恪倡导的诗文互证法也颇有效颦之想，有时会把有关史料与《水浒传》进行对照或联系，尤其是社会生活方面。但系统研究却未曾染指，现经陆灏兄一提议，我那久藏于心的尝试愿望被鼓荡了起来。但《金瓶梅》不是合适的对象，因为其作者是明代人，不过从《水浒传》里借了个躯壳，故事虽借用宋代的，语言名物与社会背景都是明代的，如按陆灏兄历史与小说穿插写的要求，历史内容牵涉两代，行文势必缠夹不清，更何况我于明史缺乏深入的研究，自然不宜越界筑路。于是，蒙陆灏兄慨允，我便以《水浒传》为主题，在《万象》上开了《浒边谈屑》。

记得鲁迅曾说过："中国确也还盛行着《三国志演义》与《水浒传》，但这是为了社会还有三国气和水浒气的缘故。"他从解剖国民性角度，对此是持批判态度的。但任何问题可以正论，也可以反论。所谓的"水浒气"，不也说明《水浒传》问世以来对中国民族性格的巨大影响力么？"水浒气"可以是正面的——行侠仗义，惩治强暴，"路见不平一声吼，该出手时就出手"；也可以是负面的——拉帮结派，哥们义气，不分是非，为非作歹。

也许，《水浒传》在艺术上的伟大还赶不上《红楼梦》，但就平民化而言，它与一般底层民众的喜怒哀乐最为贴近。对这样一部古典小说，我国文学史界的研究成果不知凡几，而超越文学角度的研究却相形见绌，其中余嘉锡的《宋江三十六人考实》最值得称道，而萨孟武的《水浒传与中国社会》实开从社会史研究《水浒传》的先河。从这些跨越文学史的《水浒传》

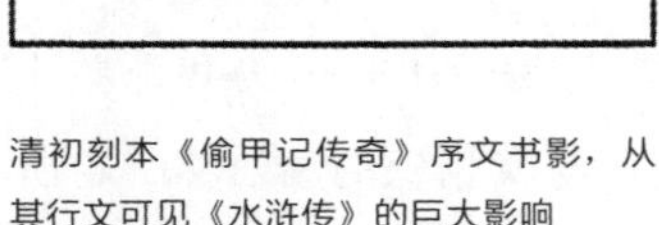

清初刻本《偷甲记传奇》序文书影，从其行文可见《水浒传》的巨大影响

明天都外臣刊李卓吾评本《水浒全传》扉页书影

研究中，我一方面获益匪浅，一方面也意识到有关《水浒传》人物史事的纯史实考证，在余嘉锡之后已经没有太大的空间，应该另拓新路。

梁山泊的故事至少在南宋瓦子的说话里就已经流传，这有《大宋宣和遗事》可以为证。《水浒传》是融会宋元两代说话人群体创作而成的长篇话本小说，其一百回本的主体部分至迟应该成书在元明之际，因而书中涉及的语言习俗、社会生活大体反映了宋元时代的历史背景，元代立国仅九十八年，底层民众生活与南宋相去不会太远。因而，《水浒传》在成书过程中，对生活风俗的描写摄录应该保留了宋元时代的社会影像，以我的专业知识，是完全可以用宋元史料来与之互证的。这样，也许能对《水浒传》与宋代社会生活的理解，双双提供一个新的观察视角，贡献一种新的阅读方式。《浒边谈屑》的系列随笔，就是在这种思路下形成的。

在小说与史料互证，描摹一代生活风俗上，令人心折的是邓云乡先生的《红楼风俗谭》，史料丰赡坚实，行文典丽清新，属于陆灏兄所说的好看的文章。应该承认，我在写《浒边谈屑》时，在雅俗共赏与文史贯通上，也时不时以邓说《红楼梦》作为自己效法的样板。而在文史互证上，除了乙部的史书与子部的笔记，我还旁及宋元的诗词散曲与杂剧话本。当然，我遵守一条原则，以宋代文献为主体，兼及元代诗文曲剧，而基本拒绝明代的材料。

《浒边谈屑》刊出后，有些读者与编辑不是因为我那些十分专业的论著，而是由于这些随笔才与我相识的。当然，也听说有人认为，文章的格局略小了些。这是对的，因是随笔，一要受文体的限制，二要受篇幅的限制，三要受题目的限制。关于题目，我是有意选《水浒传》中出现的风俗名物，这就难免具体而琐碎。但希望能集腋成裘，达到一定规模，比如也来个一百单八篇（实际上，我手边已有百来个现成的题目），也许对于希冀了解宋代社会生活的读者，分则能独立成题，推开一扇窥探的窗户，合则能略成气象，构筑一条巡礼的长廊，对人们从整体上把握宋代社会有所帮助。野心不大，仅此而已。

然而，在现今的学术评价机制里，这些都是些不登大雅之堂的小品闲文。尽管自以为这些随笔在史料运用上，是完全遵循史学规范的，在内容上也不乏一得之见，但仍不得不被现行考核体系划出科研硬指标之外。于是，我只有忙里偷闲才写上一篇，自娱也兼娱人。因而，不仅私心期待的规模效应不是倚马可待，连专栏的供稿也常常青黄不接，以致常有人问我：近来《万象》怎么不见你的文章？

2006年年初，还在中华书局担任编辑的路育松女士来函，认为我的随笔既有一定的学术内涵，又有雅俗共赏的可读性，问我是否有意出版这些随笔。她是我的专业同行，而中华书局主办的《文史知识》又不止一次刊发过我的《水浒》随笔，对这种高情厚意，我自然是十分感谢的。但我不可能抽出大段时间补写其他篇目，只能将已经发表与手头完成的稿子结集出版，至于其他还有数十个题目，只能有待于今后再出增补本。我的这一要求，路女士与中华书局也都慨然俯允。但始终杂事丛脞，直到今年寒假后才着手进行。这次结集，因读书积累了新材料，对许多篇旧作做了增补，有的篇幅甚至扩充至原来的二三倍之多，好几篇几乎是重写，插图也有新的增汰，才整成现在的模样，也不知道读者朋友是否接受与喜欢。

最后，对书名略作交代。最方便的做法，就是用《万象》上的专栏名。当初取名《浒边谈屑》，也是斟酌过的。“浒边”，有两层意思，其一是在《水浒传》旁边，其二是在水边，目的只是一个，不下水，不谈论小说本身，借小说的某些细节做由头，生发开去，讲与这一细节相关的当时社会生活。“谈屑”，一是指所谈的都是不成片段的生活风俗，二是自知这类随笔无足轻重，不过屑末饾饤而已。这个专栏名肯定不贴近一般读者，出版社建议另取一个雅俗共赏的书名。考虑再三，便取名《水浒乱弹》。这里也略作说明。“乱弹”，首先是一种戏曲声腔名，不妨借喻为一种阅读《水浒》的新形式。当然，“乱弹”本身就有乱弹琴的意思。这样的小书，文学史界认为是非我族类，历史学界以为是难预主流，不是在乱弹琴，还是什么？

《水浒传》的读法与说法

——读《宫崎市定说水浒》

宫崎市定这本书最先在二十世纪七十年代初以《水浒传中的人物》为题在《历史与人物》杂志上连载；而后改题《水浒传：虚构中的史实》，相继收入《中公文库》与作者的全集。现在的书名《宫崎市定说水浒：虚构的好汉与掩藏的历史》，是中译本（赵翻、杨晓钟译，陕西人民出版社，2008年）改的，虽未尝不可，但已非原汁原味。

更有甚者，译者序说：翻译时，“在表述上围绕文章的可读性、趣味性，译者也做了一些延伸和发挥”。由于手边没有日文原版，对中译本这种做法究竟在多大程度上“损害到学术著作的严谨性”，无法做出全面判断。但这种把自己“延伸与发挥”的私货与原著缠夹在一起发卖的做法，在翻译中似乎并不足取。

至于中译本把为《水浒传》插图的日本浮世绘大家葛饰北斋一再排成“葛饰北齐”，把我国最负盛名的宋史学家邓广铭通通排成“郑广铭”，让人不由得猜疑译者（当然也可能是责编）或许不认识日文汉字中的繁体字，错把“北齋”看成“北齊”，误把“鄧”当作“鄭”。第三十页所载陈洪绶《水浒叶子》的插图分明是赤发鬼刘唐，文字说明却作“宋江”，也让人啼笑皆非。

《宫崎市定全集》第十二卷收录其研究《水浒传》的全部著述：第一部分是《宋元时代》《世界第一的宋元时代文化》与《宋与元：从蒙古大帝国的出现到东亚的文艺复兴》三篇专论，似是作为《水浒传》形成的时代背景来处理的。第二部分即本书。第三部分则是与《水浒传》相关的三篇论文，分别为《水浒传的伤痕：现行本成立过程分析》《两个宋江》《水浒传与江南民屋》，前两文反映了宫崎对《水浒传》的后期观点，实为本书中《宋江其人》与《〈水浒传〉的成书年代》的前导性成果，他也将这两文列为本书的参考文献，窃以为也应该译出作为本书附录。在该卷《自跋》中，宫崎回顾了自己《水浒传》的研究历程，也是颇有参考价值的，不妨也作为附录译出。在对译本吹毛求疵后，进入正题。

一

宫崎市定（1901—1995），日本中国学开山内藤湖南的传法弟子，也是涉猎最广博、识见最透辟、成果最丰硕的日本中国史学的第二代巨擘。宫崎自称，自己的史学“最先从研究宋代开始”，宋史始终是他研究的重点。而《水浒传》的故事正是发生在北宋末年。由这样一位宋史大家来说《水浒传》，自然是不二人选。

宫崎推进了内藤的“唐宋变革论”，并夫子自道：“我从

水滸辨

水滸一書坊間梓者紛紛偏像者十餘副全像者止一家前像板字中差訛其板象旧惟三槐

題水滸傳叙

天海藏

先儒謂盡心之謂忠心制事宜之謂義愚因曰盡心於為國之謂忠事宜在濟民之謂義若宋江等其諸忠者乎其諸義者乎當是時宋德衰微乾綱不攬官箴失措下民咨々山谷嗷々英

《水浒传》在日本也很有影响，日本光轮王寺藏评林本《水浒传》题叙书影，“天海藏”为其入藏的题记

来不会离开世界史的体系孤立地思考个别的问题。”他追随乃师倡导的宋代近世说，正是这种史观对宋史的定位。而他在研究《水浒传》这一个案时，也始终没有偏离这一学术旨趣。就在这本写给大众的读物中，他仍坚持自己的“近世说”。例如，他认为，《水浒传》故事所发生的“宋徽宗时期，北宋社会经济高度成长，甚至可以说已经出现了某种资本主义形态”。在说到《水浒传》里杀人祭鬼的情节时，宫崎注意到这一现象“与所谓的中国从宋代开始进入中国的文艺复兴时期”的“近世说”有所抵牾，便解释说：“一边是先进的理想，另一边是落后的现实，这两者之间的不平衡性才是西方文艺复兴的特征”。这一套说辞，令人略感牵强附会，却也表明“近世说”的宏观视野与《水浒传》的具体个案如何接榫，即便在宫崎这样的大家那里，也还是个问题。

出于专业敏感，宫崎认为“要想了解中国，读《水浒传》要比读四书五经更有用”，显示他对中国社会历史的感觉一点不睽隔。出于职业习惯，宫崎念兹在兹的问题是：“作为小说的《水浒传》和实际宋代的史实之间究竟存在着多大的差异？”面对具体的历史事件，他首先关注这一事件赖以存在或发生的历史背景。本书“无德之帝”一节，概述“宋代史传有关徽宗的记载”，一般读者也许会感到冗长与无趣，而宫崎则旨在勾勒《水浒传》的时代背景，用他自己的话说，本书“一开始先安排的可说是《徽宗本纪》”。这也许就是他所说的，“多年来从事历史学研究，对历史的偏好已经深入骨髓”，连章法上也是纪传体的做派。

作为一流的史家，宫崎说《水浒传》时，不仅对总体感与大背景有着精准的把握，对有些细节的咂摸也极具历史感。他在将中国皇帝分类时，把宋徽宗与唐玄宗都归为“挥霍无度型”。他别具只眼地指出，小说中宋徽宗“频频出入青楼而似无半点惧意”，足以说明当时“国都开封府风气之良好，百姓生活之安乐”；而神行太保戴宗“这种日行千里的速度，正是当时的百姓，尤其是从事商业贸易的居民渴望达到的”，与宋代社会“东西南北商品流通频繁”大有干系。

宫崎尽管承认文学和历史从来就不是一回事，即便“历史小说在文学性上的必然诉求，本就与历史事实的必然性是两回事”，但一遭遇历史细节，职业习惯就立马出来干预：“两者如果能够整合那是最好不过了，因为正是两者的整合才使历史小说成为了真正意义上的历史小说。”这种专业思路，在读《水浒传》时可以说是利弊相参的。

先说有利方面。史料考证是宫崎的当行本色，唯其如此，在说到《水浒传》里“下级武官的世界”时，他建议“在了解宋代兵制的基础上再去阅读的话，你会发现一个更为生动有趣的故事”，接着要言不烦地代为介绍了宋朝的禁军与厢军、武官与兵器，让你明白八十万禁军教头的林冲，其实际地位“比‘使臣’即最下级的八品、九品武官还要低”。他的关于“两个宋江”的考辨最为出色，极具逻辑力地证明：宣和三年（1121）夏季同时存在征方腊的大将宋江与草寇宋江。

次说弊端。其一，凡是历史上有其人者，就要做一番专业论证，全然无视“文学和历史从来就不是一回事”，总要把小说拉回到历史的轨道上去。在说到“方腊为何造反”时，宫崎根据史料，几乎把历史上的方腊做了一番概括性的复原工作。类似的历史考证癖，在说童贯、蔡京等人时也一再充分表现出来，这对非专业读者来说，也许会觉得乏味。其二，过度的考证有时竟不免陷入无效劳动或牵强附会的窘境。例如，宫崎对原为文学虚构人物罗真人的原型进行了四个人次的考证，最后不得不承认："要想互验身份，确认罗真人其人几乎是不可能的。"而他根据《福建通志》载有明万历二十年（1592）福建长泰县一次失败的劫狱，与小说中"东平府误陷九纹龙"情节有相似处，就推断《水浒传》百回本成书应在1592年后，这显然穿凿过深，也与百回本流传与收藏的实际相违背。

尽管宫崎说《水浒》还有些许不足，但他在研究思路上，将其放在一个宏阔的"近世说"的视野下（对其"近世说"不妨取保留态度，但宏阔的视野则值得效法），重视探究虚构与史实之间的关联，是颇有启示，足资借鉴的。如其所说："有些问题如果能站在历史学的角度去研究反而更合适。"

二

宫崎其书后记说："《水浒传》的研究方法有很多。"这里所谓的研究方法，也就是作为学者对《水浒传》的一种读法，他们倘若把研究成果公之于世，也就成了一种说法。对一般读者而言，读《水浒传》时，也许不必像学者那样取正襟危坐的研究架势，也未必一定要成为百家讲坛式的流行说法，但读法还是应该讲究的。这里，接着宫崎的话头，略说《水浒传》的读法与说法。

第一种方法是历史学的，旨在探讨《水浒传》的内容与史实究竟有何关系。宫崎这本书就是代表作之一。也许在宫崎的影响下，他的学生佐竹靖彦也写了一本《梁山泊：〈水浒传〉一〇八名豪杰》（韩玉萍译，中华书局，2005年）。佐竹师承乃师家法，把《水浒传》作为“唐末至明代中国历史状况之民间传说和民间文艺的集大成作品”来考察，其书最出色的部分，是对“一丈青”绰号的历史考证。

不过，最早从历史学角度对《水浒传》进行研究的，要推中国学者余嘉锡。他早在1939年就著有《宋江三十六人考实》（云南人民出版社2005年将此书与同氏的《杨家将故事考信录》合为一册再版），据宋元群籍钩稽出小说中梁山人物的历史原型与梁山泊的历史变迁，堪称以历史学视角研读《水浒传》的开山之作。宫崎在为其书开列的参考文献中没有余氏的论著，而他关于浪里白条张顺的原型出自南宋末年驰援襄阳的张顺的说法，早经余嘉锡的考证而坐实了。

第二种方法是文学的。文学的读法可分为文学考证与文学品鉴两种形式。前者关注《水浒传》与文学史史实的关联，诸如水浒故事的流变、作者与版本等等，例如历史学家罗尔纲就有《水浒传原本和著者研究》（江苏古籍出版社，1992年）。这些文学史领域的研究，广义说来也可纳入历史学方法的范畴，但两者关注的史实毕竟有所不同，一为与文学相关的史实，一为与历史相关的史实。这里只说后者，属于对小说的评析与赏鉴的范畴。张恨水的《水浒人物论赞》，马幼垣的《水浒人物之最》（生活·读书·新知三联书店，2006年），以及新近问世的《趣说水浒人物》（李剑冰著，上海人民出版社，2008年），都是就小说本身评鉴其中人物的。

第三种方法是社会学的。仔细推敲，这种读法还可以一分为二，即社会史的方法与社会学个案的方法。

先说社会史的方法。这种读法，认定虚构的小说必有历史真实在其中，因为任何文学的虚构都离不开所处的时代，也就是说《水浒传》是以成书时期的社会风俗历史作为其虚构依据的，因而可以作为宋元社会历史的形象史料。余嘉锡早就注意及此："知说部所叙，大体有所依据，真假相半。即其傅会缘饰之处，亦多推本宋元社会风习，初非向壁虚造。"因而指出：倘若详加考索，"即《水浒传》所用之名辞、典制，昔所认为难于索解者，至是亦渐能得其真义矣"。他对宋江绰号"呼保义"的考证，就牵涉到当时制度与民俗。在这种读法里，陈寅恪的诗文证史法大有用武之地。这种社会史的读法，广义说来，当然也可以归入历史学方法里，但两者在读法上还是有所区别的。历史学的方法主要发掘与小说文本相关的历史真相，是用史料来证小说文本；而社会史的方法则是把小说文本也作为史料，与其他史料对读或互证当时社会诸情状。

次说社会学个案的方法。宫崎提及"中国有萨孟武的《水浒传与中国社会》"，就是这一读法的示范之作。这种读法，是明知小说为虚构而认为其可能有原型，而将其作为了解社会历史的形象读物。读《水浒传》也可效法恩格斯读《人间喜剧》："巴尔扎克在《人间喜剧》里给我们提供了一部法国社会，特别是巴黎上流社会的卓越的现实主义历史……我从这里，甚至在经济细节方面（诸如革命以后动产和不动产的重新分配）所学到的东西，也比从当时所有职业历史学家、经济学家和统计学家那里学到的全部东西还要多。"各路好汉逼上梁山的过程，形象反映了北宋晚期普遍而深刻的社会危机。

萨孟武就是以《水浒传》作为社会学研究的一个样本，用其中的人和事来证成自己的学术观点。这种读法难免有主题先行的嫌疑。只消略举其书的目录，诸如《梁山泊的社会基础》《小霸王劫婚与中国社会之"性"的缺点》《十万贯生辰纲之社会学的意义》《由潘金莲与西门庆谈到古代的婚姻问题》《快活林酒店的所有权问题》等等，就可以知道他是以《水浒传》为根据，作为宣传自己社会学理论的绝佳例证。萨氏同类的书还有《西游记与中国古代政治》《红楼梦与中国旧家庭》，所用的都是同一路数的读法与说法。

当然，以上读法与说法也不是此疆彼界划得泾渭分明的。例如，在宫崎说《水浒传》“胥吏的世界”时指出“《水浒传》可以说如实地再现了胥吏阶层的生活状态，因而从这一点而言，《水浒传》也是可以与正史相提并论的鲜活的史料”，就是用一种社会史的读法在审视《水浒传》。早在1941年，宫崎先在京都大学以《水浒传》为教材，开设“水浒传中的支那近世社会状态”系列讲座，便有尝试社会学方法的端倪。而这一讲座与他后来连载成书的《水浒传：虚构中的史实》之间，也有割不断的联系，足见宫崎是混用历史学与社会史的方法来说《水浒》的。佐竹把108个梁山好汉划分为以卢俊义为头领的下层军官团伙，以晁盖为首的刺青团伙（由半贼半商的渔民和运输劳工组成），由宋江率领的胥吏—衙役团伙，也颇具社会学个案的剖析眼光。而马幼垣的《水浒人物之最》属于文学评论领域，但其中评“最背黑锅的女人——阎婆惜”，显然也借用了社会学的视角。

与以上读法相比，只把《水浒传》当作故事读，虽也知晓些情节，受到了陶冶或教育，却不是最经济的读法。经典是每一代人都能从不同角度汲取教益、获得启示的伟大作品。而阅读经典，根据阐释学的观点，不仅仅是一种简单的接受过程，同时也是一种再阐释的过程。《水浒传》作为经典小说，每个读者都可以有自己的再阐释与再创造，犹如苏轼所说的“横看成岭侧成峰，远近高低各不同”。

还有一种实用励志型的读法。也就是从小说中的人与事受到启发，归纳出一些经验教训或方法原则，应用在自己的工作或生活中。这类读物，书肆所见有《说水浒，话权谋》，专从计谋权术立论的。你当然也可以把吴用的角色定位为总经理（董事长当然是宋江），来学会怎样做好副手。这种读法，最成功的要数毛泽东。连宫崎也看到了这点，他在其书结尾指出：“据说毛泽东也很喜欢《水浒传》，《水浒传》对他本人的思想产生了巨大的影响。”通过对《水浒传》再阐释，毛泽东甚至因此影响了中国一段历史的走向。励志实用型的《水浒传》读法，谁也比不上毛泽东那么出神入化。

本书引述的《水浒传》原文，以明万历年间容与堂刻百回本《忠义水浒传》（李贽批评）、金圣叹批评《贯华堂第五才子书施耐庵水浒传》为底本，参考人民文学出版社百回本《水浒传》进行文字校订。——编注

《水浒传》的史地错误

与《三国演义》不同，《水浒传》虽有历史的影子，却不是历史小说。历史上，宋江起义确有其事，但史料有限，语焉不详，这就给小说创作预留了巨大的空间。《水浒传》涉及的史实与地理，有的与宋代实际两相契合，有的则颇有出入。前者印证了小说有历史的影子，后者说明了不是历史小说。

一　史实错讹与吹毛求疵

在史实上，《水浒传》开卷就错："话说大宋仁宗天子在位，嘉祐三年三月三日五更三点，天子驾坐紫宸殿，受百官朝贺……有一大臣，越班启奏。天子看时，乃是参知政事范仲淹。"嘉祐三年是1058年，而范仲淹早在皇祐四年（1052）就已经去世，死了六年，居然还能"越班启奏"，岂非咄咄怪事！

小说第二回叙述高俅发迹时说：

小苏学士出来见了高俅，看罢来书，知道高俅原是帮闲浮浪的人，心下想道："我这里如何安着得他！不如做个人情荐他去驸马王晋卿府里，做个亲随。人都唤他做小王都太尉，便喜欢这样的人。"……这太尉乃是哲宗皇帝妹夫，神宗皇帝的驸马。

王晋卿，名诜，是北宋著名画家，有《渔村小雪图》《烟江叠嶂图》传世。他是宋初大将王全斌的后裔。《宋史·王全斌传》附其曾孙《王凯传》说："子缄，缄子诜，字晋卿，能诗善画，尚蜀国长公主。"而据《宋史·公主传》，这位蜀国长公主应是英宗第二女，神宗皇帝一母同胞的亲妹妹，哲宗皇帝的亲姑姑。不过，王晋卿这位神宗皇帝的妹夫，英宗皇帝的驸马，小说却让他莫名其妙地低了一辈。

小说在"宋公明全伙受招安"一回录有招安诏书，落款是"宣和四年春二月"。这在历史年代上大有问题。其一，与历史上宋江投降的年代相差一年，这有《宋史·徽宗纪》宣和三年（1121）二月纪事为证："淮南盗宋江等犯淮阳军，遣将讨捕。又犯京东、江北，入楚、海州界，命知州张叔夜招降之。"其二，倘据小说的安排，宋江受招安在宣和四年二月，轰轰烈烈征方腊还在其后，而据《宋史·徽宗纪》，宣和三年八月"方腊伏诛"，倘若宋江在宣和四年才受招安，哪里还有南征方腊的用武之地呢？

在这些史实讹误中，一代名臣范仲淹的卒年，驸马都尉王诜的辈分，都是不难查证的；而方腊被处死的历史年份也确切无疑，更何况是宋江征方腊能否成立的关键所在，小说对此都疏于考证。这也充分说明《水浒传》出自文化程度并不高的说书艺人之手，自然不能要求他们对重要史实进行缜密考证。读《水浒传》，每事都考证出个子丑寅卯，当然没有必要。但梳理其讹误，有助于人们从另一角度把握小说，也不见得就是吹毛求疵。

二 地理讹误与说书艺人

至于地理错误，“智取生辰纲”最为集中。第十六回叙述杨志把生辰纲从北京大名府（今河北大名）护送去东京开封府，“五七日后，人家渐少，行客又稀，一站站都是山路”。对晁盖、吴用他们打劫的黄泥冈，小说点明“休道西川蜀道险，须知此是太行山”；而第十七回却说，与杨志一起押运生辰纲的老都管“自和一行人来济州府该管官吏首告”，则黄泥冈应在济州管辖范围。当时黄河改道北流，从大名府到开封府，取道几乎沿着黄河径直朝南，一路上都是黄泛平原，并无什么山路。此其一。由于从大名到东京几乎是径直南行，根本不必绕道东南的济州（治所在今山东巨野），而既然黄泥冈在济州境内，与太行山就更是了无关系。此其二。另外，当杨志在黄泥冈盘问时，晁盖等所扮的七个卖枣客人回答：“我等弟兄七人是濠州人，贩枣子上东京去，路途打从这里经过。”这里又有大破绽。濠州在今安徽凤阳一带，位于东京开封的东南方向，而黄泥冈应在大名府与开封府之间，必在开封的东北，从濠州贩枣子到东京，无论如何也不可能绕道到东京东北再朝南走的，杨志居然没能发现其中的马脚。可见搬演这段故事的南宋说书人，对大名、开封、济州、濠州的地理方位不甚了然。

对相关地名之间的地理方位，小说经常出错。试举数例。

《水浒传》“智取生辰纲”中对黄泥冈的方位交待，大有破绽可捉

其一，第三回叙述史进从少华山（即华山）去延安府找师父王进，行走半月来到渭州。渭州在今甘肃平凉，从华山到延安应取道直北，无论如何不可能经过渭州。其二，第五回描写鲁智深从五台山去东京途中，路经桃花村，庄主刘太公说："此间有座山，唤做桃花山，近来山上有两个大王，扎了寨栅，聚集着五七百人，打家劫舍。此间青州官军捕盗，禁他不得。"青州治所在今山东青州市，而从山西五台山到东京开封府，无论如何也不会经过山东青州的。其三，第二十三回说武松从沧州去清河县看望武大郎，在阳谷县的景阳冈打死了猛虎。在北宋，清河是恩州的治所，与沧州同属河北东路；阳谷是郓州的属县，属京东西路，位于清河之南。故而武松南下探兄必先经过清河，完全没有必要再南行近二百里地，到阳谷景阳冈去打虎逞能。其四，第三十九回"浔阳楼宋江吟反诗"提到"这江州对岸，另有个城子，唤做无为军，却是个野去处"，无为军的通判黄文炳经常"自家一只快船渡过江来"。宋代无为军即今安徽无为，江州则是今天的九江，从无为溯江而上，沿途要经过今安徽的铜陵、贵池、安庆与江西的彭泽、湖口才能达到九江，两地舟行相距数百里，根本不是隔岸相望一苇可航的。

所有这些，无不说明参与《水浒传》原创的说书艺人对历史地理掌握得既不全面，更不深入。与小说中那些史实错讹一样，这些地理讹误也表明小说原创者的历史知识有限，文化程度不高。他们只是说书艺人，而不是考据学者。同时，人们也有理由怀疑罗贯中不是《水浒传》的最后改订者，因为这些常识错误与《三国演义》作者所表现出来的历史知识相去实在太远。

爪哇國

三才圖會　人物十二卷　十三

爪哇國在東南海島中即古闍婆也自泉州路發舶一月可到天無霜雪四時之氣常燠地產胡椒蘇木無城池兵甲倉廩府庫每遇時節國王與其屬馳馬執鎗校武勝者受賞親朋踴躍以為喜傷死者其妻亦不顧而去飲食以木葉盛手撮而食宴會則男女列坐笑喧盡醉凡草蟲之類盡皆烹食市賈皆婦女婚娶多論財夫喪不出旬日而適人

明代类书《三才图会》之《爪哇国》。《水浒传》中“爪哇国”是明代始见的外国国名

三　从地名错乱看成书过程

泰安州也是《水浒传》的重要地名。第六十一回说卢俊义中吴用之计，“想东南方有个去处，是泰安州”，可以避难消灾；第七十四回“燕青智扑擎天柱”，也以泰安州作场景。但泰安州始设于金朝大定二十二年（1182），由原来的泰安军升为州。这一讹误似乎说明，《水浒传》故事雏形不应该出现在泰安升州以前，即不太可能早于十二世纪末叶至十三世纪初叶。

《水浒传》第二十四回描写西门庆与潘金莲第一次见面：

> 这妇人正手里拿叉竿不牢，失手滑将倒去，不端不正，却好打在那人头巾上。那人立住了脚，正待要发作，回过脸来看时，是个生的妖娆的妇人，先自酥了半边，

那怒气直钻过爪洼国去了。

这里所说的爪洼国，即今印度尼西亚的爪哇岛。元代成书的《岛夷志略》指出“爪哇即古阇婆国”，则宋代将其称为阇婆国，《宋史·外国传》说“阇婆国在南海中”。明代《金瓶梅》也曾以爪哇国形容其远，第五十四回说“西门庆一个惊魂落向爪哇国去了”。既然阇婆改称爪哇是入元以后的事，而元明两代人常用爪哇做比喻，据此也可以推断：《水浒传》主干部分的定型年代最早也应在入元以后。

小说四十一回说铁笛仙马麟“祖贯是南京建康人氏”，也颇值得追问。北宋的南京是应天府，在今河南商丘；南宋的建康则是今江苏南京。小说所谓南京建康，显然不是北宋的应天府，而指后者。明代朱元璋即定都于此，始称南京，洪武十一年（1378）起径称京师，直到永乐元年（1403）明成祖夺取了建文帝的皇位，才再叫南京。而小说称“南京建康”，显然把明初的叫法与南宋的叫法杂糅在一起。类似的例证还有第五十一回，说雷横“蒙本县差遣，往东昌府公干”。东昌府是明代地名，治所在今山东聊城，北宋与金朝时都是博州，元世祖至元十三年（1276）才改置为东昌路，明太祖时改为东昌府。《水浒传》里宋人说出明初的地名，也从一个侧面透露了小说主干部分的最后定型，应该不晚于明朝初年。

四　历史地名与征辽征田虎

《水浒传》对宋辽边境地名知识的匮乏紊乱，尤其令人注目。第四十四回说杨雄“因跟一个叔伯哥哥来蓟州做知府，一向流落在此。续后一个新任知府却认得他，因此就参他做两院押狱，兼充市曹行刑刽子”；还说公孙胜是蓟州人，回蓟州探母参师，故而宋江派神行太保戴宗去蓟州找寻公孙胜，其时都应在宣和二年（1120）之前。蓟州即今天津市蓟州区，属五代后晋割让给契丹的燕云十六州之一，北宋时期也一直为辽朝所占有，直到宋金联手灭辽，宣和四年（1122）才一度归入宋朝的版图，但三年以后再次被金朝占领。因此，不仅戴宗不可能那么轻易地出入蓟州，杨雄更不可能在蓟州做宋朝衙吏，可见小说作者对这段历史并不熟悉。

但第八十四回“宋公明兵打蓟州城”却明确交代“前面便是蓟州相近。此处是个大郡，钱粮极广，米麦丰盈，乃是辽国库藏”，则又正确指明了蓟州的归属。小说写征辽，八十三回说“宋江升帐，传令起军，调兵遣将，都离密云县，直抵檀州城来”，实际上，密云县就是檀州的州治所在，说离了密云县，直抵檀州，显而易见是地理错误。第八十五回里吴用说“若更得了他霸州，不愁他辽国不破”，而且交待霸州是“辽国国舅康里定安守把”，显然把霸州划为辽朝属地。但据《宋史·地理志》，霸州属河北东路，始终归北宋所有。类似例子还有雄州，历史上也属北宋河北东路管辖，小说八十六回却说“（李金吾）乃李陵之后，荫袭金吾之爵，见在雄州屯扎，部下有一万来军马，侵犯大宋边界，正是此辈”，将其划为辽朝的州郡。这也说明，一百二十回本的征辽部分并不是《水浒传》的原创结构，而是后来追加的蛇足，因而在细节上就与原来的说法发生了抵牾。

一百二十回本《水浒传》还有征田虎的内容，第九十一回交代田虎占领五州时说：“三是昭德，即今时潞安。”昭德，即北宋的隆德府，治所在今山西长治，是昭德军所在地，金、元、明三代都称潞州，直到明代嘉靖八年（1529）才升为潞安府。小说中对昭德的说明，明显是嘉靖以后明人所加，这是《水浒传》中可考年代最晚的历史地名，也可以成为推测征田虎最终被纳入小说的年代坐标。

总之，倘若仔细推敲，从史地错误里，也许可以发现更多与《水浒传》成书相关的蛛丝马迹。

《水浒传》再创作的历史定位

2000年，电视连续剧《水浒传》热播，一曲《好汉歌》也唱遍了大街小巷。

然而，北宋末年宋江起义的历史记载实在寥寥，连历史学家也仅仅知道：宋江“以三十六人横行河朔、京东，官军数万无敢抗者”，但不知何故终于投降了宋朝，还去打了方腊。正因为确有其事而不知其详，历史给后人留下了充分的创作空间。从南宋的民间艺人，到元代的杂剧作家，都先后利用历史给予的空间进行了艺术创作。施耐庵、罗贯中融会前人创作，写成小说《水浒传》，其具体情节，民间或有传说，却没有多少史实值得一一印证。这点却为如今电视剧的再创作保留了一定的余地。

宋江起义虽因其史实无证而允许后人张开创造的双翼，但这段故事的历史大背景却是无法逾越的，而起义、投降、打方腊的粗线条史实也是不能违背的，改编者必须通过艺术方式确定自己对这段历史的价值定位。能否处理好这一点，是衡量电

明代陈洪绶《水浒叶子》中的《呼保义宋江》，宋江在小说与电视剧中总处于“妾身未分明”的尴尬地位

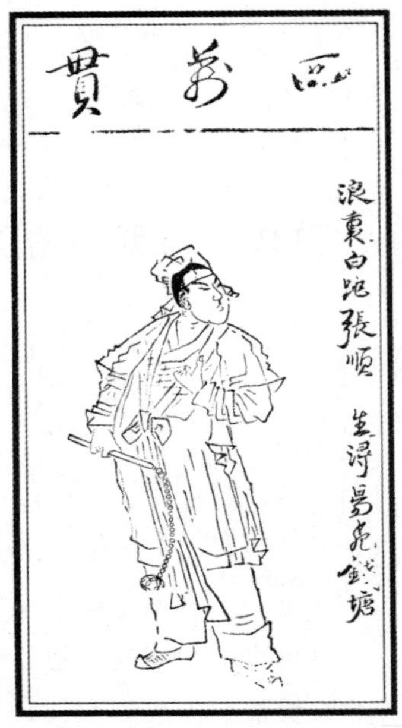

明代陈洪绶《水浒叶子》中的《浪里白跳张顺》，题词说他“生浔阳，死钱塘”，十分契合他的身份

视剧是否合乎历史逻辑的真实标准，而这比历史细节的真实更为可贵。电视剧所要处理的基本历史事实与小说相同，即北宋末年的黑暗政治和随之而来的农民起义，前者是后者的历史大背景与根本原因。电视剧通过对高俅、蔡京、童贯等历史上确有的奸臣的塑造和揭露，为宋江起义是“官逼民反”“乱自上作”定了基调，抹了底色，价值评判标准与小说是大体吻合的。如果说，小说中高俅还有类型化的缺陷，电视剧中魏宗万饰演的高俅就没有平面化的偏颇，令人确信起义农民正是被这样的奸臣逼上梁山的。稍微不足的则是对宋徽宗在政治黑暗上的责任，

还可以通过细节与形象点得更到位些。奸邪当道，咎在人君，这样的定位就比小说“只反贪官，不反皇帝”更要准确深刻。

在讴歌聚义梁山、反抗官府上，电视剧与小说的主旨是完全一致的，基本上忠于小说的处理，仅剪其枝蔓而已；又因为运用了电视剧所特有的手段，某些方面更见其浓墨重彩，酣畅淋漓，例如大败高太尉那场戏中，阮小七率水军引吭高歌的场面，十分动人。

在表现“招安”上，电视剧有着与小说并不相同的历史评价。小说在招安问题上对宋江的描写，陷入进退两难的窘境，作者本意是肯定招安的，遂与讴歌聚义难以组成和谐的二重唱。电视剧着力强化了宋江与其他好汉在招安问题上的分歧，甚至连吴用都对招安有保留，令观众对宋江在招安问题上的反感程度远远超过读小说时的感受，从而深刻揭示了“招安是大悲剧的开始，宋江对此应该负责，而这一切正是农民起义的历史局限性所在”。显然，电视剧的这一再创作，折射出当代人对那段历史的理性反思，也更符合历史逻辑的真实。

在宋江打方腊上，电视剧在历史所限定的空间里，要处理的问题更为重要而复杂。从历史评价来说，方腊起义的声势、影响比宋江起义更大，而宋江打方腊是于理有亏的，借用鲁迅的断语，是所谓“替天行道”的“强盗”替国家打“不替天行道”的“强盗”。但小说却把宋江打方腊写成是天兵征讨，而方腊则作为反面角色被做了脸谱化的描写。电视剧没有认同小说的定位，编导有意把方腊塑造成一位坚持起义理想的失败英雄。电视剧设计了小说所没有的“涌金门议和”的场面，让方腊与宋江各执己见，阵前论辩，而后由燕青向卢俊义说出“方腊一席话足以动摇梁山好汉的军心”，表达了对议和之争中双方是

明杨定见刊本《忠义水浒传》版画《神归涌金门》。小说中，张顺暗中潜入涌金门，才被方腊军队发觉射杀的

非高下的评价。而方腊被俘后对宋江蔑视的一瞥，在东京被囚车示众时的沉毅从容，也都为英雄形象生色。不仅如此，电视剧还试图向观众表达：宋江打方腊是一场“煮豆燃萁、自相残杀”的历史悲剧。编导通过对两军恶战场面的一再渲染，双方将士枕尸镜头惨不忍睹而反复叠现，李逵不忍心向庞万春兄妹下手，钱塘江血色怒潮从六和禅寺前滚滚而过，成功地体现了改编者的价值判断，也为宋江打方腊的性质做出了正确的历史定位。

当然，某些再创作的细节可以进一步推敲。例如《魂系涌金门》一集中，张顺死于出使送信时，且已道明身份，口衔信函，还遭残杀，方腊起义军就显得残忍而无信义。倒还不如采用小说的处理：张顺因潜入涌金门欲里应外合才致惨死。此外，如在方腊起义被镇压后的现场，通过梁山好汉例如李逵之口，对这场攻伐说出一两句内心的迷惘，对宋江打方腊的历史定位或许会更显豁而深沉些。

地名篇

梁山泊

一

梁山泊，文献也作梁山泺，是《水浒》赖以展开的主要场景。小说描写道："济州管下一个水乡，地名梁山泊，方圆八百余里。""（石碣村湖荡）紧靠着梁山泊，都是茫茫荡荡芦苇水港。""须用船去，方才渡得到那里。"梁山泊因《水浒》而驰名中外，但这部名著拍摄电视剧时，因水泊已经干涸，便不得不借助无锡太湖的湖光水色。那么，历史上的梁山泊究竟风貌如何呢？

梁山原名良山，据说因西汉梁孝王曾在这里打猎，故而改称梁山。梁山以南原是大野泽旧地，其北则与黄河下游平原相连。五代后晋开运元年（944），黄河在滑州（今河南滑县东）决口，河水东漫数百里，积水环绕着梁山成为巨大的湖泊。北宋天禧三年（1019），黄河再次在滑州决口，水泊面积继续扩大。庆历七年（1047）韩琦出知郓州，路过梁山泊，有诗写水

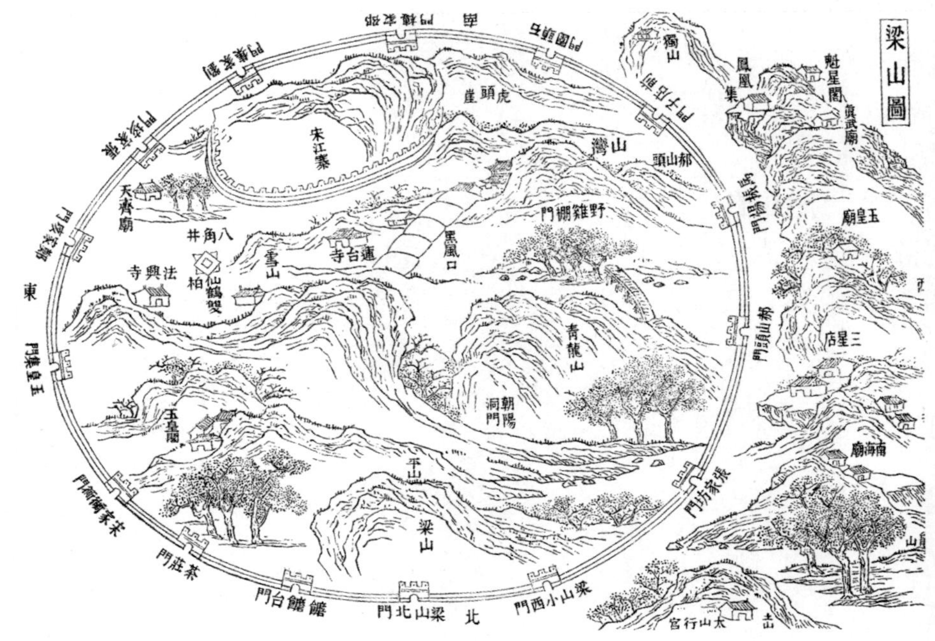

清代《寿张县志》中的《梁山图》

乡泽国的浩渺，与小说的叙述已能相互印证：

巨泽渺无际，斋船度日撑。
渔人骇铙吹，水鸟背旗旌。
蒲密遮如港，山遥势似彭。
不知莲芰里，白昼苦蚊虻。

熙宁十年（1077），黄河在澶州（今河南濮阳）再度决口，注入梁山泊，湖水面积达到了最盛期。当时，梁山泊的生态环境十分和谐，荷花满望，渔歌和唱。苏辙路过当地，恍然有置身江南的感觉，写下了一组《梁山泊见荷花忆吴兴》的绝句。后人一读之下，也不难想见那时的风光：

花开南北一般红，路过江淮万里通。
飞盖靓妆迎客笑，鲜鱼白酒醉船中。（其四）

菰蒲出没风波际，雁鸭飞鸣雾雨中。
应为高人爱吴越，故于齐鲁作南风。（其五）

然而，据《邵氏闻见后录》说，其时恰逢王安石变法，急功近利，有个小人趋炎附势，迎合道："把梁山泊八百里湖水放掉，建成农田，那获利可就大了。"王安石见他尽出馊主意，一笑之后，慢悠悠地说："这个办法好倒是好，不过，那放掉的水哪里安顿呢？"在座的刘攽讽刺道："在旁边再凿一个八百里的湖，不就得了？"有人以为这是反变法派编造的政治笑话，但这一动议似乎不是空穴来风。苏辙还写了一首《梁山泊》诗，自注指出"时议者将干此泊以种菽麦"，诗中表达了他道听途说后的担忧：

近通沂泗麻盐熟，远控江淮粳稻秋。
粗免尘泥污车脚，莫嫌菱蔓绕船头。
谋夫欲就桑田变，客意终便画舫游。
愁思锦江千万里，渔蓑空向梦中求。

可见，那个故事还是有相当的真实性，而梁山泊在熙宁河决以后方圆达八百里更是无可怀疑的，小说的记载并非齐东野语。

二

在山东平原上，有这么大的湖泊，对国计民生的影响当然不小。莲藕是这里主要的出产。早在大中祥符九年（1016），当地粮食歉收，“梁山泊生藕根蒲穗，民掘捣为面，颇济乏馁”，赖此度过了灾年。而据苏颂说，每年夏季，梁山泊都出产大量莲子，仅运达曹门外的就有百来车，“锤取莲肉，货于果子行”。如果在平常年景，正如刘跂在《梁山泊分韵》诗里所说，“从今鱼易得，居与水相通”；“饱有雕胡饭，香无锦带羹”。梁山泊贡献了丰美的谷米和鱼鲜，济州、郓州的农民也都“赖其蒲鱼之利”。而官府则“立租算船纳直”，即按船只交纳租税，若有违犯，就以盗贼论处。徽宗末年，李光在一个劄子里指出，设立不久的西城所对梁山泊周围的京东地区加强了搜括勒索：“蒲鱼荷芡之利，皆日计月课，纤悉无遗，遂致泺傍之人无所衣食，强者结集为寇盗，弱者转徙乎沟壑”，一针见血地揭出了梁山泊“寇盗”不绝的深层原因。

北宋末年，梁山泊一向被视为“盗贼”的渊薮。元祐元年（1086）前后，有个叫作黄麻胡的在这里闹事，芦苇荡成了他的保护屏障，即便县老爷派人竖起长梯以“窥蒲苇间”，也久剿无效。蒲宗孟出知郓州，禁止当地人乘小船出入水泊，以绝其粮食，这才迫使这些啸聚者散伙。然后，他严刑峻法，即便小偷小摸，也斫断其足筋。这样，“盗贼”虽然销声匿迹，“而所杀亦不可胜计矣”。不久，这里又成渔者盗窟。崇宁四年（1105），许几任知州，命渔民十人为一保，结队晨出夕归，否则一经告发，就穷治严惩。任谅任京东提刑，当地渔民“习为盗”，他先采取保伍之法，在编入名籍的渔船上刻以记号，否则不准入水泊，再划分濒湖各县的治安区域，案发，督吏搜捕，“莫敢不尽力，迹无所容”。

据《夷坚志·蔡侍郎》说，蔡居厚知郓州时，“有梁山泺贼五百人受降，既而悉诛之”。蔡居厚是政和八年（1118）由郓州卸任的，杀降还要早于这年，有人认为他杀的就是宋江等人，根据似乎不足，因为宋江受招安已是宣和三年（1121）。包括杀降在内的这些措施，治标不治本。只要社会基本矛盾不解决，梁山泊的“盗贼”问题也只会愈演愈烈。果不其然，大约在蔡居厚杀降的一二年后，宋江便在这里演出了威武雄壮的活剧。

三

宋江离开水泊数年以后，金兵便南下攻宋，梁山泊渔民张荣在当地聚舟数百，不时出击金军。据《金史》记载，金将斜卯阿里先“破贼船万余于梁山泊”，赤盏晖又“破贼众于梁山泺，获舟千馀”，金人所说的破获战船数或有夸大，但这里曾是拥有可观战船的抗金山水寨，则是事实。其后，金朝控制了水泊，一度还将其作为打造南侵战船的基地。但因其地芦苇丛生，水域浩阔，易于逃匿，难以捕捉，南宋初年一直是反抗者随扑随起的根据地。

后来黄河回复故道，梁山泊逐渐萎缩。正隆六年（1161），金主完颜亮攻宋的战船经过这里，便因水涸而进退维谷。据大定二十一年（1181）的记载，这里多已涸为陆地，当地农民“恣意种之”，官府也忙着把开垦地都籍没为官田，准备安置屯田。当地农民“惧征其租，逃者甚众”，官府只得下令“招复梁山

明万历容与堂刊本《忠义水浒传》版画《众虎同心归水泊》。宋江率领众好汉在梁山泊上演了一场威武雄壮的活剧

泺流民，官给以田”。

梁山泊干涸进程在元武宗以后中断。由于黄河堤防失修，河水经常溃决，水往低处流，便再度汇聚梁山泊。贡奎生活的元仁宗时代，所见梁山泊风光已是“积水平芜渺没间，夕阳渔市网如山”，渔业重新成为当地百姓谋生的主要手段。至治三年（1323）前后，袁桷有诗写梁山泊，其烟波浩渺似乎与韩琦所见不相上下：

大野潴东原，狂澜陋左里。
交流千寻峰，会合百谷水。
量深恣包藏，神静莫比拟。
碧澜渺无津，绿树失其涘。
扬帆乌东西，击楫鸥没起。

袁桷还有一首《梁山泺》诗说：

千顷芙蕖送我船，碧香红影乱娟娟。
梁山风景能消得，不到西湖却十年。

一望无际的梁山泊荷花，几乎与苏辙所见毫无二致，令他回想起西湖荷花别样红。十年以后，著名词人萨都剌因公北上，舟至梁山泊，风雨大至，不能开航，只得暂泊芦苇中，他“折芦一叶，题诗其上”，有句云“满泺荷花开欲遍，客程五月过梁山”。可见，荷花、芦苇已经成为梁山泊的标志性景物。

梁山泊的这种规模，在元末依旧不改。胡翰北游，所见仍是“浩荡无端倪，飘风向帆集”的景象。元杂剧有高文秀的

明杨定见刊本《忠义水浒传》版画《阎罗尝御酒》中的梁山泊

明万历容与堂刊本《忠义水浒传》版画《朱贵水亭施号箭》。从水亭看梁山泊，还是水波浩渺的

《黑旋风双献功》，其中说到“寨名水浒，泊号梁山，纵横河港一千条，四下方圆八百里”。高文秀是东平府人，梁山泊即在东平境内，八百里之说，在他应是旧闻和亲见兼而有之的。施耐庵生活在元明之际，或许也目睹过八百里梁山泊的雄姿，故而能把水泊梁山摹绘得那么有声有色。

入明以后，梁山泊陆地化趋势加快，到景泰元年（1450）前后，方圆仅剩八十里左右了。景泰六年（1455），明代对黄河沙湾决口进行了较彻底的整治，遂使余下的八十里湖水也涸为平陆。清修地方志时，仅余十里上下，以至颇有人以为《水浒》所叙八百里水泊在夸大其词。

自从《水浒传》传世，梁山泊简直成了造反民众的一方圣地。据《明史》记载，直到崇祯十四年（1641），还有“大盗李青山众数万，据梁山泺”，派部控扼漕运通道，“截漕舟，大焚掠”。无独有偶，这次反叛也发生在王朝末世，李青山也自称“非乱也”。联系上一年山东大饥荒，李青山手下那数万民众应该是又一次逼上梁山的。这不禁让人想起元代陆友在《题宋江三十六人画赞》中的诗句：

我尝舟过梁山泺，春水方生何渺漠。
或云此是石碣村，至今闻之犹褫魄。

对那些把人民逼入死地的统治者来说，梁山泊，让他们时时感到丧魂落魄，心惊胆裂！

沙门岛

一

《水浒》多次提及的沙门岛，在宋、金、元、明四代，都隶属登州。《大明一统志》卷二十五说："沙门岛在府城西北六十里海中，凡海舟渡辽者必泊此以避风。"苏轼在其《北海十二石记》里对沙门岛及其附属岛屿有所描写：

> 登州下临大海，目力所及，沙门、鼍矶、车牛、大竹、小竹，凡五岛。惟沙门最近，兀然焦枯，其余皆紫翠巉绝，出没涛中，真神仙所宅也。上生石芝，草木皆奇玮，多不识名。又多美石，五采斑斓，或作金色。

东坡在元丰八年（1085）一度出知登州，但到任五日就奉调入京。他对沙门岛实地考察应该就在这时。就生态环境而言，沙门岛比其他四岛明显为差。这里的海市蜃楼闻名遐迩，实际

明代类书《三才图会》之《登州府境图》中所标的沙门岛

上就是沙门五岛在海水光照折射作用下幻影的位移。东坡以生花妙笔在《登州海市》诗中描绘道：

东方云海空复空，群仙出没空明中，
荡摇浮世生万象，岂有贝阙藏珠宫？
心知所见皆幻影，敢以耳目烦神工。

目睹这种飘飘然的神仙宫阙，不禁令人产生沙门岛几乎是人间天上的错觉。

然而，严酷的现实却与美妙的诗句形成巨大的反差，沙门岛是北宋流放要犯的集中营。《水浒》第四十四回说铁面孔目裴宣就被一贪婪知府“寻事刺配沙门岛”。第六十二回说卢俊义因私通梁山事发，被直配沙门岛。小说没有交代其位置，却借押解卢俊义的公差薛霸的嘴说“沙门岛往回六千里有余”。这是小说家语，不足为据。宋代沙门岛在登州蓬莱县（今山东蓬莱）北的海中，是今天长岛列岛南端的一个岛屿，卢俊义从北京大名府（治所在今河北大名东北）流配，两地往返满打满算也只有两千五百里。

据《近事会元》，五代后汉乾祐三年（950），一个城池失守的节度副使被流放到这里，沙门岛自此成为重犯的流放地。建隆三年（962），北宋立国伊始，太祖亲自下令把军事罪犯都配流该岛，“于是奸猾敛迹”，效果显著。大中祥符六年（1013），规定军士盗杀官马一至三匹，就“决配沙门岛”。

除了军事重犯，入宋以后不久，沙门岛也接收其他死罪赦免犯，其中包括类似的死罪官员。因而当时民众就习惯以此诅咒他们深恶痛绝的政府大员。北宋绍圣绍述时，蔡京、蔡卞与章惇肆无忌惮地迫害元祐党人，民谣就说："二蔡一惇，必定沙门；籍没家财，禁锢子孙。"那么，流配沙门岛的是怎样的重犯呢？据元祐六年（1091）刑部所说大致有几类：军人逃亡做强盗杀人放火者；累计盗窃满五万并强奸、殴伤两犯致死者；窃盗达二贯并谋杀致死者；十恶死罪；以巫蛊杀人者。而据南宋话本《菩萨蛮》说，当时重犯监押"一百日限满，脊杖八十，送沙门岛牢城营"。从有关律条看，沙门岛与宋人所谓的远恶州军虽同属配管羁押的最高等级，但沙门岛管理显然更严苛。据《庆元条法事类》规定，凡流配沙门岛者，必须"别录所犯，谓乡贯、年甲、犯杖及所引条制、断遣刑名，付（刑）部送人报登州"；办案人员中倘若"于令有违及隐漏者，各杖八十"。

正由于流放沙门岛的都是死罪赦免者，而"在路走透"的事，也时有发生，《水浒》里"放冷箭燕青救主"一回，燕青射死了董超、薛霸，救下了卢俊义，就是有力的例证。因而朝廷不止一次规定："递配强劫贼，须选有行止衙校。"也就是说，必须选品行可靠的衙役军校押解流配犯。

二

据《宋会要》，沙门岛上原有"土居人户"，向国家交纳赋税。建隆四年（964），宋太祖下诏免除他们的赋税差役，让他们专门整治船只，运送女真进贡的马匹或贩易的木材。这是宋初的情况，其后，有关原住民活动的记载逐渐淡出。

随着流放地功能的日渐加强，沙门岛也被称沙门寨，军事兼行政长官称监押，也称寨主。原来规定，犯死罪而宽免者配

明杨定见刊本《忠义水浒传》版画《燕浪子救主》描绘了卢俊义在发配沙门岛途中被浪子燕青搭救的情景

隶沙门岛，岛上“有屯兵使者领护”，但不久就人满为患，咸平二年（999），宋真宗下诏：死罪宽免的杂犯不再流配沙门岛。但其后仍恢复流配，故而大中祥符六年，真宗才会下诏命沙门岛“除该赦遣赴阙外，自余量其所犯轻者徙至近地”。景祐三年（1036），宋仁宗也一度下诏让流配沙门岛的犯人改配广南远恶州军的牢城，但不久又改流沙门岛。可见，这样与世隔绝的重犯流放地，朝廷还不能不充分利用它。

岛上流犯定额，以熙宁六年（1073）为界，此前为200名，其后增至300名，但这年实际人犯数高达650人。尽管有超过定额移配别地的规定，但执行上始终大成问题。监管罪犯的士兵人数，据大观元年（1107）徽宗的诏书称，因这年罪犯超额一倍，故命防守兵士也相应增加200名。倘以300名的定额计，则这年岛上的罪犯约600名，卫兵为400名左右。岛上还有原来的住家80余户，以五口之家计，约400人。这个全封闭的小岛上，正常情况下，最多时达1400人左右。

岛上流犯的待遇十分悲惨，不仅《宋史·刑法志》说“罪人贷死者，旧多配沙门岛，至者多死”，连皇帝的诏书也承认罪犯们“昼监夜禁，与死为邻”。首先，他们的人身安全没有保障。天禧三年（1019），原著作佐郎高清和原襄州文学焦邕被流配来岛，沙门寨监押董遇向他们“责赂不足，诬以构叛”，杀死了他俩。高清之子进京击登闻鼓鸣冤告状，最终以死无对证而不了了之。但这两人都是文职，说他们在孤岛重兵之地“构叛”，显然难以置信。事后，真宗给沙门寨下了“不得挟私事非理杀配流人”的诏书，但景祐三年，又有官员指责沙门岛对罪犯“妄以病患，别致杀害”。从《水浒》多次描写到各牢城管营对初来流犯的一百杀威棒，不难想见这种滥杀绝不会是个别现象。

其次，他们的温饱问题也不能解决。大中祥符三年（1010），有人视察海岛后证实犯人因饥饿“多殍死”，朝廷决定“量给口粮”。但似乎并未落实，直到嘉祐三年（1058），据京东转运使王举元说，“沙门岛每年约收罪人二三百人，并无衣粮，只在岛户八十余家佣作”，显然是由这些岛户向囚犯提供口粮的。其后，朝廷向沙门岛提供三百人的额定口粮。但岛上实际人犯数往往超过定额达一倍多。据王举元揭发，沙门岛守吏对溢额的流犯因“顾货橐，阴杀之”，也就是说，出于开支考虑，偷偷将超额流犯杀害。王举元请求立赏罚实施督责，“自是全活者众”。总之，虐杀流犯的罪恶之举由来已久，但王举元似乎没有拿到直接的证据。熙宁元年（1068）前后，沙门岛寨主李庆竟将超额的人犯扔进大海，这就是《清波杂志》所说的：“旧制，就沙门岛黥卒溢额，取一人投于海。”所谓旧制，当然不是国家认可的制度，而是寨主习惯性做法。两年内被他这样虐杀的罪囚达七百人。马默出知登州，发现了这一令人发指的行径，要办他专杀之罪，李庆畏罪自缢。在马默建议下，沙门岛其后实行流犯过额即移送州城的做法。据《自警编》说，马默久无子嗣，其后不久，神人托梦，说他因挽救许多沙门岛配犯的性命，特赐他子女各一人。然而，沙门岛上流囚的冤魂亡灵，又岂是这个因果报应的喜剧所能抚慰的？

三

沙门岛上这些恐怖悲惨的故事，不会不在民间广为流传。于是，“投沙门岛走一遭”，便成为官府恫吓反抗者或异己者的口头禅。对一般希望太平的百姓士人来说，自然要视沙门岛为死地。直到明初，瞿祐还在一首词里说："喜来不涉邯郸道，愁来不窜沙门岛，唯有村居闲最好，无事恼。"

至于沙门岛上那些被放还的"罪人"，为了便于管束与控制，朝廷往往让军头司将其中"伉健者"收入军队。这一做法，早在庆历二年（1042）就见诸记载，无形之中却在军队中埋下了动乱的因子。而沙门岛活脱脱就像北宋末年的一个缩影，简直是随时可能爆炸的火药桶，正如一位登州知州所担心的那样，"岛之流罪人多，而戍兵少，恐生变"。因而，请求朝廷把稍轻的流犯徙移内地的呼声，在熙宁以后几乎不绝于史。然而，直到政和年间（1111—1118），也就是宋江聚义的前夜，沙门岛的流囚却一再额满为患，不得不改配广南远恶军州，社会危机已如干柴，独缺烈火。

终于，宋江横行于山东，方腊啸聚于江南。

御街

《水浒》第七十二回写宋江上东京看灯时，提到宋都御街：

> 当下柴进、燕青两个入得城来，行到御街上，往来观玩，转过东华门外，见酒肆茶坊不计其数，往来锦衣花帽之人，纷纷济济，各有服色，都在茶坊酒肆中坐地。

而后宋江四人“转过御街，见两行都是烟月牌”，便来到其中的李师师家。由于宋徽宗经常大驾光临，从御街到李师师家的那段岔路，竟也唤作“小御街”。小说继续写道：

> 出得李师师门来……且出小御街，径投天汉桥来看鳌山，正打从樊楼前过，听得楼上笙簧聒耳，鼓乐喧天。

《水浒》对东京御街点到为止，真有点吊人胃口，似有必要略加补充。首先有必要说明：在宋代，有些大的府州里也有叫御街的，一般就是当地的主干道；而这里所说则仅限于两宋都城的御街。

一

顾名思义，御街就是皇城里专供皇帝出巡用的主干道。宋代以前的都城也都有这种御街。据《水经注》说，那位才高八斗的曹植，就因擅“行御街”而“见薄”于曹操，在与曹丕的争宠中大失其分。由此可见，那时的御街绝不是一般人所能随意行走的。侯景之乱对南朝梁的都城建康的御街造成了巨大破坏。据《资治通鉴》，侯景尚未攻入建康（今南京）时，都城御街上已是“人更相劫掠，不复通行”。另据《建康实录》，侯景引玄武湖水倒灌建康的台城，“阙前御街，并为洪波”，梁武帝也只能束手待毙了。

而北宋东京的御街，就是出宫城（即大内）正南的宣德门笔直向南，经州桥（即天汉桥），过里城正南的朱雀门，到外城正南的南薰门为止的那段长七八里的主干道。当时学者刘敞有诗赠友人说“君居御街西，我居御街东，如何百步间，十日不相从”，似乎御街宽百来步。实际上，御街阔约二百余步，刘敞所说只是写诗时的约数。御街两旁有两条御沟，御沟两侧栽种杨柳，号称“御柳”。王安石有《御柳》诗云：

> 习习春风拂柳条，御沟春水已冰消。
> 欲知四海春多少，先向天边问斗杓。

拍了皇帝的马屁，又不失身份，王安石看来并不是什么“拗

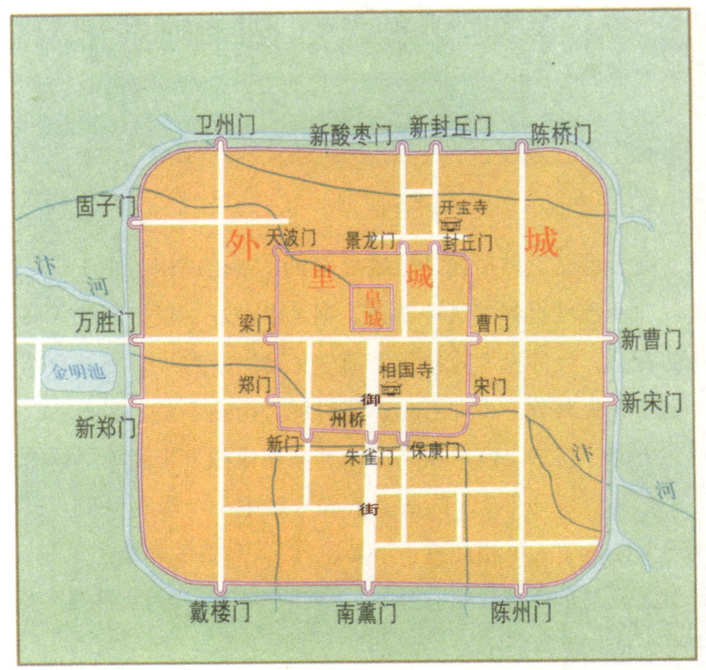

北宋东京御街示意图。从皇城南端的宣德门，经朱雀门到南薰门，就是开封的御街

相公”。

出宣德门向南，直到州桥，是御街的北段。两边是景灵东西宫、大晟府、太常寺、都进奏院、都亭驿等官署宫宇，相国寺与开封府则在这段御街的东西两厢。这段御街上仅有的几幢宅第，不是大臣，就是贵族所有。开国初，宋太祖曾为大将郭进在御街之东建造甲第，作为对他捍御契丹十余年的酬报。而据孟元老的《东京梦华录》，每天一大清早，这一路段的御街两侧，趁着早市卖饮食与汤药的小贩，“吟叫百端”，交织成一片叫卖声。

过了州桥向南，直到朱雀门，是御街的中段。这段东京最繁华的商业街两边，都是鳞次栉比的店铺与住家，例如街东的车家炭铺、张家酒店，其次则有王楼的山洞梅花包子、李家香铺、曹婆婆的肉饼铺和李四分茶店。州桥南头西侧拐角上的遇仙楼正店，结构独特，前为露厅，后有高台，京城人都把它叫作“台上”，也算得上东京一流的大酒楼。

过里城朱雀门到外城南薰门，是御街的南段。一出朱雀门，果子交易与纸画买卖相当红火。向南走，西侧有延真观，东侧有太学、五岳观与看街亭。五岳观颇为雄伟，五岳各有独立的香火，很吸引善男信女。《水浒传》里林冲对鲁智深说“恰才与拙荆一同来间壁岳庙里还香愿”，而林冲娘子“正在五岳楼下来”被高衙内调戏，所说的“岳庙”与“五岳楼”，应该就是以五岳观为原型的，但大相国寺在御街北段，五岳观则在南头，显然不是什么“间壁”的关系。

南薰门因正遥对着大内（即皇城），一般士民的殡葬车辆不得从这一城门出入。成为鲜明讽刺的是，开封城里每天屠宰的上万头猪都必须由此入城。据孟元老回忆，每天向晚，万余头的猪群，只有十几个人驱赶着，浩浩荡荡通过南薰门，倒也规行矩步，“无有乱行者”，成为御街上别具一格的风景线。

二

御街两边的人行道叫作御廊，原来允许市民商贩在其中做买卖。据文彦博奏议，王安石变法时，市易司也利用特权，抢先占据上好市口，在御街东廊下用杈子拦出数十间铺位，“逐日差官就彼监卖（果实），分取牙利”。但自政和（1111—

1118）以后，开封府派人在廊下安放黑漆杈子，御街中心又放上两排朱漆杈子，不让人马在御街中心来往，行人只能在廊下杈子外行走。杈子里用砖石砌出两道御沟，宣和年间（1119—1125），其中尽植莲花，两侧的御柳改种了桃李杏梨，春夏之际，杂花相间，望去宛如锦绣。

晁补之有一首《御街行》，反映的应是政和以后的情况：

双阙齐紫清，驰道直如线。
煌煌尘内客，相逢不相见。
上有高槐枝，下有清涟漪。
朱栏夹两边，贵者中道驰。

可见御街正道平时只对达到一定品衔的所谓贵者开放，新科进士唱名赐宴后也可以享受一次“御街驰骤”的待遇。也许如此，能在御街“中道驰”的宋代士大夫，自我感觉都特好。这有李若水的诗为证：

雪意融融旋作泥，故山应是费攀跻。
而今把笏谢樵子，马踏御街闻晓鸡。

手持朝笏，马踏着融雪的御街，听着报晓的鸡声去上朝，回想起故山的樵子，油然有一种成功感与安全感。

不过，在新年期间，即便政和以后，御街还是向民众开放的。据《东京梦华录》记载，每年冬至以后到元宵节结束，宣德门前御街上就搭起山棚，上面镶嵌写着大观、宣和之类年号的硕大牌子，年号之后便是“与民同乐”几个大字。山棚下用刺棘圈出一个露天演艺场，以控制游人的进入，故而叫作棘盆。入夜，棘盆照耀得如同白昼，演出也不中断。这一期间，御街两侧的廊下，“奇术异能，歌舞百戏，鳞鳞相切，乐声嘈杂十余里”。宋徽宗也会乘兴来到宣德门，真的来个“与民同乐”。有两首词写出了元宵御街上这种狂欢的景象：

奏舜乐，进尧杯，传宣车马上天街。
君王喜与民同乐，八面三呼震地来。

宫漏永，御街长，华灯偏共月争光。
乐声都在人声里，五夜车尘马足香。

除了新年前后的个把月，一些重要的皇家活动也在御街上进行。据《宋史·礼志》，举行赐酺之典时，开封府各县与在京诸军的乐人，都在朱雀门到宣德门的御街上列队张乐，还“作山车、旱船，往来御道”。这时“观者溢道，纵士庶游观”，御道两侧的廊下，则“百货骈布，竞以彩幄镂版为饰”。而每逢大礼之年，七头大象加入车马仪仗队，在宣德门至南薰门之间的御街上走个来回。走到宣德门楼前，七头大象还要团转行步，向北舞拜，表示祝贺。每到这时，御街上“游人嬉集，观者如织”，手里大多拿着卖扑得来的土塑、木制或粉捏的小象儿以及纸画。至于每年十月十二日宋徽宗生日，亲王宗室与宰执百官到大内上寿完毕，参加仪式的女童队出皇城，等候在外的少年豪俊争先恐后地送上果品饮食，然后带着心仪的美眉，让她戴上花冠，或作男子装束，骑上骏马，“自御街驰骤，竞逞华丽，观者如堵”，那感觉可真叫爽！

汴京宣德楼前演象，是东京御街在大典礼时的重要演出

当然，在这风光旖旎的御街上，也会发生些香艳的情事。据《玉芝堂谈荟》，宋祁有一次在御街上恰遇大内宫嫔的车子经过，帘后有人惊喜地脱口道："这不是小宋吗！"宋祁回去感慨地作了一首《鹧鸪天》：

画毂雕鞍狭路逢，一声肠断绣帘中。
身无彩凤双飞翼，心有灵犀一点通。

金作屋，玉为栊，车如流水马如龙。
刘郎已恨蓬山远，更隔蓬山几万重。

这首词不久就传入宫廷，仁宗打听清楚是谁叫的小宋，就召来宋祁，笑着对他说："蓬山不远。"把那个宫女赐给了他。

三

宣和年间，东京御街的豪奢繁华也到达了烈火烹油的顶峰。《水浒》里的宋江也应是宣和元年（1119）左右上东京御街闹元宵的。然而，七八年后，因金军南下，御街陡然从繁荣跌落入了悲凉。正如王庭珪诗云：

旄头彗天天狗堕，一日中原作奇祸。
金竿突绕都城光，铁马横嘶御街过。

靖康二年（1127）正月初十，宋钦宗赴金营乞和，遭到扣押。按往常惯例，这正是皇帝在御街上与民同乐的日子。于是，从宣德门到南薰门的御街上，僧道做起了“迎圣”道场，父老百姓捧着香炉，冒着大雪，在南薰门前御街上跪拜哭泣了十余日，希望能感动金帅，放钦宗回来。当时，“雨雪大，冻饿死者无数”。覆巢之下，岂有完卵。据《三朝北盟会编》记载，御街近南一带，士大夫妻子失踪的，也不可胜计。不久，金兵强行撤毁了御街上的道场，另立张邦昌做傀儡皇帝，部分册立仪式也在御街上举行。张邦昌步至宣德门外御街，在预设的褥位上北向金国拜舞，跪受册宝。有卫士讽刺说：“平时在这里看伶人演杂剧扮假官人，想不到今天张太宰却装假官家。”官家，是当时民众对皇帝的称呼。

紧接着，北宋灭亡，宋高宗建立南宋，一路南逃。留守东京的宗泽上奏高宗，说“已修整御街御廊护道杈子，平治南薰门一带御路”，一再吁请他还都抗金。但高宗决心偏安江南，改杭州为临安府，名为临时性行在，实为永久性都城，也在临安城里修起了大内与御街，坐视开封御街沦陷敌手。

其后，只有出使金国的使节还会给南宋人带来东京御街的消息，重新激活他们对御街的悲凉记忆。乾道五年（1169），楼钥使金，其《北行日录》记曰：

> （十二月）十二日癸巳，晴。五更出驿，穿御街，循东御廊过宣德楼侧东角楼下潘楼街头。

寒冬腊月，穿行在五更天的故都御街上，楼钥却没有记下自己的感怀。而次年北使的范成大就大动感情。他路过开封，伫立在御街中点的州桥上，听到遗民含泪的询问，怅然南望朱雀门，北望宣德门（金人改称承天门）背后巍峨的宫阙。尽管出生在靖康之变前一年，他也知道这就是“旧御路”，不胜感慨地赋诗道：

州桥南北是天街，父老年年等驾回。
忍泪失声询使者，几时真有六军来？

这些北宋的遗民哪里知道，比起开封来，临安御街更显得奢华与繁荣，一般人已经“直把杭州作汴州”了。

四

南宋的皇城坐落在凤凰山上，京城主体在大内北面，故而出大内北正门和宁门是一条由南向北的御街。过朝天门，御街向西有个小转折，随即再折向北，过万岁桥再折向西，直到景灵宫为止。《都城纪胜》说，当时把清河坊南叫作“南瓦”，其北叫作“界北”，而中瓦前则叫作“五花儿中心”，因其大体在御街中点上。据《咸淳临安志》记载，整条御街长一万三千五百余尺，“旧铺以石”，纵横共用石板三万五千三百多块，其中六部桥路口至太庙北这一路段，每遇大礼，都要特别整治。咸淳七年（1271），御街其他路段因“岁久弗治”，临安知府潜说友主持大修工程，更换了将近二万块阙坏的石板，使“跸道坦平，走毂结轸，若流水行地上”。

御街上举行的最隆重仪式，要算三年一次的明堂大典。在车马仪仗队中，大象依旧是万众瞩目的明星，走到太庙前，它仍会拜舞如仪，“其如鸣喏之势”令“御街观者如堵”。每逢这年，皇帝还要率百官前往景灵宫行恭谢之礼。这时，除了皇帝

南宋佚名《卤簿玉辂图》描绘了大礼时行进在御街上的皇帝仪仗队

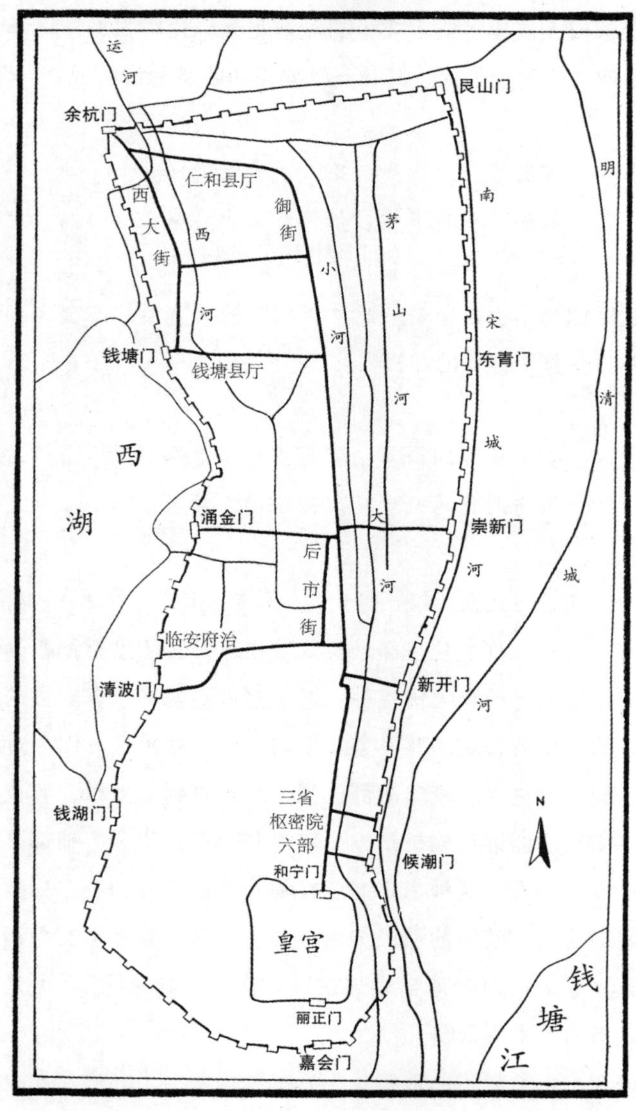

南宋行在御街示意图。出皇城北门和宁门向北，经仁和县厅向西，是临安府的御街走向

不簪花，文武百官们与教坊仪仗队按身份与等级，都要在帽檐上簪戴或大或小、或多或少的珠翠花朵。礼毕归来，络绎不绝的恭谢队伍远望如锦，其壮观景象正如姜夔的诗所说：

万数簪花满御街，圣人先自景灵回。
不知后面花多少，但见红云冉冉来。

而这时的御街上，争着一睹“天颜”的看客自然不会少。正如当时另一首诗描写的那样：

士庶重重间绮罗，霁光熏作小春和。
御街两行瞻天表，比似前回人更多。

从和宁门到朝天门，御街左侧依次有阁门、六部、枢密院、三省、太庙、政事堂与都进奏院等建筑，右侧则有都亭驿、四方馆、惠民药局与大佛寺等。过了都进奏院，才有少数的厢坊与店铺，比较著名的有尹家文字铺与朱家裱褙铺。而一过朝天门，御街就进入了密集的商住区，绵延直到万岁桥，各色各样吃穿用玩的商铺挨挨挤挤，一家连着一家。很多店铺都是从东京迁徙到临安。这种东京老店在临安御街新开，不在少数。从五间楼北到官巷南的那段御街，两边都是金银钞引交易铺，多达百余家，门前罗列金银与现钱，称为“看垛钱”，也是临安金融街的一道风景线。

在御街最繁华的地段，先后有和乐楼、中和楼、和丰楼等著名酒楼，还有南瓦子、中瓦、北瓦那样的游艺场所。据《贵耳集》说，位于御街中段的中瓦更是京城最大的娱乐中心，“士大夫必游之地，天下术士皆聚焉”，在那里一展身手。《图绘宝鉴》说到理宗朝有个叫李东的画家，经常在御街上出卖自己所画的《村田乐》《常酣图》等作品，艺术水准虽不太高，“仅可娱俗眼”，却也许是后来一般民众所欢迎的风俗年画的滥觞。

每天一听到晨钟，御街上的吃食店就张罗开了早市的点心，六部前的丁香馄饨是遐迩闻名的小吃，其味“精细尤佳”。和宁门朱红杈子前的买卖也十分红火：满街满市都是高档菜蔬、时令水果和生猛海鲜，构成了这里交易的最大特色。南宋对御街实行开放式管理，连大内正门前都允许设立早市，似乎比北宋更具市场化与人性化。

临安御街的路况虽然好于东京御街，但街面比较狭窄，商店住家又相当密集，砖木建筑容易引发火灾。嘉泰四年（1204），粮料院失火，很快蔓延到太庙南墙外。太庙是社稷的象征，大臣韩侂胄指挥军兵拼死扑火，才总算安然无恙。但火舌已蹿到正对御街的和宁门外，焚毁了隔离闲杂人等的杈子门，连和宁门上的鸱吻也着了火，幸亏救火员登梯用短斧击落了鸱吻，才未殃及城门。这场火灾，御街南段的损失难以估量。绍定元年（1228），御街最繁华的商业区失火，使中瓦与数以千计的商住建筑成为一片废墟，当时有“锦城佳丽地，红尘瓦砾场”的说法。但不久，御街就建起了新的中瓦与商铺，迎来了新的商机。

五

每逢中秋与上元，满御街流动着喜气洋洋的人潮，这也是街上商铺大发利市的最佳时机。据《武林旧事》说，一到中秋节，御街店肆就陈列出诸如绒线、蜜煎、香料等货物，向路人夸多说好，谓之“歇眼”。所谓歇眼，大概就是留住顾客眼球的意思。入夜，御街“灯烛华灿”，买卖“竟夕乃止”。刘辰翁有一首《忆江南》：

> 梧桐子，看到月西楼。
> 醋酽橙黄分蟹壳，麝香荷叶剥鸡头。
> 人在御街游。

在中秋的明月下，坐在御街的食铺里蘸着香醋和橙汁，品尝大闸蟹；然后用清香的荷叶托着一捧菱芡，边走边剥着吃，写出了普通人逛御街的闲情逸致。

元宵节前后要过上五六天，比中秋节更长更热闹。御街上的商贩们推着用金属镶包的花盘架子车，花盘上簇插着闹蛾、灯彩等应景货品，歌叫喧阗，吆喝着买卖。摊主对伙计也往往“使之吟叫，倍酬其直”。姜夔有诗描写元宵节御街的商卖：

> 贵客钩帘看御街，市中珍品一时来。
> 帘前花架无行路，不得金钱不肯回。

夜阑更深，有人提着小灯在御街上寻找游人丢失的东西，当时谓之“扫街”。据《武林旧事》说，这是北宋御街的遗风，而居然“遗钿堕珥，往往得之”。当然，偶尔也会有“雨打上元灯”之类煞风景的事，御街上便是另一番光景，姜夔也有诗说：

> 正好嬉游天作魔，翠裙无奈雨沾何。
> 御街暗里无灯火，处处但闻楼上歌。

在当时，逛御街成为到过临安的官宦士民的赏心乐事，就好似现在人们好几年后还津津乐道当年游天安门逛长安街一样。著名诗人刘克庄就曾恋恋不舍吟诗道："闻说都人竞出嬉，御街箫鼓倍年时。"此情不仅后村有，就是那位刘辰翁，也一往情深地回忆说："空回首，御街人卖南京枣。""雨枕莺啼，露班烛散，御街人卖花窠。"在他们看来，御街的一切都是美好的。而宋末诗人许棐则说："御街车马无行处，谁肯抽身觅退居。"在这里，御街已经转为滚滚红尘与功名利禄的代名词。

大约就在许棐面对着御街发出感慨以后不久，南宋灭亡。六十年后，元代词人萨都剌经过杭州，登上钱塘驿楼注目吴山，有诗云："一代繁华如昨日，御街灯火月纷纷。"似乎仍能透过历史的烟云，从眼前的灯火，远眺到南宋御街的喧阗与繁盛。

大相国寺

《水浒》对大相国寺着笔不多，但因鲁智深曾管过寺属的菜园，又在菜园里倒拔过垂杨柳，读者对其印象是绝对深刻的。小说写鲁智深初见相国寺道：

> 智深看见东京热闹，市井喧哗，来到城中，陪个小心问人道："大相国寺在何处？"街坊人答道："前面州桥便是。"智深提了禅杖便走，早来到寺前，入得山门看时，端的好一座大刹。

接着，小说用百来字的骈文描写大相国寺：

> 山门高耸，梵宇清幽。当头敕额字分明，两下金刚形势猛。五间大殿，龙鳞瓦砌碧成行；四壁僧房，龟背磨砖花嵌缝。钟楼森立，经阁巍峨。幡竿高峻接青云，宝塔依稀侵碧汉。木鱼横挂，云板高悬。佛前灯烛荧煌，

《花和尚倒拔垂杨柳》的版画出自明万历容与堂刊本《忠义水浒传》，鲁智深管理的菜园也是大相国寺的寺产

炉内香烟缭绕。幢幡不断，观音殿接祖师堂；宝盖相连，水陆会通罗汉院。时时护法诸天降，岁岁降魔尊者来。

平心而论，这段骈文中唯有“当头敕额”一句还切合大相国寺皇家寺院的身份，其他程式化的文字也完全能移用于其他大刹，倒还不如“端的好一座大刹”七个字，能为读者留下自由想象的广阔空间。

一

大相国寺位于东京开封府里城东南，南临汴河，山门前不远有座桥，正名叫延安桥，当地人习惯称为相国寺桥。往西不远，就是州桥，连接南北向的御街，与相国寺桥一样，只能通过西河平船。但东南而来的漕运大船可以溯汴河直达相国寺桥及其以东的两岸泊碇卸货。日本高僧成寻访问东京，也是在相国寺桥下的船。东去都是客店，是南方籍官员、商人去来的落脚地。于是，以大相国寺为中心，周围形成了一个繁华的商业区。南面的相国寺大街，寺东门大街、后门大街，都是商铺林立的著名商业街。有趣的是，寺南有录事巷与绣巷，而专卖寺庙尼姑手工织品的店铺也集中在这两条巷子里。绣巷，顾名思义，毋须饶舌；据陆游说，东京“妓称录事”，则录事巷其义自明；而寺北小甜水巷小食店颇有市面，但“妓馆亦多”。尼姑出入其巷兜售绣品，妓女深居其巷接客卖笑，烟花红尘与黄卷青灯在大相国寺的大墙外交汇，却也相安无事。

相传相国寺所在地是战国魏公子无忌的故宅，这一攀附是否可靠另作别论，其意却在增加其文化底蕴。寺的前身是北齐建国寺，唐睿宗时，为纪念他以相王即位才特地改名的。由于唐代就是大刹，吴道子在这里作过壁画《文殊维摩像》，杨惠之也留下了栩栩如生的塑像。北宋诗人梅尧臣曾与学者刘敞等观赏过吴画杨塑，惊叹“金碧发光彩，物象生精神，岁月虽已深，奇妙不愧新”。五代画家王仁寿模仿吴道子笔法，在寺内的净土院大殿画了八大菩萨，另一位画家王道求也在寺里留下了《十六罗汉》《挟鬼钟馗》等壁画。

据说，立国不久，宋太祖就视察大相国寺，在佛像前问陪同的和尚应否跪拜，那位和尚得体地答道：“现在佛不拜过去佛。”太祖会心一笑，即为定制。无独有偶，宋太宗有一次驾临相国寺，见一僧人看经，问：“看什么经？”答曰：“《仁王经》。”太宗强词夺理道：“既是寡人经，为何在你手里？”对太宗公然以“仁王”自居，夺佛祖的地位，这位僧人竟不知如何对答。宋代统治者就是这样一面希望佛教尊其为“现在佛”与现世的“仁王”，一面还要利用“过去佛”来巩固自己的统治。于是，作为回报，相国寺便被定为皇家寺，皇帝在上元节来寺游赏成为惯例。至于平时，皇帝巡幸大相国寺，在这里举行水旱灾异的祈祷仪式，在郊祀等大礼后赴寺恭谢，更是史不绝书。君主的生日庆祝、忌日纪念等活动，辽国使节进香礼拜，御赐宰执大臣的宴席，也多假相国寺举行。据《投辖录》载，嘉祐年间（1056—1063），曹皇后到大相国寺烧香，戴着一条“价直千万”的百宝念珠，在“登殿之次，忽不见”，仁宗大怒，下令拘禁侍卫随从，并“大索都下”。“下朝人带天香出，入定僧迎御仗头”，当时僧人的这两句题诗与皇后念珠案，无不揭示了这座皇家寺院的显赫地位。

至道元年（995），宋太宗拨巨款重修寺院，并亲赐御笔金字匾额，其后仁宗与徽宗又多次御赐额榜，大相国寺因而身价百倍。经过修缮的大相国寺共有殿庭、门廊、楼阁等建筑455区，东西两塔遥遥相对，竣工碑铭以“金碧辉映，云霞失容”来形容，其宏大伟丽，不难想见。

大相国寺大殿两廊“皆国朝名公笔迹”，高益、燕文贵、高文进、崔白都在这里作过壁画。高益在相国寺东壁画了阿育王战斗的场面。高文进的《大降魔变相》，后人赞为“奇迹”。他曾受命修复旧壁画，以蜡纸摹写旧作笔法再移至壁上，不仅毫发不差，而且尽得气骨。高益擅长释道人物画，便向太宗推荐说：“其间树石，非文贵不能成。”崔白在寺廊东壁画十一曜坐神，“圆光透彻，笔势欲动”。喻皓曾被誉为“国朝以来，木工一人而已”，他负责建造了井亭，还仔细研究了相国寺的全部建筑，认为其他自己都能胜任，唯有楼门上的卷檐无法企及，经常在其下观摩，“求其理而不可得”，叹为一绝。天圣年间，针灸学家王惟一铸造了两尊针灸教学用的铜人，铜人体内“虚中注水，关窍毕通”，针刺中穴位，即有水流出。一尊铜人放在翰林医官院，一尊就送入大相国寺仁济殿供人观摩。资圣阁的五百铁罗汉，是攻灭南唐后从庐山东林寺运来的。而东南隅的罗汉院专辟了桂籍堂，成为宋代新科进士刻石题名的最佳去处，以新方式延续着唐代雁塔题名的雅事。

总之，因地位特殊，以相国寺为场景和载体，演出了宋代许多趣闻逸事。时光流逝，这些逸闻犹如碎玉断金，散落在宋代野史笔记中。

二

相国寺的住持是由皇帝钦定的，也称得上名僧辈出，赞宁、宗本、道隆是名动一时。就说宗本吧，被神宗称作“僧中之宝”。据说，他刚到京师，有贵戚想试试他的定力，打发一个无赖娼女陪他睡觉。宗本登榻，鼻息如雷，这个娼女却“为般若光所烁，通夕不寐”。次日，她焚香膜拜道：“想不到今日真的见到了古佛！”

不过，林子大了，什么鸟儿都会有。有个叫作惠明的僧人最善于烹调猪肉，一烧就是五斤，人们都把他住的僧院叫作“烧猪院”。连文坛领袖杨亿也常带着同僚上他那儿打牙祭，有一次对他说：“这烧猪院不太雅，不如改为烧朱院吧。”于是，烧朱院就叫出了名。可惜这个和尚生活年代早了些，否则专爱吃荤的鲁智深到相国寺挂单准会去找他。

相国寺也有过娶妻的和尚，法号澄晖，娶的是一个艳娼，与她双飞双宿。每次酒醉，他就情不自禁地念叨：“如来快活风流，光前绝后！”有一个无赖少年来谒，愿意埋单摆酒，只要让他一睹这位“梵嫂”的芳容，澄晖没同意。隔日，澄晖所居僧院的牌额蒙上了新纸，上面调侃地写着“敕赐双飞之寺”，把“相国寺”改为“双飞寺”，估计是那少年的恶作剧。

大相国寺有庞大的寺产，神宗时仅本部就有六十四院，还在寺庙周边与京城内外经营着大量商肆、邸店、当铺与庄园。名将狄青在做枢密使时，有一次京城大水，他只得“避水徙家相国寺”，估计就是借宿寺内的客舍。据《东京梦华录》记载，相国寺还对外承办大斋会的筵席，“虽三五百分，莫不咄嗟而办”。有个叫刘元嗣的富商，曾将一幅《十六罗汉图》典给相国寺和尚清教，却横遭干没，官司打到开封府，“清教词屈，乃出其原画”。相国寺在寺东好几坊都占有寺产，这些地方的商店铺面“每一交易，动即千万”，课租所得，便由官府与寺方分成。相国寺在开封东郊有不少“寺庄”，也是寺产的一部分。至于鲁智深看管的菜园并不在相国寺本部，小说交代在酸枣门外，这里的“酸枣门”就是里城的景龙门。这菜园离本部还是有些路程的，虽属于寺产，但因寺大业大，只要他每天供应十担蔬菜，也就不在乎多余收入，全归鲁智深私人用度。

三

当时，大相国寺还是东京的商业文化娱乐中心，颇有点类似近代北京的厂甸与上海的城隍庙。每月初一、十五和逢三逢八的日子都开放庙市，供百姓交易，仅中庭两庑就能容纳上万人。全国到京城来销售或购求货物的人都汇聚这里，离职或到京的官员也把任上搜刮的土特产拿到这里来变卖成现钱。真所谓“技巧百工列肆，罔有不集，四方珍异之物，悉萃其间”。当时人甚至把相国寺叫作“破赃所”，大概是说要找名贵赃物就得上相国寺。连高丽使者也来凑热闹，希望通过外交途径，让大相国寺为他们入内设摊售物提供方便。

据《东京梦华录》回忆，每到集市日，一进大三门，就是飞禽猫犬市场。走过第二道三门，分别是日用百货区与果品脯腊区。大殿前专售文房四宝，大殿两侧廊下都被帽服首饰摊占领，连各寺庙尼姑也来这里推销自己的绣品。大殿后到资圣阁前，书画珍玩交易最吸引看客，其次就是土产香药区。卜卦算命的各路方士则在后廊下一排坐摊，这儿可是高人如林的去处。在大相国寺的集市上，趣谈异闻，真假雅俗，称得上是无奇不有。

名臣蔡襄在知泉州时曾严惩了贪赃枉法的晋江县令，将其废为平民。这个县令的同胞兄弟怀恨在心，趁着宋英宗即位，模仿蔡襄书法，伪造了一封蔡襄的奏疏，要求仁宗不立英宗为太子。然后，这位陷害者利用相国寺市场的传播效应，将这份奏疏刊版印刷拿到那里发卖。果然，英宗看到内侍买来的假奏疏，勃然大怒，蔡襄几乎遭到杀身之祸，幸亏宰相韩琦竭力营救，才渡过一劫。

沈括的堂侄沈辽可就没有那么幸运。有一次，他游东京，也许逢场作戏，为人在裙带上题了艳词。不料几经辗转，这条裙带流到了相国寺的摊位上，被宫中内侍买下来，让一个妃嫔拿去用了。宋神宗正励精图治，一见就不悦，得知沈辽在吴县做县令，就对察访两浙的监察御史说："如此等人，岂可不治！"沈辽最终被这个御史找了个碴，"削籍为民"。可怜他哪里知道大相国寺的一次裙带买卖断送了他的仕途。

据《东轩笔录》，古文家穆修晚年曾自印柳宗元文集数百部，拿到相国寺去练摊，有几个读书人拿起书翻阅，他劈手就夺过来，闭着眼说："你们谁能读完一篇而不读破句，我就白送你一部！"当然，他最终都没能卖出一部。而据《曲洧旧闻》，黄庭坚在相国寺买到宋祁《新唐书》稿本，回去以后揣摩其改动字句处，"自是文章日进"。袁褧在《枫窗小牍》里说，他家收藏的《春秋繁露》缺了两页，遍借馆阁与私家藏本也都没有这两页，后来在相国寺的集市上买到了一册手抄本，一页不脱，如获至宝。相国寺的书市名传海外，连高丽使臣都要求到那里去购书。

相国寺佛殿前出售的赵文秀笔与潘谷墨，大受书画家的青睐。苏东坡盛赞潘谷墨“精妙轶伦，堪为世珍”，在京时是那里的老主顾。他死后二十年，流放海南时的行书手迹也流回到相国寺的书画摊上，见到的人说其“类颜鲁公《祭侄文》，甚奇伟”。不过，欧阳修对大相国寺的笔却没有好感，认为“有表曾无实，价高仍费钱，用不过数日”——也许他买到的是冒牌货。

在相国寺的书画市场上，当时经常有名家在这里转悠，他们对前人的书画名作有着独特的嗅觉。五代大画家李成的孙子在仁宗朝知开封府，便利用父母官的声望，出常价一倍让相国寺僧惠明代他收购祖父的作品，一时“归者如市”，可见这一市场流通的规模。书画家米芾曾在这里买了一幅“破碎甚古”的《雪霁图》，碰上了熟人问他这是谁的手笔，回答说是王维的。同去的富弼之婿范大珪听后，就将这幅画先拿去把玩。次日也不归还，一问，说是送去装裱了。在场者代为不平，米芾笑着说：“都是老朋友了，就算送他罢。”米芾在这里还购得过花鸟画大家徐熙的真迹，或许他相信自己的淘宝眼光，也不太在乎一幅画。徽宗后期，李廷瓘的先人在资圣阁的画肆里购得一幅吴道子的水墨画，画风“细如丝，硬如铁”。难怪金石学家赵明诚频频光顾资圣阁殿门前的书画古玩摊，与爱妻李清照选购一些碑帖。他当时还是太学生，有时囊中羞涩，典衣换钱再捧回自己的最爱，与清照“相对展玩咀嚼”，也是兴味盎然的。当代书画名家的作品也常在这里转手流通。崇宁年间（1102—1106），党祸再起，蔡京门客从相国寺买来一幅《蚁蝶图》，画面上双蝴蝶被挂在蛛网上，网下蚂蚁麇集，正在扛着

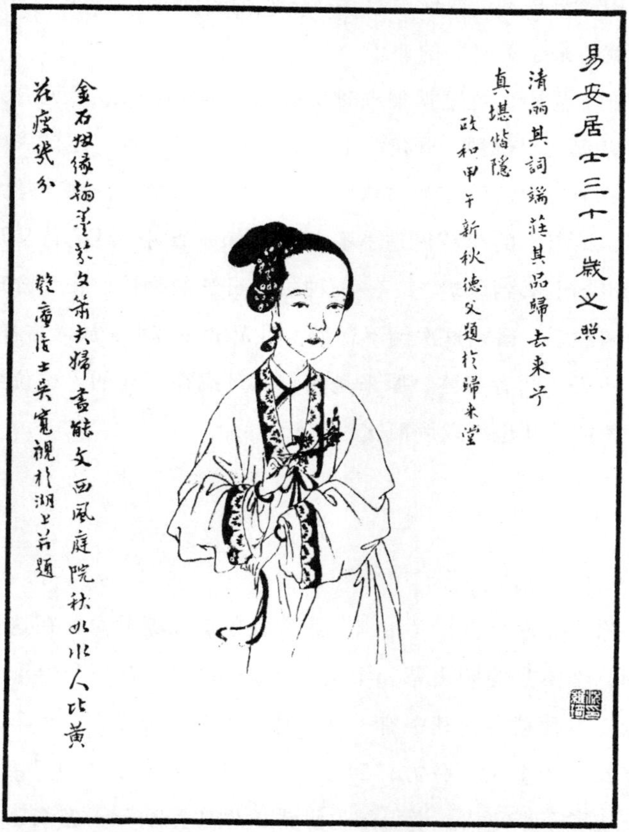

李清照像。她寓居东京时，与丈夫赵明诚也是大相国寺书画文玩摊前的常客

蝴蝶掉下的翅翼。这幅画是别人送给黄庭坚的，山谷在其上题了一首诗，显然针对党祸有感而发："胡蝶双飞得意，偶然毕命网罗。群蚁争收坠翼，策勋归去南柯。"蔡京见嘲讽他们在党祸中得势也不过南柯一梦，准备把黄庭坚贬放得更远。不过，不久就传来了黄庭坚的讣告。

在交易中，坑蒙拐骗也时有所见。黄庭坚亲眼看见有人在相国寺卖大葫芦种，开价不菲，为招徕过客，摊主还作秀般地背着一个特大葫芦作为实物广告。人们竞相购买，来春却大呼上当，结出来的葫芦仍是小不点儿。有一个叫李諕的侍从从相国寺市场上买到了蟾芝——一种长有灵芝的蟾蜍，作为祥瑞进献给宋徽宗。徽宗这次倒不昏愦，叫人拿一盆水，放入吉祥物。过了一天，两者解体，原来是用竹钉等搞在一起的。这位想歌功颂德的侍从也因欺罔而交付监管。

四

除了万姓交易，大相国寺还有各色走江湖的。敢在这里摆摊的，都不是等闲之辈。绍圣二年（1095），有一个道士在这里专卖各种秘方，其中有一种叫作"赌钱不输方"。一个嗜赌少年花了千金买下秘方，回去一看，上写"但止乞头"四字。道士玩了个小花招，说得却也没错：做庄家抽分子怎么还会输钱呢！

有一年殿试后，一个叫谢颐素的考生，规定八韵的赋居然忘作了第八韵，忐忑之下踱到相国寺，在卦肆算上一命，尽管密告了此种情况，算命的却一口咬定，按卦象判断命该及第。后来，果如其言，中了进士。他也不知怎么中的，逢人就神叨叨地说相国寺算命这件事。

寺里还有一个四川籍的术士，算个命居然收一千钱，还要前一夜付钱预约。郑居中约叔父郑绅到大相国寺去算命，叔侄俩都还不宽裕，郑绅笑他："何不留点钱沽酒买肉吃？"术士先说郑绅将做异姓真王，再算郑居中，也说是异姓真王，是因叔父的命而来。后来，郑绅因女儿成为贵妃，再升为皇后，而终于封王；郑居中也因这一裙带关系做到宰相，封了郡王。

就连宋徽宗，也与相国寺的命卦有割不断的关系。据《铁围山丛谈》说，他在即位前多有吉兆，就让人拿着自己的八字，往相国寺找人算命，有个叫陈彦的术士说："这不是你的命，乃天子之命。"次年，徽宗果然位登九五。据说，陈彦后来官至节度使，也不必在相国寺练摊了。

而据《东斋记事》，张士逊进京考进士时，曾与寇准同游相国寺看相，一个相士说："你们俩都能做到宰相。"两人刚要离开，张齐贤与王随也转到了这里，这个相士大吃一惊说："一天之内居然看到四个宰相。"这四人后来确实都入居相位，当时却相顾大笑而去，周围的人们都认为这个相士好作诳语。他的声誉就此扫地，据说是"穷饿以死"，与陈彦相比，结局可谓判若云泥。

五

大相国寺是士庶官民出入频繁的活动中心。拜佛上香、观光游览、休闲娱乐，是一年四季都有的，非经常性的活动则有庙会集市、节日祭会、时令游赏。在这些活动中，经常出现宋代名人的身影。有时候，士大夫干脆在相国寺壁上题诗，寺壁成为他们抒发情感、表达政见的传播空间。王安石拜相，趋迎者盈门，那年元宵，神宗赐宴相国寺，有俳优演出助兴，与会者兴致颇高，王安石作一偈云：

> 诸优戏场中，一贵复一贱。
> 心知本自同，所以无欣怨。

他冷眼看出捧场者的心思，故而不喜也不怨。就在他推进变法时，寺壁上出现过一首匿名的谜语诗，经过苏东坡的解读，暗藏着“青苗法安石误国贼民”几个字。元祐三年（1088），苏轼兄弟与秦观曾同赴相国寺观赏王诜的墨竹，并刻石以为纪念。秦观还与李端叔游览过寺内的智海禅院，大发“红尘稍与僧家远，白发偏于我辈公”的感慨。米芾更是相国寺的常客，与寺僧多有交情。他在罗汉院僧寿许那里赏玩过唐代李阳冰留下来的御墨，又从寺僧清道手里搞到王羲之的两帖真迹。

在相国寺，茶酒饮宴都很方便，这里也就成为朝士文人聚会的理想场所。彭乘及第，与同榜进士登相国寺阁，同年们春风得意，有入仕之乐，他却远望乡关，说：“双亲老了，怎能不顾奉养而图一身之荣呢？”次日请求留职养亲。哲宗时，苏东坡与黄庭坚、钱勰等在寺内宝梵律院会餐，黄庭坚当场作草书数纸，东坡赞赏不已，钱勰却说大苏恐怕还没有见识过怀素的真迹。据《伊洛渊源录》，理学家二程兄弟与张载、吕希哲在大相国寺“讲论终日”，大程忽然发问：“不知过去可曾有什么人在这里讨论过这些问题否？”大有理学开创者“前无古人”的自豪感在。徽宗末年，侍郎刘季高在智海禅院摆席，说到歌词，他旁若无人地大说柳永不行，一个宦官默默离席，拿着纸笔跪在他的前面，说："你以为柳词不好，何不自己写一篇看看？"让刘季高下不了台。

由于文人雅士经常在相国寺聚会，寺内时不时有小范围的伎乐活动。梅尧臣、刘攽曾到相国寺听"越僧鼓琴"，留下了"徒谓五音淳，孰识商声高"的深刻印象。而曾巩也与同舍之士在寺内维摩院听友人洪君奏琴。但这些活动一般民众无缘欣赏，他们期待的是群众性演出。真宗时，有一个轻薄子戏作《有教无类赋》说"相国寺前，熊翻筋斗；望春门（即里城曹门）外，驴舞柘枝"，以相国寺前熊驴的杂技表演来嘲讽有教无类。寺内还设有歌舞表演场所，范镇与韩维都光临过，后者还有诗描述了当时的场景：

佛宫金碧开朝霞，游人杂沓来正哗。
危弦促管竞繁咽，罗袖对舞春风斜。

《能改斋漫录》说大相国寺里"众书生倚殿柱观倡优"，恐怕就是范镇他们观看的舞乐。这些游乐活动，不仅与大相国寺融为一体，而且成为宋代东京市民生活的组成部分。难怪谏官常安民主张"教坊不当于相国寺作乐"，哲宗大为不满，差点将其免官。

除了一月八天开市日，即便平日，大相国寺也有群众性的游乐活动。当然，群众性游乐活动以一年一度的上元赏灯最为壮观。《东京梦华录》有一段专记正月十六日开封官民夜游相国寺的盛况：

寺之大殿前设乐棚，诸军作乐。两廊有诗牌灯云："天碧银河欲下来，月华如水照楼台"，并"火树银花合，星

> 桥铁锁开”之诗。其灯以木牌为之，雕镂成字，以纱绢幂之，于内密燃其灯，相次排定，亦可爱赏。资圣阁前安顿佛牙，设以水灯，皆系宰执、戚里、贵近占设看位。最要闹九子母殿及东西塔院惠林、智海、宝梵，竞陈灯烛，光彩争华，直至达旦。

每年四月初八佛祖生日，大相国寺的浴佛斋会也是热闹非凡的。据《醉翁谈录》，这天相国寺里里外外“合都士庶妇女骈集，四方挈老扶幼交观”：

> 良久，吹螺击鼓，灯烛相映，罗列香花，迎拥一佛子，外饰以金，一手指天，一手指地，其中不知何物为之，唯高二尺许，置于金盘中。众僧举扬佛事，其声振地。士女瞻敬，以祈恩福。

除此之外，东京士民习惯在冬至那天游览大相国寺，而资圣阁纳凉，相国寺赏雪，也是他们的最爱。刘敞有《雪中诣相国寺》诗，留下了与僧人品茗赏雪的风雅：

> 西风卷雪白如沙，索漠空林开白花。
> 病僧迎客兴不浅，自启轩窗煎越茶。

六

孟元老亲历盛况的年代，与鲁智深所见大体在同时，堪称大相国寺的巅峰时期。大约十年以后就是靖康之变，这座名寺也繁华消歇，满目悲凉。靖康元年（1126）岁末，相国寺成了啼饥号寒的难民滞留所，人数多达数万。金人占领了开封城，趾高气扬，以胜利者的身份到大相国寺烧香礼佛。紧接着就是建炎南渡，大相国寺转归金国统治。周煇记下了南下前对大相国寺最后的一瞥：

> 煇出疆日，往返经寺门，遥望浮图峻峙，有指示曰："此旧景德院也。"匆匆揽辔径过，所可见者栋宇宏丽耳，固不暇指顾问处所。

南宋曾在杭州淳祐桥边重建相国寺，但当地人与南下的移民都不将其作为开封大相国寺的延续，文化的记忆并不兼容克隆品。有一家印书铺在刊印的《抱朴子》末页，郑重地刻上了一段文字：

> 旧日东京大相国寺东荣六郎家，见寄居临安府中瓦南街东，开印输经史书籍铺，今将京师旧本《抱朴子内篇》校正刊行，的无一字差讹，请四方收书好事君子幸赐藻鉴。

除了旧店新开的广告意识，不难体味书铺主人对故都地标大相国寺的深情思念。绍兴年间，古董收藏家毕少董还从大相国寺觅到了《熙丰日历》的残页，携归江南，让人见了唏嘘不已。约略同时，孟元老沉湎在记忆中追怀它的胜日景况，写下了《相国寺内万姓交易》等篇章，决定把回忆录取名为"东京梦华录"。

儒者万里負笈以尋其師況長生之道真人所重可不勤求足問者哉然不可不精簡其真偽也余恐古強蔡誕項曼都白和之不絕於世間好事者省余此書可以少加沙汰其善否矣又仙經云仙人目瞳皆方洛中見之白仲理者為余說其瞳正方如此果是異人也

抱朴子內篇袪惑卷第二十

舊日東京大相國寺東榮六郎家見寄居臨安府中瓦南街東開印輸經史書籍鋪今將京師舊本抱朴子內篇校正刊行的無一字差訛請四方收書好事君子幸賜藻鑒紹興壬申歲六月旦日

南宋绍兴二十二年（1152）临安（今浙江杭州）刊本《抱朴子内篇》书末刊记，对旧京名寺寄托着无尽的怀念

四十余年后，范成大出使金国，初见大相国寺，看到宋徽宗题写的寺额依然在山门倾檐缺吻之下，开市交易习惯虽然如故，但“寺中杂货，皆胡俗所需”，他感慨万端，写了一首诗：

倾檐缺吻护奎文，金碧浮图暗古尘。
闻说今朝恰开寺，羊裘狼帽趁时新。

大相国寺的一切，在范成大的眼里都“无复旧观”。类似的慨叹在元诗里也有流露：

大相国阁天下雄，
天梯缥缈凌虚空。
三千歌吹灯火上，
五百缨缦烟云中。
洛汭已掩西坠日，
汉津空送南飞鸿。
阑干倚遍忽归去，
飒飒两鬓生秋风。

——陈孚《登大相国寺资圣阁》

在范成大与陈孚的心目中，大相国寺不是一般的寺庙，而是赵宋文明的一种象征。但是，在金元两代异族统治下，显然，它走向了衰败，其后再也没有重现北宋的辉煌。无论范成大，还是陈孚，都不会像《水浒》里的鲁智深初见这座名寺那样，发出“端的好一座大刹”的惊叹。

樊楼

一

《水浒》有两处以樊楼为场景。一是第七回，陆谦为让高衙内得手林冲娘子，计赚林冲去樊楼吃酒：

> 当时两个上到樊楼内，占个阁儿，唤酒保分付，叫取两瓶上色好酒，希奇果子案酒。

一是七十二回，宋江元宵上东京，刻画更为细致：

> 出得李师师门来，穿出小御街，径投天汉桥来看鳌山。正打从樊楼前过，听得楼上笙簧聒耳，鼓乐喧天。灯火凝眸，游人似蚁。宋江、柴进也上樊楼，寻个阁子坐下，取些酒食肴馔，也在楼上赏灯饮酒。吃不到数杯，只听得隔壁阁子内有人作歌道：浩气冲天贯斗牛，英气

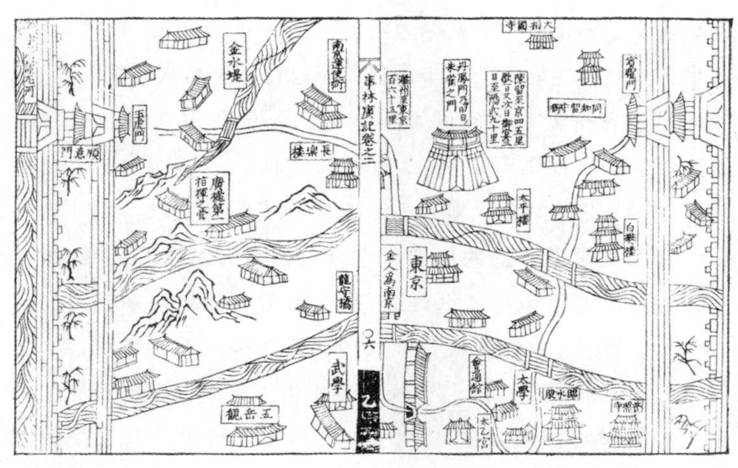

宋元之际日用类书《事林广记》所载《东京城图》中白樊楼的方位

事业未曾酬。手提三尺龙泉剑，不斩奸邪誓不休。宋江听得，慌忙过来看时，却是九纹龙史进、没遮拦穆弘，在阁子内吃得大醉，口出狂言。

樊楼是北宋最豪华的酒楼，位于东京宫城东华门外景明坊。大约北宋后期，当时人已经不太明了其得名的来由，想当然地以为是酒楼老板的尊姓，以至于《醒世恒言》第十四卷《闹樊楼多情周胜仙》硬派樊楼店主叫范大郎，用意大概也是“范”“樊”同音。据研究者说，这篇以樊楼为背景的小说也是宋元话本，但说“东京金明池边，有座酒楼，唤做樊楼”，则是方向性错误。金明池在开封外城西郊，而樊楼则在里城东面，两者一东一西，毫不相干。实际上，樊楼所在地，本来是商贾贩鬻白矾的集散点。可能原先是矾行的酒楼，也有可能后来在这里盖起了酒楼，于是就称为矾楼，也叫作白矾楼。日久天长，才讹传为樊楼，后又改称丰乐楼，但总比不上樊楼叫得响亮。

樊楼算得上是东京的百年老店，至少在宋真宗时就名闻遐迩了。据《湘山野录》，大中祥符（1008—1016）中，真宗为日本国一佛寺赐额。朝辞日，日本使者临时要求再赐一篇寺记，张君房是最合适的作者。但当天张君房不当值，“醉饮于樊楼，遣人遍京城寻之不得”。樊楼有常备的自酿好酒，名叫“眉寿”“和旨”。据宋代档案《宋会要》的记载，当时，樊楼每天上缴官府酒税就达二千钱，每年销售官酒竟至五万斤。后来老板转手，酒楼新主“大亏本钱，继日积欠，以至荡破家产”。对此，因为不是国有资产，国家尽可以不闻不问，但国库缺了一大笔酒税，宋仁宗还是十分在意的。天圣五年（1027），中央财政部门收到一道诏令，大意是说，谁愿意承包樊楼年销五万斤的酒税额，就可以给他划拨三千家京城的小酒店，作为酒类专卖的连锁销售店。从皇帝的亲自过问，也可见樊楼在东京酒楼业中龙头老大的地位。

当然，樊楼之外，东京还有些著名的酒楼。例如丽景门内有一家酒楼号称“无比店”，原是参知政事赵叔平的宅第，他致仕回乡后，这里就改成酒楼，“材植雄壮，非他可比”，因而当时谚语就说“酒苑叔平无比店”。在天汉桥下有一家寿州（今安徽寿县）人开的王家酒楼也相当有名。学者刘敞有诗说它“道旁高楼正嵯峨”，而经营的场面则是：

白银角盆大如斗，臛鸡煮蟹随纷罗。
黄花满把照眼丽，红裙女儿前艳歌。

器皿都是银质的，南北各味菜肴应有尽有，还有娇艳的陪酒女郎。尽管如此，构成东京餐饮业地标的，还得算是樊楼。

二

东京酒楼的格局，据《东京梦华录》记载，面朝大街的门口都扎“彩楼欢门”，欢门就是大门楼，用各种彩色饰物装点门面。这种门面装饰最早出现在东京酒楼，其后各地大型酒肆、食店、茶楼，也都争相仿效。而节日的欢门彩楼，各家更是花样翻新，别出心裁。据孟元老说，汴京“中秋节前，诸店皆卖新酒，重新结络门面彩楼，花头画竿，醉仙锦旆”。而九月重阳前后，以菊花装点门楼，则成为东京酒楼的一道风景线。走进门楼则是院落或主廊，底层是散座，这些去处称作“门床马道”，档次不高。有身价的都往楼上招呼，楼上天井两廊都是当时称为“小阁子”的包厢。一到晚上，“灯烛荧煌，上下相照，浓妆妓女数百，聚于主廊槏面上，以待酒客呼唤，望之宛若神仙”。不过，据《都城纪胜》说:“大酒店，娼妓只伴坐而已，欲买欢，则多往其居。”说的虽是南宋临安的行规，北宋东京当也如此。

东京一般酒楼仅上下两层，唯独樊楼，在徽宗宣和年间（1119—1125）改建为东西南北中五座三层的主楼，《水浒》中宋江喝酒时应该还是改建前的老楼。新樊楼各楼之间用飞桥栏杆连接，明暗相通，珠帘绣额，灯烛晃耀。改建完工重新开张的头几天里，最先光顾者赏以金旗，以招徕宾客。每到元宵灯节，樊楼顶上每一道瓦楞间各放莲灯一盏，把樊楼点缀得分外靓丽妩媚。其中的西楼，后来禁止酒客登临眺望，这是出于对皇帝安全保卫的考虑，因为从西楼俯瞰下去就是大内。据《水浒传》的蓝本《大宋宣和遗事》说：樊楼“上有御座，徽宗时与师师宴饮于此，士民皆不敢登楼”。似乎有理由推测，西楼可能因此而谢绝了外客。

樊楼西楼借景于大内，北楼则可以凭眺艮岳，再加上相去不远的州桥夜市与汴河游女，市口十分优越。此即时人王安中在诗中所吟咏的："日边高拥瑞云深，万井喧阗正下临。金碧楼台虽禁籞，烟霞岩洞却山林。"樊楼原就是京城酒楼老大，"饮徒常千余人"，改造以后，不仅其本身生意兴隆，也带动了周围店肆的人气。据王明清说，连樊楼旁的小茶肆也"甚潇洒清洁，皆一品器皿，椅桌皆济楚，故卖茶极盛"，茶都卖出了好价钱。另据宋代话本《汪信之一死救全家》，以善煮鱼羹而知名的宋五嫂，也"是汴京樊楼下住的"。而许多宋代话本就以樊楼作为敷衍故事的主要场景，其中的描写倒也不是毫无根据的。例如，《赵伯昇茶肆遇仁宗》引一首《鹧鸪天》词为证：

城中酒楼高入天，烹龙煮凤味肥鲜。
公孙下马闻香醉，一饮不惜费万钱。

招贵客，引高贤，楼上笙歌列管弦。
百般美物珍羞味，四面栏杆彩画檐。

由于名闻遐迩，京城第一，樊楼成为达官贵人和富商阔佬摆谱的地方。《齐东野语》记载了一则樊楼逞富的真实故事，说一个叫沈偕的吴兴阔少，狎游京师，追求一个声价"甲于都下"的名妓。有一天，沈偕带她上樊楼，对楼上千余酒客说，你们都"极量尽欢"，最后我来埋单。"至夜，尽为还所直而去"。沈偕的豪奢之名传遍京师，不言而喻，那些摆足身价的名妓也"惟恐其不来"。

明刊本冯梦龙的《古今小说》之《赵伯昇茶肆遇仁宗》版画中酒楼的匾额大书“樊楼”二字

河南温县宋墓庖厨砖雕

宋代厨娘画砖，自左至右依次为斫鲙图、煮茶图、烹饪图。宋代的饮馔已经相当精致考究，这方画砖是当时饮食业烹调技术的艺术写真

当然，酒阁填词、粉壁题诗之类的雅事，在樊楼也是不少的。政和进士黄彦辅酒酣樊楼，赋《望江南》词十首，歌咏樊楼之月，都人聚观，称其为“谪仙堕世”，词名大振。诗人刘子翚少年时代也曾亲历过樊楼盛况，他有《汴京纪事》诗记樊楼云：

梁园歌舞足风流，美酒如刀解断愁。
忆得少年多乐事，夜深灯火上樊楼。

三

南渡以后，宋室君臣“直把杭州作汴州”，在西湖边又造起了名为丰乐楼的大酒楼，其瑰丽宏伟，“上延风月，下隔嚣埃，遂为西湖之壮”，而丰乐楼正是樊楼在北宋末年的正式名称。刘克庄曾经悲怆地赋诗：

吾生分裂后，不到旧京游。
空作樊楼梦，安知在越楼。

不知道他是否有感于临安丰乐楼而作。刘子翚还有樊楼的回忆，包括刘克庄在内的更多南宋人连这种幸运都没有。

樊楼成为宋代酒楼业的样板，各地酒楼在经营风格、布置格局上，都纷纷仿效。宋代话本《杨思温燕山逢故人》写靖康之变后金人在燕京建造的秦楼道：“原来秦楼最广大，便似东京白樊楼一般。楼上有六十个阁儿，下面散铺七八十副卓凳。”

大概到南宋后期，樊楼就成了酒楼的代名词。宋元之际，姚云文有词云“疏狂追少日，杜曲樊楼，拼把黄金买春恨”；

元夏永《丰乐楼图》

黄溍也有“春风樊楼醉，一笑百斛珠”的诗句。这里的樊楼，明显是指一般的酒楼，而且还带有一点儿青楼烟花味。

樊楼展现出宋代东京的奢华，但开封城还有鲜为人知的另一面，竟也与“樊楼”有关。据《老学庵笔记》说，京师沟渠极为深广，构成了一个地下世界，“亡命多匿其中，自名为无忧洞。甚者盗匿妇人，又谓之鬼樊楼”。这种现象在整个北宋时有发生，即便再精明强干的开封知府，也不能使其完全绝迹。有意思的是，据《坌起杂事》，元末韩林儿起事，自号“小明王”，建都汴梁，他也“起樊楼于土市子街西，饰红裙绮瑟于上”。倘有将帅出师，就在樊楼为其饯行，他也自称为“樊楼主人”。看来，“鬼樊楼”终于从地下转到了地上，虽然这并不是宋代的事儿。

市肆篇

早市

一

《水浒》“宋江怒杀阎婆惜”那回写到宋江被晾了大半夜，挨到五更天，出得阎婆惜家门：

> 忿那口气没出处，一直要奔回下处来，却从县前过，见一碗灯明，看时，却是卖汤药的王公来到县前赶早市。那老儿见是宋江来，慌忙道：“押司如何今日出来得早？”宋江道：“便是夜来酒醉，错听更鼓。”王公道：“押司必然伤酒，且请一盏醒酒二陈汤。”宋江道：“最好。”就凳上坐了。那老子浓浓地奉一盏二陈汤，递与宋江吃。

这里写到了郓城县的早市，而“石秀智杀裴如海”一回也写了蓟州的早市：

宋代张择端《清明上河图》中城楼上的鼓，是向市民报告晨昏的工具

> 却说本处城中一个卖糕粥的王公，其日早挑着一担糕粥，点个灯笼，一个小猴子跟着，出来赶早市。

两处早市，一个是州城里的，一个是县城里的，不经意间折射出宋代城市生活的重大变化。

宋代以前，即便唐代像长安和洛阳这样的大都市，城内作为商业交易区的“市”和作为居民住宅区的“坊”，在空间上是分离隔绝的，所有的商业活动只能局限在“市”这一特定区域进行，居住区的每个坊之间，也是互相隔离的，围有围墙，各有坊门。每日早晚，金鼓之声响起，坊门和市门都必须定时开启和关闭。唐代法律规定：除有官府特许之例外，闭门鼓后，开门鼓前，有在坊市中夜行者，都算作“犯夜”，必笞二十作为惩罚。因而唐代长安的东市与西市，洛阳的南市、西市与北市，是没有早市与夜市的。

入宋以后，“坊市之中，邸店有限，工商外至，络绎无穷”，封闭性的城市管理模式，逐渐不能适应城市商品经济的发展。

张择端《清明上河图》中城门前的早市

张择端《清明上河图》中桥头上的集市

于是，原先作为住宅区的坊内临街的民宅陆续开起了店铺，坊市隔绝的旧格局逐渐被打破，坊墙也被拆除，越来越多的商人在坊区内街道两旁陆续开设了店铺。众多的市民阶层有着各不相同的生活习惯，过去在时间限制上长期实行的“夜禁”，也终于宣布取消。“日中为市”的惯例一旦突破，市场围着需求转，商家围着利益转，于是，早市、夜市也就应运而生。

相对早市，《水浒》对夜市几乎没有正面描写，仅对大名府与开封府的元宵夜市略有侧面的涉及。“时迁火烧翠云楼”那回说：

> 这北京大名府，是河北头一个大郡冲要去处，却有诸路买卖，云屯雾集，只听放灯，都来赶趁。……不移时，楼上鼓打二更。……时迁上到楼上，只做卖闹鹅儿的，各处阁子里去看。撞见解珍、解宝拖着钢叉，叉上挂着兔儿，在阁子前踅。

梁山好汉为智取大名府，不少都乔装改扮成赶趁夜市的小买卖人了。至于“元夜闹东京”那回，宋江等下梁山，“杂在社火队里，取路哄入封丘门来，遍玩六街三市”，入夜以后，他们既在“小御街”茶坊里吃茶，也上樊楼“取些酒食肴馔”赏灯饮酒，《水浒》读者都耳熟能详的。

二

据《东京梦华录》记载，往往夜市三更才结束，早市“才五更又复开张，如要闹去处，通晓不绝”。而京城各城门都“置鼓于小楼之上”，每天按时报点。一交五更，东京各大寺院就打起了钟，而报晓的头陀则手执铁板，敲打着沿街循门报晓：如果天好，就喊“天色晴明”；天阴，就说“天色阴晦”；下雨则高叫一声“雨”。前往各处化缘的行僧也一路敲打着木鱼顺带着报晓。趁早入市的人都闻声而起。各处城门都开了，吊桥也已放下。瓠羹店门口的小孩已经在兜售熟骨头，也有叫卖灌肺与炒肺的。酒店点起了灯烛，做起了买卖，每个客人只需花上二十文，管保让你吃得满意。粥饭点心铺也开了门，间或有卖洗脸水的，方便了通宵在外的客人。想喝点汤药茶，煎茶摊可以为你效劳，花色繁多，任你挑选。《水浒》里的王公就是做这买卖的，二陈汤不过其中一种。天色大亮，屠宰作坊忙活起来，有人担着猪羊，或者用车子推着来赶市，动辄百余头。这令人联想到《水浒》的石秀，他在蓟州依附杨雄时，代管了屠宰作坊，每天也“巴得天明，把猪出去门前挑了，卖个早市”。

朱雀门外，州桥西侧，早市的果木集中在那儿交易，以至人称果子行。纸画儿在那里也卖得很行俏。卖麦面的预先装好了一个个布袋，叫作一宛，用太平车或驴马驮着，从城外入市交易，至天明不绝。沿着御街，从州桥到大内南门前的路段上，早市上卖药材的和做饮食生意的，那叫卖声此起彼伏，可谓一绝。那些个饼店，从五更起，桌案之声就远近相闻。武成王庙前的海州张家和皇建院前的郑家生意最红火，每天要做五十余炉。

著名大酒店潘楼下，每天从五更就开市，买卖衣物、书画和珍玩。天色熹明，各色小吃登场，有羊头、肚肺、腰子、奶房等杂碎，鹌鹑、野兔、斑鸠、鸽子等野味，螃蟹、蛤蜊等河鲜。而后陆续有各种手工工匠，交易零碎的作料。早饭以后，上市的是香糖果子、蜜煎雕花之类的休闲食品。早市这才进入尾声。

张择端《清明上河图》中的粮食早市，地上陈列待售的粮袋，显然刚从船上卸下

南宋刘松年的《斗茶图》描绘了市肆上卖茶水商贩在休息时品茶的场景

东京的早市喧闹而繁盛，宋祁有《赴直马上观市》，抒写了他骑马上朝途中对早市的观感：

上直驱羸马，凌晨望百廛。
垆喧涤器市，箫暖卖饧天。
流水随轻毂，翻花送驶鞯。
区区市门吏，无复子真仙。

诗人看着络绎不绝来赶早市的车马，感叹管理集市的小吏已经不再是神仙羡慕的差使了，看他忙得够呛的。

南宋都城临安（今杭州）的早市也是如此。“百万人家夜雨鸣，市声唤出晓来晴”，陈宓《行在端午》中这两句诗勾画出行在早市的不凡声势。而宋元话本《任孝子烈性为神》则更具体地描述了当时杭州候潮门外赶早市的商贩：

却忒早了些，城门未开。城边无数经纪行贩，挑着盐担，坐在门下等开门。也有唱曲儿的，也有说闲话的，也有做小买卖的。

与《都城纪胜》所说正相吻合：杭州“坊巷市井，买卖关扑，酒楼歌馆，直至四鼓后方静；而五鼓朝马将动，其有趁卖早市者，复起开张。无论四时皆然”。早市几乎是紧接着夜市开张的，王庭珪的诗也可为证：

楼角犹吹笛，天街又走车。
客眠终未稳，人语已争哗。

据《梦粱录》，每天清晨，杭州主要街道上的百事买卖，要热闹到饭前才收市。肉市巷内的面店、分茶店、酒店以及临街卖熬肉的摊主，更从三更就开行上市，至晓方罢市。御街上的店铺，都是听到晨钟就起来：有卖早市点心的，烧饼、蒸饼、糍糕等，无所不有；也有浴堂门前卖洗脸水的，有茶摊卖汤药的。到处都是各行各业的摊位，填街塞市，侵晨行贩，“吟叫百端，如汴京气象，殊可人意”。

三

早市，在宋代也叫作晓市或朝市，宋人王之道诗云“炭重乌银争晓市，蔬挑翠羽荷邻家”，乌黑发亮的木炭，碧绿水嫩的蔬菜，都是生活的必需品。而项安世诗云“晓市众果集，枇杷盛满箱，梅施一点赤，杏染十分黄”，则写出了早市果子摊上诱人的色彩。这种早市，不仅都城有，州县也有（例如《水浒》里提到的蓟州与郓城县）。苏东坡出守黄州，有《水龙吟》云：“小沟东接长江，柳堤苇岸连云际。烟村潇洒，人闲一哄，渔樵早市。”“人闲一哄”，真是写活了这个乡村早市。诗人范成大寓居苏州石湖，墙外就是早市，有诗句描写市声：

> 菜市喧时窗透明，饼师叫后药煎成。
> 闲居日出都无事，惟有开门扫地声。

他说自己早上的起居饮食完全可以市声为时刻表：菜市喧闹开的时候，天刚透亮；而做饼的吆喝响起时，自己的药也煎好了；然后，就该开门扫地，开始他一天的闲居生活了。这种早市无疑给老百姓的生活带来了诸多的方便与情趣。南宋陈起有一首诗抒发了晚年逛早市的愉悦心情：

今早神清觉步轻，杖藜聊复到前庭。
市声亦有关情处，买得秋花插小瓶。

拄着拐杖，走出前庭，门外就是早市，买一束秋花插在小瓶里，也是桑榆晚景的一种享受。

一般村镇也有早市。梅尧臣有诗“晓日鱼虾市，新霜橘柚桥”，说的是浙东；范成大“晨兴过墟市，喜有鱼虾卖”，讲的是江南东路；赵蕃诗云“晨钟离野寺，早市出村墟”，写的是江南西路；陆游出川经荆湖东归，也经常“朝餐偶过卖鱼市”。这些早市的名目则有草市、墟市、村市、山市、野市等，不一而足。由于从居所到集市往往有一定距离，人们一大早就要出门赶市，正如董嗣杲《过林口市》所说：“纷纭趁墟者，未晓听钟起。”陆游有一次赶早往游夔州卧龙寺，只见当地“峒人争趁五更市”，比他还早去赶墟市。范成大在江南东路也亲见“趁墟渔子晨争渡”的场面。他有一次晓泊两浙西路横塘镇，“短梦难成却易惊”，也是因为“汹汹前村草市声”，这种草市虽然也有日市，但一般多是早市。

据《东京梦华录》，早市中还有一种特例：

又东十字大街，曰从行裹脚茶坊，每五更点火博易，买卖衣服、图画、花环、领抹之类，至晓即散，谓之“鬼市子”。

明代类书《三才图会》中的《市井图》

这种“鬼市子”有两个特点：一方面，开市时段在夜市结束以后到天光见人之前，天蒙蒙亮，买卖双方就作鸟兽散，大概正是传说中鬼出没的时间，其得名也因为“半夜而合，鸡鸣而散”；另一方面，交易物以文物与衣物为主，其来历多有问题，交易中还有坑蒙拐骗的鬼花样。据《分门古今类事》载，治平间（1064—1067），东京甘泉坊后巷有一女子，每早“肩故衣出售”，见流落当地的林文叔“贫甚”，就接济衣物与钱，后与之结婚生子。一日，女子诀别，自称“吾在仙鬼之间”。许多关于鬼市子故事化的文本，都有类似鬼魅的神秘味。实际上，鬼市子也是早市，无非因为古董、旧衣类买卖最多欺诈诓骗，不宜在天光大亮后继续交易而已。于是，经过渲染，鬼市子播腾人口。

四

赶市的人或买或卖都是货币交易，早市和其他市集把交换意识与赢利观念灌输给一般小民百姓。在《水浒》里，这种意识观念转换为普通人物的口头语：发市。于是，拉皮条的王婆说“那一日卖了一个泡茶，直到如今不发市”；掣出戒刀的武松说“刀却自好，到我手里，不曾发市”；剪径的李鬼说“指望出去寻个单身的过，整整的等了半个月，不曾发市”；货真价实的李逵也说“我这两把大斧，多时不曾发市”。

在宋代现实中也是如此。苏轼在杭州，一个叫陈诉的制扇商还不出所亏欠的二万绫绢钱，原因是连雨天寒，扇子卖不出去，东坡让他取扇来，在二十把白团扇上或画竹石，或书行草，说：“吾当为汝发市也。”果然，这些扇子都卖了好价钱，他也还清了欠款。两宋之际的刘子翚在谢友人馈瓜诗里也不无幽默地说："顾我小诗偏发市，年年博得萧屯瓜。"大意说：我的小诗还能卖出价，每年换来萧屯出产的好瓜。读到《水浒》里与当时人的这些口语，你不能不感叹：市场真是一所大学校！

菜园子

一

《水浒》七十二地煞中张青以“菜园子”为绰号，他自报家门道：

> 小人姓张名青，原是此间光明寺种菜园子……因好结识江湖上好汉，人都叫小人做菜园子张青。

这里所说的“菜园子”，并不是指种菜的园圃，而是指拾掇菜园的人。这有《洛阳牡丹记》为证：“接花工尤著者，谓之门园子（盖本姓东门氏，或是西门，俗但云门园子）。”可见宋代以“园子”来称呼“园工”。

《水浒》对光明寺的菜园没有更具体的交代，而记述最详细的，倒是鲁智深看管的东京大相国寺的菜园。学者李觏曾为僧可栖撰写《抚州菜园院记》，这座寺院得名或即有附属佛寺

明杨定见刊本《忠义水浒传》版画《菜园中演武》

的菜园能解决游方僧徒具馔饮食之需，而由可栖主管。据《随隐漫录》，南宋理宗宠幸的阎贵妃“以特旨夺灵隐寺菜园，建功德寺”，可见宋代一般寺庙都有经营菜园。不过，读《水浒》者千万不要错误以为和尚吃素，唯有佛寺才需要菜园。实际上，随着城市经济的发展，大量市民的入住，宋代对商品化蔬菜的需求与日俱增。

有一则笔记说：宋初，名臣张咏做崇阳（今属湖北）县令，一日，见一农民买了菜回家，便责问他：“自己有田，为什么不种，倒去市上买？”便以其懒惰打了他的板子。这个故事说明：第一，蔬菜商品化大潮已经波及崇阳这样的小县城；第二，入宋以后，蔬菜商品化趋势之快，连张咏这样有头脑的名臣也观念落伍了。蔬菜种植业因市场需求而独立，蔬菜买卖也便成为获利丰厚的营生。《水浒》所记载的大相国寺菜园，在鲁智深主管以前，一直被左近“二三十个赌博不成才破落户泼皮”视为“俺们衣饭碗”，“泛常在园内偷盗菜蔬，靠着养身”，透露出的正是这一消息。

南宋赵蕃有首诗题为《鬻菜者》，与张咏故事倒是互为补充的：

> 早禾未熟晚尤迟，卖菜归来始得炊。
> 谷者本从田户出，未滋反取市人嗤。

这位卖菜者原来身份应是种粮户，但早稻未熟，只能先种些菜到市场换米度日，却也遭到市人的嗤笑。这一细节也说明：第一，出售蔬菜换取生活必需品的情况，在宋代相当普遍；第二，城市蔬菜市场需求量不小，是由各种渠道解决的，其中也包括一般农户出售有余蔬菜的途径。

舒岳祥乡居天台，见村妇中有专门卖菜的，有诗云：

卖菜深村妇，休嗟所获微。
芜菁胜乳滑，莱菔似羔肥。
橐里腰钱去，街头买肉归。
种蔬胜种稻，得米不忧饥。

这首诗反映了三点：其一，专业的种菜户在宋代相当普遍；其二，种菜户劳动所得胜过一般的种粮户；其三，种菜户通过市场行为在满足自身生计的同时，也解决了城镇的蔬菜问题。当然，大中城市的蔬菜市场，只能以规模化、商品化的蔬菜生产方式为其主要支柱。

二

在当时的运输条件下，大中城市的新鲜蔬菜只能就近生产，于是，城郊就出现了星罗棋布、大小不一的菜园。打开《清明上河图》，可以发现在即将进入市区的大道旁，张择端就画着大片菜园风光。这与《东京梦华录》所说的"都城左近，皆是园圃"，倒是吻合的。北宋东京的菜园为数不在少。保存至今的筹建开封繁塔的集资刻石，有一条北宋初年的记载："菜园王祚，施菠棱（即菠菜）贰仟把，萝卜贰拾考老。"从这位种菜专业户一次施舍的蔬菜量，可见其菜园规模不小。

张舜民在《郴行录》说："又十里，至菜园步，以风止，此距黄州五里。"菜园步，显然是因菜园而得名，离黄州（今湖

明万历容与堂刊本《忠义水浒传》版画《武都头十字坡遇张青》，不过，这时的张青早已不干菜园子的营生了

清光绪刊本《水浒人物全图》中的菜园子张青与其妻母夜叉孙二娘

北黄冈）州城五里，正是蔬菜流通的合理里程。而在《水浒传》“宋江智取无为军”一回里，细心的读者也会发现另一个菜园：

> 宋江道：“黄文炳隔着他哥哥家多少路？”侯健道：“原是一家分开的，如今只隔着中间一个菜园。”……宋江教众好汉分几个把住两头。侯健先去开了菜园门，军汉把芦柴搬来，堆在里面。侯健就讨了火种，递与薛永，将来点着。

无为军（治今安徽无为）的这个菜园规模不大，但从“把住两头”来看，占地也不会太小，显然不是自我消费的家庭菜园，但小说没有交代菜园的经营者。

徽宗时，“六贼”之一的朱勔在苏州开辟了很多园子，种植奇花珍卉，园子之大甚至让游赏的士女迷路。但好景不长，朱勔遭流放，当地老百姓传开了一首政治谣谚：

> 做园子，得数载，栽培得那花木，就中堪爱。
> 特将一个保义酬劳，反做了今日灾害。
> 诏书下来索金带，这官诰看看毁坏。
> 放牙笏便担屎担，却依旧种菜。

朱勔苦心经营的花卉园最终是否改成了菜园，不是问题的关键，这首民谣却表明老百姓对偌大的菜园是司空见惯的。

这有另一个事例可以印证。南宋建康府（今江苏南京）是长江防线上的军事重镇，又是一个大城市，蔬菜就有赖周边补给。其中萝卜一项，是从长江的江心岛丁家洲（在今安徽铜陵）运来的。诗人杨万里经过这个岛，见岛“阔三百里，只种萝卜，卖至金陵”，之所以只种萝卜，显然因为经得起多日的长途运输，也便于战备储藏。杨万里有诗说“岛居莫笑三百里，菜把活他千万人”，可见丁家洲菜户之多。丁家洲菜园虽有其特殊性，但也说明一个大型城市的蔬菜生产与供应所达到的规模。

宋室南渡，偏安东南，临安（今浙江杭州）成为都城，人口超过开封，当时杭州有谚语说：“东门菜，西门水，南门柴，北门米。”所谓“东门菜”即因城东横塘一带最宜种菜，故而“东门绝无民居，弥望皆菜圃”。而东门外桥下就自然而然成为菜市场的中心，这座桥就被叫作“菜市桥”；由于东门外一望无际的菜园与绿意盎然的菜市场，当地人就将其叫作“东青门”，或者干脆叫作“菜市门”。这种菜园当然不仅都城附近有，州县城郭也有分布。张青的菜园在孟州境内，自然是小说家语。而颍昌府城东北门内就因菜园集中，俗呼之为“香菜门”。

三

《水浒》提及的两处菜园一属大相国寺，一属光明寺，都是寺产，张青以非僧人的身份受雇于光明寺专事种菜，这也算得上一种经营方式。据《水浒》里大相国寺清长老对鲁智深说“每日教种地人纳十担菜蔬，余者都属你用度”，不难揣测：除去寺庙自身消费，归鲁智深用度的菜蔬也应该进入东京菜市场。

官府经营，是宋代菜园存在的第二种方式。苏颂曾论劾知登州胡俛“卖公使菜园钱入己”，可见一般州府都经营所谓公使菜园，而这种官营菜园的蔬菜在自给有余的情况下也进入市场买卖。熙宁年间，福州知州通过“岁鬻园蔬”，放进自个儿腰包的钱每年不下三四十万。据罗愿说，政和四年（1114），深州（治今河北深州市南）官廨拥有菜圃一千六百余畦，每年销售所得超过二百万钱，州县官颇“营圃规利”，而河北副将通过部卒卖菜，中饱私囊者达五十六人。这些数据都说明了官营菜园规模惊人。据《能改斋漫录》说，臧论道出知洪州，有一个老兵做“园子”，能种出来“非时果菜”，让臧氏子弟大为惊诧。故事的演进虽有点志怪色彩，但这个老兵“独卧圃中草舍”，显然是专门经营菜园的知州属员。

第三种方式是由商人购置园地，雇人艺植。据《夷坚志·灌园吴六》，临川市民王明贸易致富，便买城西空地做菜园，“雇健仆吴六种植培灌，又以其余者俾鬻之”，种菜的与卖菜的分工明确。

张择端《清明上河图》中东京东南城门外不远的菜园

第四种方式是为数众多的个体菜户。《夷坚志·宝积行者》说台州仙居县有陈园，就是园人陈甲的菜园，他常种蔬菜卖给当地的宝积寺。梅尧臣有一首《闻卖韭黄蓼甲》诗说：

百物冻未活，初逢卖菜人。
乃知粪土暖，能发萌芽春。
柔美已先荐，阳和非不均。

不难推断，这位卖菜人是一位个体经营的菜农，他园艺精湛，能够在天寒地冻的季节，利用粪土热力与保暖作用，培育出柔美鲜嫩的韭黄、蓼甲，供人家做春盘时采购。南宋绍兴中（1131—1162），广汉人苏云卿曾到洪州（今江西南昌）东湖村，开辟菜园，经营有方。一年到头，“圃不绝蔬，滋郁畅茂”，四时品种从不缺货，吃口远比别家好，还不二价，前来贩卖的菜贩子“利倍而售速”，故而总是先期付款。镇江丹徒大港镇孙泝兄弟“竭力灌园，园之果蔬畅茂”，周边其他种植者不能企及，也使得“负贩者争趋之”。孙泝后来因此发家，管理方式也从亲自耕种改为雇人种植，于是“乃授成园丁，与兄束书入学”。苏云卿与孙泝都有相对固定的“负贩者”，这与陆游在《村兴》诗里说“种菜卖供家”是可以相互印证的。这些专业卖菜人就是菜贩子，构成个体菜户将蔬菜销往市场的中间环节。范成大《四时田园杂兴》有诗写出了个体菜户的另一种销售方式：

桑下春蔬绿满畦，菘心青嫩芥薹肥。
溪头洗择店头卖，日暮裹盐沽酒归。

这种“溪头洗择店头卖”的方式，是个体菜农在经营田亩有限的情况下自产自销的模式，而且销售地往往就在附近的小市镇，不是大中城市蔬菜销售的主渠道。

相比粮食生产，经营蔬菜获益更大。据《清异录》记载，宋初王奭善于营生，每年只种玉乳萝卜与马面菘，就“可致千缗”。还有一个名叫纪生的经营菜园，一把锄头，二十亩菜园，养活了一家三十口人，临终，告诫子孙说：“这二十亩地，就是铸钱炉子啊！”以宋代北方的生产水平论，三亩粮田才能养活一人，而纪生二亩菜地就可以养活三个人，难怪当时流行“一亩园，十亩田”的农谚。王安石诗《陶缜菜》也反映了这点：

江南种菜漫阡陌，紫芥绿菘何所直？
陶生画此共言好，一幅往往黄金百。

政府的税收紧盯着有利可图的行业，对蔬菜种植业的科敛也是不会放过的。据晁补之说，一个小小的祁州（治今河北安国），“敛菜圃之课，当入于守者日二千钱”，一年就是七百多贯。也难怪陈与义诗云“是事且置当务本，菜圃已添三万科”，呼吁重视菜圃之课。

宋代菜园经营者身份不一，但似乎只有张青这样的种菜雇工才是货真价实的“菜园子”。而“菜园子”用为诨号，不正是宋代蔬菜商品化潮头下蔬菜种植业勃兴的明证吗？

阁子

一

《水浒》里常提到的阁子，也叫阁儿，大致有两种。一种是指一般起居的小房间。七十二回写宋江、柴进与燕青私访东京名妓李师师家："李师师邀请到一个小小阁儿里，分宾坐定。"八十一回燕青再入京城去见李师师时，又写到这个"阁儿"：

> 便请燕青教进里面小阁儿内坐地，安排好细食茶果，殷勤相待。原来李师师家皇帝不时间来，因此上公子王孙富豪子弟谁敢来他家讨茶吃？……看看天晚，月色朦胧，花香馥郁，兰麝芬芳。只见道君皇帝引着一个小黄门，扮作白衣秀士，从地道中径到李师师家后门来。到的阁子里坐下，便教前后关闭了门户，明晃晃点起灯烛荧煌。

显然，这里的"阁儿"，就是李师师的闺房。这一含义的阁子，小说里还提到晁盖家“一处小小阁儿”，七十八回蔡京、高俅上朝前“在侍班阁子里相聚”，用的也是类似意思。

但《水浒》中的阁子，大多指当时酒楼茶肆专设的小间，犹如今天的包房。例如，鲁达与史进、李忠在渭州结识，“三人上到潘家酒楼上，拣个济楚阁儿里坐下”。小说在这里对阁子没做进一步的说明，而在武松杀西门庆时对狮子楼酒阁则有具体的描写：

> 且说武松径奔到狮子桥下酒楼前，便问酒保道：“西门庆大郎和甚人吃酒？”酒保道：“和一个一般的财主，在楼上边街阁儿里吃酒。”武松一直撞到楼上，去阁子前张时，窗眼里见西门庆坐着主位，对面一个坐着客席，两个唱的粉头坐在两边。……武松左手提了人头，右手拔出尖刀，挑开帘子，钻将入来，把那妇人头望西门庆脸上掼将来。

据小说交代，其一，阁子在酒楼二楼临街，方位占据酒楼最佳位置；其二，阁子另有门帘与外界隔开，具有独立的空间。石秀劫法场，也是在大名府十字路口的酒楼“临街占个阁儿”，大喝一声“梁山泊好汉全伙在此”，跃入法场的。小说中写到的酒楼阁儿最多，偶尔也写到茶肆里阁儿的。第十八回写缉捕使臣何涛到郓城县来捉拿晁盖，请押司宋江在茶坊里面吃茶说话，宋江知情后找个借口去通风报信：

> 宋江起身，出得阁儿，分付茶博士道：“那官人要再用茶，一发我还茶钱。”离了茶坊，飞也似跑到下处。

随着宋代城市经济的发展与市民生活的繁荣，酒楼茶肆日渐成为各色人等最爱光顾的场所，就是王公大臣，也是常客。名臣鲁宗道被宋真宗任命为太子的老师，其居家附近有东京著名的仁和酒楼。他经常“易服微行，饮于其中”。一次，真宗急着找他，知道他又在仁和楼饮酒，就问他何故私入酒家，他回答说：“我家里没有器皿，而酒肆百物具备，宾至如归。恰有故乡亲友来访，就去喝一杯。”

为了招徕顾客，酒楼茶肆的经营者们也不断在布局上花样翻新，以迎合不同层次的需要，阁儿就是在这种市场背景下应运而生的。《水浒》“智取大名府”一回就说到当地的翠云楼“楼上楼下，有百十处阁子，终朝鼓乐喧天，每日笙歌聒耳”。而西门庆为了收买团头何九叔，“来到转角头一个小酒店里，坐下在阁儿内”，说明类似阳谷县的小酒店，都设有阁儿雅座。南宋话本《志诚张主管》有一段描写：

> 张胜看张员外，面上刺着四字金印，蓬头垢面，衣服不整齐。即时邀入酒店里一个稳便阁儿坐下。张胜问道：“主人缘何如此狼狈？”

西门庆与张胜选择的这种阁子，比起散座来，说话办事显然有较大私密性，故而也叫“稳便阁儿”。

二

东京的酒楼大都是二三层楼，正门面临着大街。其格局一般说来，楼上是阁子，底层是散铺。宋代话本《西山一窟鬼》

明代《金瓶梅词话》中版画《何九叔受贿瞒天》描绘了西门庆在“转角头一个小酒店里，坐下在阁儿内”，向何九叔行贿。但这幅版画里的阁子画得没有一点私密性

明杨定见刊本《忠义水浒传》中《血溅鸳鸯楼》版画，鸳鸯楼的阁子在二楼临街的上佳位置

交代了这种布局：

两个同入酒店里来，到得楼上，陈干娘接着。教授便问道：“小娘子在那里？”干娘道：“孩儿和锦儿在东阁儿里坐地。”

《东京梦华录》描述一家叫作任店的酒楼说：

入其门，一直主廊约百余步，南北天井两廊皆小阁子。向晚灯烛荧煌，上下相照。浓妆妓女数百，聚于主廊槏面上，以待酒客呼唤。

这里浓妆艳抹的数百妓女，主要是为两廊密匝匝的小阁子里的酒客服务的。这种小阁子当然不是任店所独有，《梦粱录》对南宋临安三元楼阁儿的描写，几乎是东京任店的翻版：

南北两廊皆济楚阁儿，稳便坐席，向晚灯烛荧煌，上下相照。浓妆妓女数十，聚于主廊槏面上，以待酒客呼唤，望之宛若神仙。

据孟元老和吴自牧的观察，两宋都城中等规模的酒肆，“俱有厅院廊庑，排列小小稳便阁儿，吊窗之外，花竹掩映，垂帘下幕，随意命妓歌唱，虽饮宴至达旦，亦无厌怠也”。在帘幕低垂的阁子里，唤上妓女伴唱赔笑，酒客当然喝得舒心开怀。

据《武林旧事》，熙春楼等临安一等一的私营酒楼，都有十来个小阁子，其酒器都是银制的，以华侈而炫耀身价。每座酒楼“各有私名妓数十辈，皆时妆袨服，巧笑争妍”，以供小阁子里的酒客随时点唤。至于官酒库经营的酒楼，每店设官妓数十人，来头似乎更大，酒客登楼，就拿着名牌，“点唤侑樽，谓之点花牌”，可以推想其出台费应该不菲。而其中大牌名妓还“深藏邃阁，未易招呼”，大摆其身价。临安十三座官办的酒楼，都有自己的“官名角妓”。当地风流纨绔子弟“欲买一笑”，就直接到阁子里去点花牌，为了遂心所愿，必须是“亲识妓面”，又担心店老板隐瞒推托，有时还必须“以微利啖之”，塞上点小费。

那些大酒楼里的妓女们，簪花盈头，笑容满面，等待着阁

张择端《清明上河图》中酒楼上的阁子

子里酒客的招邀，时人称之为“卖客”。另有一种女孩，“不呼自至，歌吟强聒”，讨点小钱，人们称作“擦坐”。还有穿梭于各酒楼茶肆之间吹弹说唱的艺人，当时叫作“赶趁”，类似赶场子。《水浒》里金翠莲遭镇关西欺凌，因自小学得些小曲儿，到潘家酒楼赶座子，在阁子里演唱时哭哭啼啼，就是赶趁的例子。比起这两种人，那些称为“卖客”的妓女，主要出入阁子，还不算太丢份。

宋时法度：官营酒楼的应招妓女，只站着歌唱送酒，“不许私侍寝席”。据《都城纪胜》，私营大酒楼的那些私妓女点唤助酒，也只是伴坐而已，在阁子里是卖笑不卖身的，“欲买欢，则多往其居”。但个别中型酒店，则利用酒阁子做起了皮肉生意，酒色并举，两手一起抓。有一种叫作庵酒店的，就在酒阁内暗藏卧床，有娼妓在内，酒客“可以就欢”。作为标记，这种酒店门口的那盏栀子灯，不论晴雨，上面总覆盖着一顶斗笠。这种酒店在其他城市也有分布，大诗人陆游退居故里时，有一次从绍兴府郊外夜归，有诗抒写触目的对比：“空垣破灶逃租屋，青帽红灯卖酒垆。”

茶肆也是如此。《梦粱录》说，大街上有三五家茶坊，楼上阁子里“专安著妓女”，名曰“花茶坊”。这类茶坊，妓女虽各有等级差别，但莫不“靓妆迎门，争妍卖笑”。有茶客第一次登门，就有人提着茶瓶献茶，一杯茶就得犒赏数千，叫作“点花茶”。接着登楼入阁，才饮一杯茶，就要先给数贯钱，叫作“支酒”，然后才可以呼唤随意。这些阁子里，争风吃醋是常有的事，以至于当时人都认为“非君子驻足之地”。除了花茶坊，大部分茶肆阁子还算规矩，偶尔会有富室子弟在其中习学乐器之类的。

三

为了让氛围更为雅致，酒楼茶肆的老板会在阁子里“插四时花，挂名人画，装点店面”。据米芾说，他就经常在茶坊酒店里看到崔白、马贲的画，而元好问则在太原一家酒肆的阁子里发现了朱熹的手迹，以至于他感慨赋诗说“晦庵诗挂酒家墙”。个别店肆还会特地在阁子里留一方粉墙让客人乘兴题诗作画。《水浒》三十九回“浔阳楼宋江吟反诗”也可为证：

> 宋江便上楼来，去靠江占一座阁子里坐了……独自一个，一杯两盏，倚栏畅饮，不觉沉醉，猛然蓦上心来……临风触目，感恨伤怀，忽然做了一首西江月词调，

> 便唤酒保索借笔砚来。起身观玩，见白粉壁上多有先人题咏……乘其酒兴，磨得墨浓，蘸得笔饱，去那白粉壁上挥毫便写。

据《宋诗纪事》，有一个无名子曾在杭州太和楼东壁上题诗，洋洋洒洒二十句揄扬酒楼的气势规模之宏大与酒肴声色之精致，最后落到题壁上：

> 有个酒仙人不识，幅巾大袖豪无敌。
> 醉后题诗自不知，但见龙蛇满东壁。

虽然缺乏直接的史料，但可以想见，阁子里的消费水平与散铺远不是在同一档次上。当时，阁子隔音效果还不太理想，以至金翠莲的啼哭声传到了鲁智深喝酒的阁子里。宋江在东京樊楼也能听到隔壁阁子里史进与穆弘的狂言。但阁子毕竟让茶酒客享受着更到位的服务，有一个相对独立的空间。

于是，《水浒》经常以此为场景，在这一空间里，陆虞候在樊楼计赚林冲，武松在狮子楼斗杀西门庆，宋江在浔阳楼题反诗，柴进在御街酒楼的阁子里药翻了王班直，穿了他的服装混进了大内。

酒望子

一

《水浒》描写梁山好汉们大碗喝酒大块吃肉，涉及酒招的也不少，其第三回就有两句写酒招的诗云："三尺晓垂杨柳外，一竿斜插杏花旁。"南宋学者洪迈有一篇札记专说酒肆旗望："今都城与郡县酒务，及凡鬻酒之肆，皆揭大帘于外，以青白布数幅为之，微者随其高卑小大；村店或挂瓶瓢，标帚秆。"

揆之情理，酒招应该出现在酒店经营后不久。《韩非子》里有一则寓言，说宋人卖酒，"遇客甚谨，为酒甚美，悬帜甚高"，却始终卖不出去，找人一问，原来店门口的那条猛犬把客人都吓跑了。宋人那面悬挂得很高的表帜，大概是文献记载中最早的酒招。其后，文学作品里涉及酒招的不胜枚举，最有诗意要数杜牧的那一首唐诗：

千里莺啼绿映红，水村山郭酒旗风。

南宋佚名《花坞醉归图》。乡村小酒店的望子高高矗立在繁花满树之上，让过路客远远就能在望

南宋佚名《盘车图》中乡村小脚店中的望子

南朝四百八十寺，多少楼台烟雨中。

酒招在宋代叫酒旗、酒幔、酒帘。《东京梦华录》记汴都酒旗十分壮观："街市酒店，彩楼相对，绣旆相招，掩翳天日。"这倒是有诗为证的。词人贺铸诗云："君不见长安两市多高楼，大书酒旗招贵游。"而陈允平则在《春游曲》里说："都人欢呼去踏青，马如游龙车如水，两两三三争买花，青楼酒旗三百家。"至于一般诗人词客吟咏酒旗的佳作更是不胜枚举。柳永在词里写道："望中酒旆闪闪，一簇烟村，数行霜树。残日下，渔人鸣榔归去。"酒旗在烟村、残日、霜树之间闪动，简直是一幅令人神往的水乡图。而周邦彦词云"风翻酒幔，寒凝茶烟，又是何乡"，蒋捷词说"一片春愁待酒浇，江上舟摇，楼上帘招"，杨万里诗云"饥望炊烟眼欲穿，可人最是一青帘"，刘过诗道"一鸟闹红春欲动，酒帘正在杏花西"，也都勾画出很优美的画面。据《绘事微言》，徽宗设画院，召试画家，必截取唐人诗句作为试题，曾以"竹锁桥边卖酒家"为题，命应试者作画。大多数人都在向"酒家"上下功夫。只有李唐在桥头竹林外画上一幅酒帘，上书一个"酒"字，暗示酒家在竹林深处，大得徽宗赞赏，认为他的构图最得"锁"字的意境。

不过，民间一般将酒招称作酒旆子或酒望子。《水浒》中鲁智深在渭州与史进、李忠相逢，上潘家酒楼喝酒，只见"门前挑出望竿，挂着酒旆，漾在空中飘荡"；写宋江上江州浔阳楼，仰面看到的是"一个青布酒旆子"。鲁智深在五台山出家，不守戒律下山找酒喝："行不到三二十步，见一个酒望子，挑出在房檐上。"相对说来，酒望子的叫法更具民俗味。

酒望子的用意当然是招徕酒客。这就是孔平仲《酒帘》诗说的："百尺风外帘，常时悬高阁，苦夸酒味美，聊劝行人酌。"不过，望子上所写的并不都只是简单一个"酒"字。"酒旗犹写天台红"，"天台红"也叫"台红"，是当时的名酒，据说"天台红酒须银杯，清光妙色相发挥"，僧人行海看到的这面酒帘写的是酒名。僧人慧晖有诗云"百尺竿头氎布巾，上头题作酒家春"，也是酒旗一种写法。徐积在山阳（今江苏淮安）见到有家酒楼则是"一竿横挂数幅帛，题云酒味如醍醐"，可谓别出心裁。而据《宋朝事实类苑》记载，福州有一老媪，善酿美酒，士子们常到她那儿喝酒，其中一个说："我能让你赚大钱。"他为这家酒店写了一个酒招，截取了当时福州知州王逵咏酒旗诗中的两句："下临广陌三条阔，斜倚危楼百尺高。"并对她说："有人问你这两句诗何人所题，你就说，我常听到饮酒者喜欢吟诵这两句，说是酒望子诗，就让擅长书法的人写在酒旗上。"借知州的诗做广告，这老媪"自此酒售数倍"。由此可见，宋代酒望子上的文字，是可以不拘一格，别出心裁的。

二

《水浒》中明确写到酒望子上文字的有三处。先看"浔阳楼宋江吟反诗"一回：

> 正行到一座酒楼前过，仰面看时，旁边竖着一根望竿，悬挂着一个青布酒旆子，上写道"浔阳江正库"。雕檐外一面牌额，上有苏东坡大书"浔阳楼"三字……宋江来到楼前看时，只见门边朱红华表柱上两面白粉牌，各有五个大字，写道："世间无比酒，天下有名楼。"宋

江便上楼来，去靠江占一座阁子里坐了。

这里青布酒旆子上所写的“正库”，关涉到宋代商品酒的经营政策。当时商品酒的生产与销售，都在官府的严格控管之下。官府对民间酒坊的管理主要是根据酿酒数量抽取税额。各级官府自己也经办酒坊，民间则除了酿酒专业户经营的酒坊，有财力者也可以承包官办的酒坊。宋代习惯把官办酒坊叫作酒库。大的官酒库，实行生产销售一体化，拥有自己的酒楼。据《都城纪胜》，南宋临安的太和楼、西楼、和乐楼与春风楼，分别隶属当时东、西、南、北四座官酒库；而其他官酒库中的西子库、中酒库也各有太平楼与中和楼为其销售窗口。这种与官酒库匹配的酒楼，不仅两宋都城东京与临安有，全国各大州府也不例外。陆游在成都府任幕职官，有诗云“益州官楼酒如海，我来解旗论日买”，可为佐证。

吴自牧的《梦粱录》指出：“大抵酒肆除官库、子库、脚店之外，其余谓之拍户。”子库即分店，是相对官酒库本部酒楼而言的，理所当然，官酒库本部酒楼就叫作正库。据董嗣杲《西湖百咏》说，钱塘门西的先得楼，“即钱塘正库酒楼”，也就是说先得楼是钱塘县官库的酒楼。这就有理由推断：《水浒》中宋江醉酒的浔阳楼在江州城内，“正库”云云，表明它是江州官酒库自营的本部酒楼，而酒保送上来“一樽蓝桥风月美酒”，应是江州酒库的看家名酒。而宋江与戴宗、李逵初到江州，在琵琶亭酒馆饮酒观江景时，小说还交代说：

三个坐定，便叫酒保铺下菜蔬、果品、海鲜、按酒之类，酒保取过两樽玉壶春酒，此是江州有名的上色好

明万历容与堂刊本《忠义水浒传》版画《浔阳楼宋江吟反诗》，画中的阁子还忒宽敞

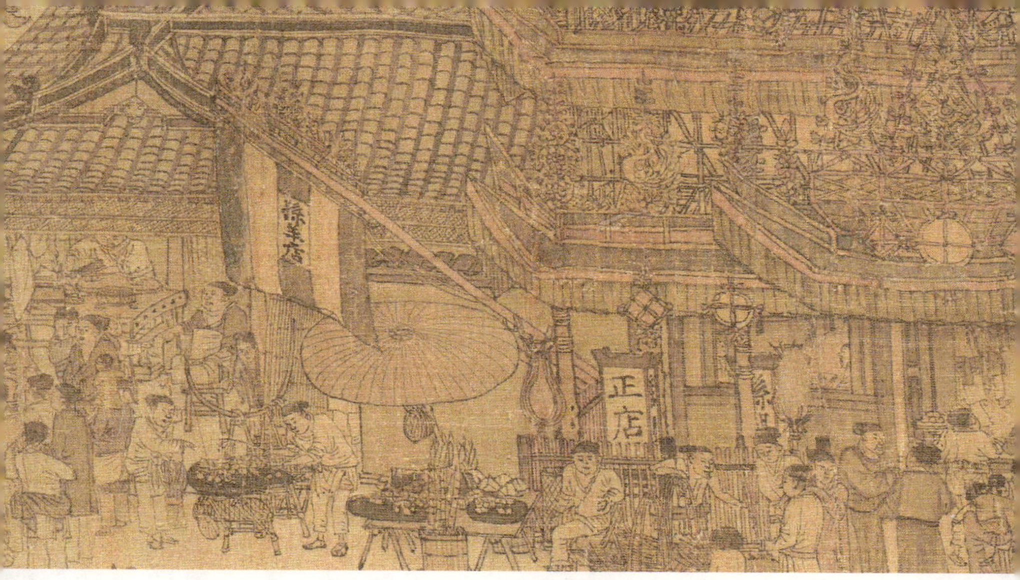

张择端《清明上河图》中孙羊正店的店招与写着“孙羊店”三字的望子

酒，开了泥头。

足见江州当时的名酒还不止一种。《水浒传》里提到的其他好酒，还有“景阳冈武松打虎”那回酒家提到“三碗不过冈”时说的：“我这酒叫做透瓶香，又唤做出门倒。初入口时，醇醲好吃，少刻时便倒。”但未必实有其名酒，应该只是小说的虚构。

至于私家开设的大酒楼，东京城里以樊楼最有名，闹市区里“彩楼相对，绣旆相招，掩翳天日”，而南宋临安也有熙春楼等数十家。这些私家大酒楼也都有自己的酿酒坊和品牌酒。例如，东京樊楼的“眉寿”，潘楼的“琼液”，都是名闻遐迩的。官酒库有自己的子库，私家大酒店也有自己的分店，其本部就叫作正店。《东京梦华录》里说“在京正店七十二户”，还列举了“戴楼门张八家园宅正店”“李七家正店”等具体店名，《曲洧旧闻》也记载了“中山园子”等十一家东京正店。而《清明上河图》中最繁华地段画有一座名叫“孙羊店”的酒楼，招牌上写着“孙家正店”，只见楼上宾客满座，宽敞的后院堆垒着成排的大空酒缸，暗示这家正店酿酒量之大。

由于宋代官私酒楼都自己酿酒，每年迎新酒，就成为盛大的节日。北宋东京一般在中秋节前卖新酒，重新搭起门面彩楼，花头望竿上悬挂着锦缎制作的酒旆子，画上醉仙之类的图案，市人争饮，近百家酒楼刚过晌午就“家家无酒，拽下望子”。南宋临安迎新酒仪式叫作“呈样”，时间在九月初。那天，各酒楼也都搭起彩楼欢门，十三座官酒库都各以三丈多长的白布，上写“某库选到有名高手酒匠，酝造一色上等醲辣无比高酒，呈中第一”，挂在一根长竹竿上，三五个人扶持着各往教场集中，其后各随大鼓与乐队，数担新酒样品后跟随着杂技百戏等游艺队伍。其中最吸引人眼球的当然是那些“库妓”，她们是最早的名酒形象代言人，浓妆艳抹骑在绣鞍宝勒的马上，引得“浮浪闲客，随逐于后”。仪式结束后，再打着布幌子结队招摇过市。这挂布招牌，不啻超大的特殊酒招。而风流少年沿途劝酒，游人随处品尝，“追欢买笑，倍于常时”。

三

无论官酒库，还是私营大酒楼，都有批发业务，即供各自的子库和分店（即脚店）取酒分销。《清明上河图》里在虹桥南端的汴河之畔，也画了一座脚店。店前楞形装饰物两侧各写“十千”“脚店”，正门横额上有“稚酒”两字，与门前酒望子上所写的“新酒”相呼应。欢门两侧各有“天之”“美禄”两字，典出《汉书》：“酒者，天之美禄。”据《曲洧旧闻》，名为“美禄”

的名酒乃梁宅园子正店的绝活，可以推断这家脚店与其有着批销关系。而《东京梦华录》说“正酒店户，见脚店三两次打酒，便敢借与三五百两银器，以至贫下人家就店呼酒，亦用银器供送”，可知脚店与正店不仅在商品酒上存在着批零业务，连营业用的银器也都可以向正店借贷。有的脚店经营者，原先往往是正店的伙计。据苏颂的《魏公谭训》，有一个姓孙的酒博士（跑堂），主人见他“诚实不欺”，借钱给他，“使为脚店”。他恪守忠信，着意营造脚店环境，“置图画于壁间，列书史于几案，为雅戏之具，皆不凡”，引来了大批顾客，后来竟开上了正店，“建楼渐倾中都”。

据孟元老说，“脚店卖贵细下酒，迎接中贵饮食”，与正店的高档消费相比，显然属于中档消费。《水浒》中写到蒋门神霸占的快活林酒店：

> 早见丁字路口一个大酒店，檐前立着望竿，上面挂着一个酒望子，写着四个大字道：“河阳风月”。转过来看时，门前一带绿油栏杆，插着两把销金旗，每把上五个金字，写道：“醉里乾坤大，壶中日月长”。一边厢肉案、砧头、操刀的家生，一壁厢蒸作馒头烧柴的厨灶；去里面一字儿摆着三只大酒缸，半截埋在地里，缸里面各有大半缸酒。

尽管说是大酒店，却只有“五七个当撑的酒保”，似乎应是规模不大的脚店，“河阳风月”应该是与其挂钩正店酿造的名酒。

张择端《清明上河图》中脚店的欢门与酒帘，店招上写着“天之美禄”

四

至于最底层一级的零售酒店，就叫作拍户，他们有指定的销售地界，在批零转手中获取点小利润。这种拍户销酒的经营方式，对官酒库与私营大酒楼扩大酒类产销，对国家增加酒税收入，都是大有好处的。据说，宋宁宗时上演过这样的滑稽戏，说临安府尹总想增加当地的酒税，临安府煮的官库酒卖完后，就从常州与衢州官库取酒销售。有一天，三个官老爷碰面，按惯例，京尹的地位远在州太守之上，但衢州太守这次不买账，常州太守问理由，衢州太守说："他可是我们属下的拍户啊！"这个故事形象地说明，宋代酒类专卖中拍户无所不在，其触角下伸到城乡的各个角落。

拍户酒店属小型酒店，《梦粱录》说这类酒店"兼卖诸般下酒，食次随意索唤"，当然属大众化消费水平。武松醉打蒋门神前，与施恩约定："出得城去，但遇着一个酒店，便请我吃三碗酒，若无三碗时，便不过望子去，这个唤做无三不过望。"《水浒》对这一路上小酒店的描写：

飘飘酒旆舞金风，短短芦帘遮酷日。磁盆架上，白泠泠满贮村醪；瓦瓮灶前，香喷喷初蒸社酝。未必开樽香十里，也应隔壁醉三家。

看来，这些酒店与武松打虎时景阳冈下那家一样，应该就是所谓的拍户店：

当日晌午时分，走得肚中饥渴，望见前面有一个酒店，挑着一面招旗在门前，上头写着五个字道："三碗不过冈"。武松入到里面坐下，把哨棒倚了，叫道："主人家，快把酒来吃。"只见店主人把三只碗，一双箸，一碟热菜，放在武松面前，满满筛一碗酒来。

这种随意索唤，正体现出《梦粱录》所说的特色。至于酒家说"俺家的酒，虽是村酒，却比老酒的滋味"，说明他也许只是当地乡村酒户的拍户。这家酒肆的望子颇具特色，令人过目不忘，在乡村小酒店中还算是比较像样的。宋代话本《陈巡检梅岭失妻记》有几句赞语专说这种乡村酒肆：

村前茅舍，庄后竹篱。村醪香透磁缸，浊酒满盛瓦瓮。架上麻衣，昨日芒郎留下当；酒帘大字，乡中学究醉时书。

有的乡村小酒店，酒旆也十分将就，这就是《容斋续笔》所说的"挂瓶瓢，标帚秆"的方式。杨万里在铅山观察到"酒家便有江乡景，绿柳梢头挂玉瓶"，就是把酒瓶挂上柳梢，替代酒招，通告顾客。而赵蕃在潭州（今湖南长沙一带）却见"刻木如瓶粉渍之，挂林聊当酒家旗"，用木头刻了酒瓶作为招徕的广告。南宋话本《西山一窟鬼》写道："正恁地说，则见岭下一家人家，门前挂着一枝松柯儿。王七三官人道：这里多则是卖茅柴酒。我们就这里买些酒。"《水浒》第四回说鲁智深只见"远远地杏花深处，市梢尽头，一家挑出个草帚儿来。智深走到那里看时，却是个傍村小酒店"。"林教头风雪山神庙"一回也有类似描写："又行了一回，望见一簇人家，林冲住脚看时，

明万历容与堂刊本《忠义水浒传》版画《武行者醉打孔亮》，小酒店的酒招十分将就

见篱笆中挑着一个草帚儿在露天里。”这就是草料场老军指点他的沽酒小店。这种小酒店连像样的酒望子都不备，以松柯、草帚为标识。南宋时，楼钥出使金国，在河北见到道旁好几处卖酒的，也都是掘地深阔约三四尺，再垒起土块以御风寒，“一瓶贮酒，苕帚为望”。看来，《水浒》对酒望子的描写，有着现实生活的深厚基础。

客店

据《水浒传》第二回，为逃避高俅加害，禁军教头王进携母逃亡，途中投宿史家村，有一段他与九纹龙史进之父史太公的对话：

> 王进答道："……路上贪行了些程途，错过了宿店，欲投贵庄，假宿一宵，来日早行。房金依例拜纳。"太公道："不妨，如今世上人那个顶着房屋走哩。"

由于唐宋之际的社会变动，城市经济蓬勃发展，阶级固化沛然解冻，市民阶层悄然形成，人口流动日渐频密。这些重要变化也构成了《水浒传》的时代大背景。何况梁山好汉"该出手时就出手，风风火火闯九州"，其个人或结伴出行次数之多，是无须辞费的。总之，随着各阶层民众外出行旅频率的明显增高，旅途住宿成为亟待解决的社会性问题。史太公所说"如今世上人那个顶着房屋走哩"，幽默形象地道出了这点。

王进投宿的不是客店，而是史家村史太公家。当时民风淳朴，有空房的住家出于善心，留宿赶不上住店的尴尬过客，也是常有的事，但毋庸赘言，一般行旅总以投宿客店为首选。宋元时期，旅店叫法不一，邸店、客栈、村店、村邸、灯火店、打火店等等，不一而足。《水浒传》则多以“客店”称之，有关叙事开卷即得，艺术地再现了宋元时期的生活场景。我们不妨就以这部经典小说为主体，辅以其他文献，尽可能还原当时旅店业的实相。

一

以汴京开封城为例，据《五代会要》，北宋立国前五年，已是“坊市之中，邸店有限，工商外至，亿兆无穷，僦赁之资，增添不定，贫乏之户，供办实难”。到北宋后期，据《东京梦华录》说，其流动人口“添十数万众不加多，减之不觉少”，这种日益增长的旅宿需求，转化为旅店业发展的潜在动力。

宋代旅店客舍，依其性质可分为官营与私营。官营主要有两种类型：一是分布在京城与各大州府的邸店，由楼店务或店宅务代为管理，东京店宅务掌管的住房最多时达二万六千多间，其中即包括专供投宿的邸店；二是分布在全国交通干道上，提供过往官方人员住宿的驿舍或递铺。关于官营的邸店、馆驿与递铺，暂不牵扯进来，这里只说私营客店，《水浒传》里多是这一类型。

显然，仅靠官营旅舍远远满足不了人口流动的巨大需求，于是，深入城乡而无处不在的私营客店有效填补了这一缺口。据《夷坚三志》壬卷一说，建昌军（治今江西南城）城内馆驿前，

明代类书《三才图会》摹刻的邸驿，应是官办的旅舍

就有富家另“创旅店”，公然向官驿叫板。《水浒传》第二十九回也说，山东、河北客商们都麇集孟州东门外快活林做买卖，金眼彪施恩在当地就“有百十处大客店”。而第七十四回说及泰岳庙周围的客店，数量之多更令人咋舌：

> 原来庙上好生热闹，不算一百二十行经商买卖，只客店也有一千四五百家，延接天下香官。到菩萨圣节之时，也没安着人处，许多客店都歇满了。

小说若有虚构，不妨再看《东京梦华录》的纪实：州桥东街巷“沿城皆客店，南方官员、商贾、兵级皆于此安泊”。十四世纪二十年代，鄂多立克来到元朝时的中国，其游记说杭州“有很多客栈，每栈内设十间或十二间（客房）”。

既然有利可图，有权势的达官豪绅纷纷投资私营旅店业。这有宋代官员张守的奏疏为证：“兼并之家，物业不一，或有邸店房廊，或有营运钞物。”入宋之初，不仅留用的后周大臣魏仁浦经营邸店攫取利润，开国宰相赵普也“营邸店，夺民利”；节度使米信在京师做寓公，却“外营田园，内造邸舍，日入月算，何啻千缗”。宋仁宗时洪福禅院火灾，皇帝干脆将原属禅院的庄产与邸店都赐给已故生母李宸妃的娘家。这条记载在揭露外戚之家染指邸店业同时，表明佛寺、道观也是邸店经营者，他们还能享受免交营业税的优待。据《闲燕常谈》说，北宋政和时（1111—1118），宰相何执中“广殖赀产，邸店之多，甲于京师”，有伶官借演戏嘲讽他“日掠百二十贯房钱，还哭穷说不易”。另据《湘山野录》，有位薪炭市场的小小管理员，在繁台寺西开邸店，也日进房钱数十贯。

南宋刘松年《四景山水图》之冬景为行旅，旅客正离开客店，重上旅途

邸店俨然是摇钱树，那单间客房究竟获利几何？绍熙三年（1192）冬，信州（今江西上饶）城西大火，士绅韩淲私营邸店也焚之一炬，他在《祝融吟》里自叹："良月信城西，一火近千室。其间邸店多，吾亦仅六七。暮收五百钱，旦为十口实。"从诗里得知：其一，在州城拥有六七间客房，一月收入至少十五贯钱，韩淲的损失着实不小；其二，在南宋中期，州城客房每夜宿费约在七八十文钱之间。日僧成寻在北宋熙宁间参拜天台与五台山，相继在剡县张九郎家与新昌陈公店各宿一夜，分别支付"房赁五十文"与"坊功五十文"，这似可视为县境小客店的夜宿费，与前述韩淲州城邸舍的价格，大致构成合理的级差。

二

那么，投宿的客人有哪些类型呢？

一是行役的官员。尽管有官办驿舍优先供他们入住，但仍有官吏宁可选择私营邸店。陆游赴任所作的《入蜀记》与周必大回乡留下的《南归录》，都不难找到这类例证。《京本通俗小说·拗相公》以王安石南归江宁为题材，也有旅途投宿的情节：

> 又三十里，遇一驿舍。江居禀道："这官舍宽敞，可以止宿。"荆公道："昨日叮咛汝辈是甚言语？今宿于驿亭，岂不惹人盘问？还到前村，择僻静处民家投宿，方为安稳。"

二是公干的兵吏。《水浒传》里，董超、薛霸先后押解过发配的林冲与卢俊义，沿途都是投宿客店的。而小说在“林教头刺配沧州道”那回里说：“宋时途路上客店人家，但是公人监押囚人来歇，不要房钱。”这显然宋元易代后说书人特别交代在话本小说成形中的孑遗，可信是宋代的惯例。即便杨志与十余名军汉押解生辰纲，一路入住的也是私营旅舍：

似此行了十四五日，那十四个人没一个不怨怅杨志。当日客店里，辰牌时分，慢慢地打火，吃了早饭行。

三是赶考的士子。宋代科举考试，地方性解试时士子须赴州府应试，全国性省试时举子都到京城赴试，两种赶考都必须在沿途与目的地住宿。宋元话本《赵伯昇茶肆遇仁宗》说主人公“于路饥餐渴饮，夜住晓行，不则一日，来到东京……行到状元坊，寻个客店安歇，守待试期”。尽管只说在东京“寻个客店安歇”，但一路上“夜住晓行”当然全仗客店。风俗画《清明上河图》摹绘了宋代邸店的现实图景：那写着“久住王员外家”招幌的房舍，便是一家大型客店，楼上有人似在读书，或许类似赵伯昇那样进京赴考的举子；王员外家东边，也有一店招，“久住”两字依稀可辨，这家也应是客店。

四是逐利的行商。据《东京梦华录》，“东去乃潘楼街，街南曰鹰店，只下贩鹰鹘客”，这家鹰店只供贩卖鹰鹘的商人投宿。《水浒传》第六十一回说卢俊义为吴用所赚，“觅十辆太平车子，装十辆山东货物”，前往泰安州，既“做些买卖”，兼避血光之灾。

五是寻常的旅客。据《夷坚丁志》，永嘉僧如胜与乡僧云游至临安，“憩道店”，这些路旁客栈或因房价低廉，成为行脚

张择端《清明上河图》中的客店打着“久住王员外家”的广告招徕住店的客人

僧道的入住首选。《水浒传》第五回说鲁智深自五台山投奔东京大相国寺，“行了半月之上，于路不投寺院去歇，只是客店内打火安身”。而第七十二回写宋江等好汉上东京闹元宵时也说，“前望东京万寿门外，寻一个客店安歇下了”。

三

既然入宋以后，外出行旅已是社会常态，作为日用型类书，宋元之际的《事林广记》也特列了《旅行杂记》的生活指南。其“问馆”条提示了出门住店的注意事项：

> 凡问店：须先看店之左右又复有店，或与人家密迩；店内济楚，水清米白，薪菜酒食，色色有之；兼以店主和颜招接，方可驻留。及入店，先令仆从点视房内，不

必有窗；更看床下空净无物，壁堵牢固；或遇楼阁，亦看地板完密，方可安顿行李。

大抵说来，客店周围有其他店铺，又与住家相毗邻，不易招惹寇劫之患；入店先查客房硬件，甚至强调“不必有窗”等，旨在防范鸡鸣狗盗之徒。连些小细节都不马虎，显然都着眼于安全系数。当然，客店的食材供应，店主的服务态度，也是不容忽略的。

不过，《事林广记》只是原则性交代，而在环境、设施与服务上，都城州府等大中城市的大客店与镇市乡村的打火店，实际的落差可就大了去。且看《东京梦华录》记载的开封大旅店：甜水巷东有“熙熙楼客店”，店名取自司马迁说的“天下熙熙，皆为利来”，意在祈祝自家客店与入住商客生意兴隆，也可想见其规模与气派。而右掖门外与殿前司相对，则有“清风楼无比客店”，出典苏轼《赤壁赋》中“清风徐来”，当然是标榜环境的清幽。“无比”云云，无非说清风楼天下第一，无与伦比。另据《倦游杂录·无比店与有巴楼》，参政赵侍郎罢政以后，也将丽景门内的旧宅改为客邸，“材植雄壮，非邸可比，时谓之无比店”。这家无比店与清风楼方位绝异，足见东京城内以“无比”招徕的客店当时绝非一家，无非自夸壮丽而博人眼球。当然，大都市也有前述永嘉僧如胜行脚临安时投宿的“道店”，想来是道旁小客栈。

为方便行商的客人，大中城市的大客店往往附设货栈，名叫“塌房”，出租给住客堆存货物、行李或车马。行规规定，客商存放物若有盗失，例由邸店赔偿，故邸店主对塌房的安全尤其上心，“雇养人力，遇夜巡警，不致疏虞”。据《梦粱录》说，南宋后期，谢太后外家与内侍、富豪也纷纷在临安沿河处大造塌房，因“四面皆水，不惟可避风烛，亦可免偷盗，极为利便”。在这点上，尽管官营邸店实力雄厚，极具竞争力，但私营客店仍有价格优势，故北宋时“商客贩茶到京，系民间邸店堆垛”。当然，对一般旅客的临时寄存物，店家也总是尽心保管的。《水浒传》第七十四回交代燕青、李逵前往泰岳庙打擂台时说：

两个吃了早饭，叫小二分付道：“房中的行李，你与我照管。”店小二应道：“并无失脱，早早得胜回来。”

服务到位的店主或小二，有时也会代客人跑腿购买。宋元话本《宋四公大闹禁魂张》对此即有涉及：

宋四公便叫将店小二来说道：“店二哥，我如今要行，二百钱在这里，烦你买一百钱爊肉，多讨椒盐，买五十钱蒸饼。剩五十钱，与你买碗酒吃。”店小二谢了公公，便去谟县前买了爊肉和蒸饼。

至于乡村旅舍，不妨重温《水浒传》第四十六回对郓州靠溪客店的描写：

前临官道，后傍大溪。数百株垂柳当门，一两树梅花傍屋。荆榛篱落，周回绕定茅茨；芦苇帘栊，前后遮藏土炕。右壁厢一行书写：门关暮接五湖宾；左势下七字句道：庭户朝迎三岛客。虽居野店荒村外，亦有高车驷马来。

骈文有夸张成分，但这家客店区位优越，环境雅净，确堪称道。而更多的小村客舍，就是唐宋诗词里常见的村店或茅店。温庭筠的“鸡声茅店月，人迹板桥霜”，柳永的“行侵夜色，又是急桨投村店”，辛弃疾的“旧时茅店社林边，路转溪桥忽见”，都是其例，诗意词境美得可以入画，但设施与服务却难以恭维。杨万里诗说，“忽思春雨宿茅店，最苦仆夫催去程”，唯恐下人催他冒雨上路，环境或许还可以。但《夷坚甲志》卷二十说，宣州教授汪致道上任途中，“以冬月单车之官，投宿小村邸，唯有一室”，这才是乡村旅店的真相实态。其环境就像《清波杂志·客舍留题》所描述的：“迢递投前店，飕飗守破窗，一灯明复暗，顾影不成双。”而陆游诗说“风雨偏宜宿茅店，盐醯不遣到藜羹”，埋怨菜里连盐都不放，恐怕也未见得是个别现象。在《五灯会元》里，宋代禅僧大发“家贫犹自可，路贫愁杀人”的感慨，也与后来谚语“在家千日好，出外一时难”同一意思，折射出行旅途中包括客店在内的诸多不如意。

无论城乡，略具规模的私营客店都将客房划分等级，按质论价。一般粗分为两等：“头房”也称“头间房”或“大房”，为上等房，宽敞透亮，房钱自然高；“梢间”又叫“陋房”或“小房”，又窄又暗，宿费便低廉。《西厢记》写张珙赶考途中投宿河中府时有段对白：

> 小二上，云：“自家是这状元店里小二哥，官人要下呵，俺这里有干净店房。”
>
> 生云：“头房里下，先撒和那马者。”

王实甫虽敷演唐代故事，但下笔却以宋元客店为原型。郑

宋佚名《雪栈牛车图》形象表现了乡间客栈的情景，紧靠客栈的路上，客人驾着牛车有出发的，也有前来住店的

宋佚名《寒林策蹇图》。萧瑟的秋冬，策着蹇驴行旅赶路确实够呛，跟在驴后的童仆冷得直呵手取暖

廷玉《金凤钗》说的是宋代故事，第三折搬演了赵秀才住店被店小二折腾的有趣一幕：

> 店小二云：少了我房钱，不要你头房里住。你梢间里住去。
>
> 正末云：小二哥教我梢间里住。我住去，也是不得已而为之。

赵秀才因欠房钱，先从头房赶入梢间，其时恰有人送来十支金钗抵还早上的借款，他取出一支付了房钱，小二立马大献殷勤："我道你不是受贫的人，我还打挣头间房你安下。我看茶与你吃，你便搬过来。"

《水浒传》第七十四回也有燕青带着李逵前往泰岳庙住店的细节：

> 店小二来问道："大哥是山东货郎，来庙上赶趁，怕敢出房钱不起。"燕青打着乡谈说道："你好小觑人！一间小房值得多少，便比一间大房钱，没处去了。别人出多少房钱，我也出多少还你。"店小二道："大哥休怪，正是要紧的日脚，先说得明白最好。"

这家小二显然借庙会旺季的供求缺口，将小房宿费抬到头房价位，还小觑燕青出不起这个价。

四

宋代已出现了行业组织，在都城东京、临安，乃至大州府的治所，推断也应有邸店业的行会，立有行老，实施行业的自治管理。而官府对私营客店也有一套管理制度。宋元易代不久，据《马可波罗游记》记载杭州见闻：

> 一切客栈和旅馆的老板，也同样将寄宿客人的姓名登记在一本簿子上，注明他来去的日期和时刻。这种登记本，每天还要另备一份，送交前面曾经提到过的驻在方形市场的那些官吏。

这段纪事，可与小说《水浒传》互证。第十八回里，何涛正是根据其弟何清抄录的入住安乐村王家客店的文簿，才顺藤摸瓜抓捕了劫取生辰纲的要犯白日鼠白胜。小说借何清之口，陈述了私营客店的登记制度：

> 为是官司行下文书来，着落本村，但凡开客店的，须要置立文簿，一面上用勘合印信。每夜有客商来歇宿，须要问他那里来，何处去，姓甚名谁，做甚买卖，都要抄写在簿子上。官司查照时，每月一次，去里正处报名。

实际上，宋代对私营客店的管理条规远不止此。《作邑自箴》收有《榜客店户》专章，具体开列了不少规定。例如，客店必须经常“洒扫头房三两处，并新净荐席之类”，优先招待前来投宿的官员与士人；如有官员、秀才、商旅入住，客店应

宋佚名《雪麓早行图》，描绘了行旅在雪天凌晨早发上路的情景

“严切指挥邻保，夜间巡喝”，不能麻痹大意；凡有长期住宿、形迹可疑、行踪不明、花费悖理的住客，店方务必“密来告官，或就近报知捕盗官员”；投宿旅客如果染病，店家不能擅自打发出门，应即报告地方（里正、乡正等），“唤就近医人看理，限当日内具病状，申县照会”，候其病情好转，地方派员赴县衙，“以凭支给钱物与店户、医人等”。对于单身投宿者，若无人担保，客店也有权拒绝入住。元杂剧《金凤钗》第三折赵秀才便忿然数落：“店家不下单客，我做保人知在。”店小二也承认：“我说则不下单客。”反映的就是这一行规。

公私客店的房钱，宋代也称“僦钱”或“僦舍钱”。有天灾人祸时，朝廷会偶下蠲免令。据《宋史·食货志》，宋仁宗时，因京师大疫，曾下诏“蠲公私僦舍钱十日”；南宋建炎四年（1130），宋高宗驻跸越州（今浙江绍兴），以淫雨不止特免越州公私邸店房钱十日。

按宋元惯例，不论投宿当夜的晚餐，还是次日动身前的早餐，邸店都不包住店客人伙食的。旅客如欲解决肚子问题，可以借店方提供的器具自行炊煮，这种旅途自炊也称“打火”，故而当时也将小客栈称为“打火店”。“打火”既与客店投宿有关，还涉及旅途伙食的细枝末节，已非这篇专讲旅宿的小文所能容纳，姑不置论（参阅《打火》）。

五

邸店里人来客往，构成极具流动性的小社会，住店客人生地不熟，倘再加上管理疏忽，很容易成为犯罪活动滋生之处。《水浒传》写石秀智杀裴如海，便“只在近巷内寻个客店安歇，赁了一间房住下”；得手以后“却把刀来放在头陀身边，将了两个衣服卷做一捆包了，再回客店里，轻轻地开了门进去，悄悄地关上了，自去睡”，大模大样将被杀者衣物带回客店，留作揭发潘巧云外有私情的证物。

即便没有严重到杀人命案，客店也难免有斗殴死伤之事。当事方固然身系囹圄，作为证人的旅客也难免麻烦上身。据南宋洪适奏禀，“事发之处，或在邸店，或在道路，一时偶与相逢之人，见其斗殴死伤，便为证左，相随入狱。虽供责已具，而狱吏或以无保识，或以别州县，虑其再追不至，例皆同拘牢户，同解本州，直候结案无番异，方得释放”。摊上这样的事，无辜的住客都急着脱身赶路，倒霉的经营者也亟盼不影响营业，这都得挽托地方保护势力早日妥为了结。

说到保护伞，那些达官富绅私营的邸店，家族权势足以构成有力的荫庇。施恩在快活林的百十处大客店，由于其父的管营身份，自己又豪侠好拳棒，在蒋门神强夺之前浑然不是问题。而那些没有后台的小客店，则只有仰当地豪强的鼻息。据《水浒传》第三十七回，宋江给外来献艺卖药的病大虫薛永馈送银子，无意中得罪了当地富户穆弘、穆春兄弟。小说接着交代宋江与两位公人道：

> 三个来到市梢尽头，见了几家打火小客店，正待要去投宿，却被他那里不肯相容。宋江问时，都道：“他（指穆弘）已着小郎（指穆春）连连分付去了，不许安着你们三个。”

足见穆氏兄弟作为揭阳镇一霸，对那些打火小客店拥有说一不二的掌控权。而前文提到的那家靠溪客店，店小二发现时迁偷鸡后厉声喝道：

> 你们休要在这里讨野火吃！只我店里不比别处客店，拿你到庄上，便做梁山泊贼寇解了去。

不言自明，这家开在祝家庄上的旅店，保护伞就是庄主祝朝奉与其子祝氏三杰。正是时迁偷鸡摸狗的勾当，惹恼了祝氏三兄弟，最终引发了三打祝家庄的连台好戏。时下流行穿越剧，且对宋代情有独钟，看官，你若穿越到那个时代，投宿那样的客店，可千万火烛小心哦！

打火

《水浒传》第五回写鲁智深离了文殊院，投奔相国寺：

> 取路投东京来，行了半月之上，于路不投寺院去歇，只是客店内打火安身，白日间酒肆里买吃。

宋元小说中的“打火”，究竟何意？陆澹安的《小说词语汇释》说：“出门人在路上做饭”，所引书证即《水浒传》第二回王进投宿史家村，史太公那段话：

> 太公道：“不妨，如今世上人那个顶着房屋走哩。你母子二位，敢未打火？”叫庄客安排饭来。

但此处“打火”，严格说来，应问他们母子是否尚未吃饭之意。还是小说戏曲史家许政扬的论断较稳妥：“宋元间以旅次饔飧为打火。”他还指出：“宋元间制度，逆旅或不为具饮食，投宿者必须自己办膳。”但这一结论过于言简意赅，倘细加推敲，不仅“打火”的语义远为丰富，在细节上也生动复杂得多。

一

在火柴使用前，中国古代取火，都以打火刀敲击火石，此即“打火”的词源。《水浒传》“景阳冈武松打虎”那回说及众猎户都不肯信武松打死大虫：

> 武松道：“你众人不肯信时，我和你去看便了。”众人身边都有火刀、火石，随即发出火来，点起五七个火把。众人都跟着武松，一同再上冈子来，看见那大虫做一堆儿死在那里。

小说第八十四回写梁山好汉火攻辽国蓟州，宋江军队都“自有引火的药头、火刀、火石、火筒、烟煤藏在身边”，其中火刀、火石与烟煤也都是一般打火时不可或缺之物。

“打火”原义即点火、生火之意，《清平山堂话本·陈巡检梅岭失妻记》就有其例：“罗童正行在路，打火造饭，哭哭啼啼不吃。”这类用法在《水浒传》里也相当多，第八回写林冲发配说：

> 睡到四更，同店人都未起，薛霸起来烧了面汤，安排打火做饭吃。

炊饭必须打火，故“打火做饭”往往连说，《水浒传》第六回便载此例：“智深、史进来到村中酒店内，一面吃酒，一面叫酒保买些肉来，借些米来，打火做饭。”于是，“打火”便衍生出做饭之意。且看《水浒传》第十六回杨志押解生辰纲那段：

当日直到辰牌时分，慢慢地打火，吃了饭走，一路上赶打着，不许投凉处歇。

这里的“打火”，显然指做饭。再进一步，打火为做饭，做饭为吃饱肚子，“打火”又派生出吃饭之意。《西厢记》第四本第四折，仆人招呼张珙，“天明也，咱早行一程儿，前面打火去”，用的便是这层意思。

再进一步，“打火”也兼容了“做饭吃饭”的双重含义。仍引《水浒传》之例，第六十一回说吴用往大名府智赚卢俊义：

吴用、李逵二人往北京去，行了四五日路程，却遇天色晚来，投店安歇，平明打火上路。

这里“打火上路”指做饭吃罢就赶路程，足证“打火”之义包含了做饭用餐。而《水浒传》第三十七回说宋江在发配江州途中路经揭阳镇：

（宋江与公人）三个来到市梢尽头，见了几家打火小客店，正待要去投宿，却被他那里不肯相容。

则此处“打火”便有旅次宿夜之义，这与旅客的当夜晚餐与次日早餐多在店内打火解决或许有关。

总之，虽说“宋元间以旅次饔飧为打火”大体不错，但据前述，其实际用法则微妙复杂得多。《水浒传》提及“打火”不下百次，具体内涵却各有所指，自应结合上下语境仔细辨味。

宋元之际实用型类书《事林广记·旅行杂记》有“炊爨”条，说行旅者从早餐到晚餐之间“又须两饭：初曰点心（俗云‘小淘’），次曰午炊（俗云打火）”。虽说午炊可以俗称打火，但打火却不仅指午炊，一日三餐都可称打火。而“打火”也或作“打伙”，《水浒传》第三十二回说宋江和武松离开孔太公庄：

> 两个在路上行着，于路说些闲话，走到晚，歇了一宵。次日早起，打伙又行。

“打火”何以还作“打伙”，这应与中古兵制有关。从北魏到唐代，军中例以“十人为火”，共灶炊饭的这十人就互称“火伴”，此即《木兰辞》之所谓“出门看火伴，火伴皆惊忙”。在《水浒传》成书过程中，尽管已未必十人共炊，但仍沿用“火伴”的叫法。其第四十四回说吴用建议，梁山泊“西山地面广阔，可令童威、童猛弟兄两个带领十数个火伴那里开店”。至于第七回，鲁智深相国寺惩治众泼皮，“那张三、李四并众火伴一齐跪下”，此处“火伴”已是一般的同伙结伴之义，宋元时期也写作“伙伴”，“打火”便或作“打伙”。

由于“打火”与行旅用餐有关，一日三餐也有了别致的叫法。南宋笔记《白獭髓》载：“御街中瓦前卖团子者，目为三火下店。”这里的“三火”显然指早中晚“三餐”。“中火”则指中饭，“打中火”即做中饭或吃中饭。这在同时代话本戏曲中不乏其证。话本《金明池吴清逢爱爱》说吴小员外等“权歇马上店，打中火”，《汪信之一死救全家》说主人公“就在庙里打了中火”，都用其例。《京本通俗小说·拗相公》写王安石南下金陵时也说：

约行四十余里，日光将午，到一村镇。江居下了驴，走上一步禀道：“相公，该打中火了。”……众人中火已毕，荆公复上肩舆而行。

虽然宋代已有“三火”之说，或许搜书未遍，迄今未见早饭与晚饭有与“中火”相匹配的说法。

“打火”既然与旅者饮食有关，“打火”也理所当然地用来指代食肆饭店。宋末南戏《张协状元》搬演张协赴任途中有段对唱：

【丑】行得气喘。
【合】肚中饥馁。
【丑】都不见打火。
【合】歇歇了去。
【生】不行时我打你。

这里的“打火”显然指食店。但这层意思，更明确的场合多用“打火处”来指代。《水浒传》第五回说鲁智深离了桃花山：

从早晨直走到午后，约莫走了五六十里多路，肚里又饥，路上又没个打火处，寻思：“早起只顾贪走，不曾吃得些东西，却投那里去好？”

鲁智深寻觅的“打火处”应指一般吃食店。但“打火处”

宋佚名《征人早发图》中戴幞头打盹的应是住客，栅门外挑担等候的是随仆，正在炊饭的或是女店主

有时也指夜间投宿的客栈旅店，这或许仍与宿夜点灯也须打火有关。《水浒传》第十回在火烧草料场后说：

林冲钻将出来，见天色黑了，寻思："又没打火处，怎生安排？"想起："离了这半里路上，有个古庙，可以安身，我且去那里宿一夜，等到天明，却做理会。"

林冲寻思的"打火处"即能让他安宿一夜的客店。不过，在兼供旅客食宿的场合，一般多称"打火店"。元杂剧中颇多这类例证。《黄粱梦》第一折说："老身黄化店人氏王婆是也，我开着这个打火店，我烧的这汤锅热着，看有甚么人来。"倘若说吕洞宾在这家打火店一觉梦醒黄粱未熟，尚难确证是否投宿，那么，《罗李郎》第三折说主人公初到东京，安顿好客店，出门观光去时唱道："恰离了招商打火店门儿，早来到物穰人稠土市子"，足证打火店就是客店旅舍。"打火店"有时也称"灯火店"，元杂剧《对玉梳》第三折梅香说："姐姐，早寻个灯火店安下也好。"有研究者认为，"灯""打"乃一音之转，"灯火店"只是"打火店"叫别而已。

二

宋元之际，出门行旅已成社会常态，旅次饮食，短途者或自带干粮，长途旅客只能求助食肆或客店，这些店肆对行路客的饮食安排也有不同的业态。

不言而喻，在东京、临安等大中城市，在有些酒楼食店里，过路旅客应与当地吃货一样，只要埋单便能享用店家烹饪的现成美食。即便道途简陋的小食店，也有代客烹调的。据《水浒传》第十七回，生辰纲被劫，杨志只身南行，路过一家酒店：

> 只见灶边一个妇人问道："客官莫不要打火？"杨志道："先取两角酒来吃，借些米来做饭，有肉安排些个，少停一发算钱还你。"只见那妇人先叫一个后生来面前筛酒，一面做饭，一边炒肉，都把来杨志吃了。

这家酒店是操刀鬼曹正开的，并不留宿过客，却代客烹饪料理。不难推断，"一发算钱"时，店家绝不会只结食材费，而免收劳务费的，否则操刀鬼岂不成了活雷锋？由此可见，无论城乡，仍有为旅客烹饪或安排饮食的专营食店。

但即便专营食店，也确有仍须客人亲自打火做饭的。《水浒传》第五十六回交代时迁得手徐宁的雁翎甲后：

> 且说时迁奔出城外，到客店门前，此时天色未晓，敲开店门，去房里取出行李，拴束做一担儿挑了，计算还了房钱，出离店肆，投东便走。行到四十里外，方才去食店里打火做些饭吃……吃了饭食，还了打火钱，挑上担儿，出店门便走。

这段描写说明，即便在专门食店，鼓上蚤也是自炊才解决早餐的，打火钱则是打火使用的食材费。

那么旅客投宿客店时，"打火"又该怎样区处呢？还是先看《水浒传》第七十四回，燕青携李逵到泰岳庙打擂，投宿住店时有一段对话：

宋朱锐《盘车图》形象摹绘了行商住店后打火的场景。中间那位住客已酒足饭饱，酣然睡去；右边那间里女店主正端着食物送上住店客人的餐桌，看来是店家代为打火的

> 燕青道："我自来做买卖，倒不打紧，那里不去歇了。不想路上撞见了这个乡中亲戚，见患气病，因此只得要讨你店中歇。我先与你五贯铜钱，央及你就锅中替我安排些茶饭，临起身一发酬谢你。"小二哥接了铜钱，自去门前安排茶饭，不在话下。

虽然不清楚店方究竟代为烹饪，还是代办外卖，但这家客店分明"安排茶饭"的；至于燕青许诺"临起身一发酬谢"，则包括住夜与餐饮两项费用在内。再看第四十六回石秀、杨雄与时迁在祝家庄的叙事：

> 时迁道："我们今日走了一百里以上路程，因此到得晚了。"小二哥放他三个入来安歇，问道："客人不曾打火么？"时迁道："我们自理会。"小二道："今日没客歇，灶上有两只锅干净，客人自用不妨。"时迁问道："店里有酒肉卖么？"小二道："今日早起有些肉，都被近村人家买了去，只剩得一瓮酒在这里，并无下饭。"时迁道："也罢，先借五升米来做饭，却理会。"小二哥取出米来与时迁，就淘了，做起一锅饭来。石秀自在房中安顿行李，杨雄取出一只钗儿，把与店小二，先回他这瓮酒来吃，明日一发算账。

既然"石秀自在房中安顿行李"，三人应打算住店过夜的。而店小二交代"灶上有两只锅干净，客人自用不妨"，时迁则将米"就淘了，做起一锅饭来"，这家客店显然是由住客自己下厨，打火做饭的。杨雄拿给小二一支钗儿，声言"明日一发

明杨定见刊本《忠义水浒传》版画《追甲赶时迁》，描绘了时迁偷得雁翎甲，潜逃路上在客店打火被徐宁、汤隆逮住的情景

算账”，即指借宿费与打火费一并结算。在《水浒传》里，这类“不为具饮食，投宿者必须自己办膳”的客店，应该更普遍。第六十二回写卢俊义流配说：

> 看看天色傍晚，约行了十四五里，前面一个村镇，寻觅客店安歇……当时小二哥引到后面房里，安放了包裹，薛霸说道：“老爷们苦杀是个公人，那里倒来伏侍罪人，你若要饭吃，快去烧火。”卢俊义只得带着枷来到厨下，问小二哥讨了个草柴，缚做一块，来灶前烧火。小二哥替他淘米做饭，洗刷碗盏。

连公差与犯人也只得上灶烧火，可见宋元之际，自炊式打火才是习以为常的惯例。

唯其如此，尤其向晚住店时，一旦宿客杂沓而至，小客店内自炊设施与食材常会供不应求。针对这种情况，《事林广记·旅行杂记》也有温馨提示：

> 旅店多系贫民看守。店内器具饮食之物所畜几何，宿者纷然，则应用不周矣。凡到店，合用柴米盐菜酒食之类，须先指挥，庶得依数供过。若同店客多，又须令仆先占锅灶器用等物。

尽管一般宿店都提供自炊式打火，但也有住客不在店内自炊，而另觅打火处的。《水浒传》第七十四回说燕青与李逵前往泰岳庙途中，“当晚两个投客店安歇，次日五更起来，还了房钱，同行到前面打火吃了饭”，至少他俩的早餐并未在投宿

宋佚名《山店风帘图》展现了山村客店客来客往的场景，高悬的酒望子标明这里也能打火

宋代许道宁在《云关雪栈图》中描绘了山间旅人在雪天日暮中正骑驴经过山涧板桥，不远处就是他们夜间入住的乡间客栈

的客店打火。

总的说来，宋元间旅店对住客不仅提供打火的设备，也会供应有价的食材，而投店旅客只要在店内打火自炊的，临行结账自应包括住宿费与打火费两部分，这两笔费用是分开计算而一起交付的。这一惯例在《水浒传》第三回金老携女儿翠莲渭州住店时交代得一清二楚：

> 再说金老得了这一十五两银子，回到店中安顿了女儿，先去城外远处觅下一辆车儿，回来收拾了行李，还了房宿钱，算清了柴米钱，只等来日天明。当夜无事，次早五更起来，子父两个先打火做饭，吃罢，收拾了，天色微明。

这段叙事表明金老父女住店是打火自炊的，总结算的费用分为房宿钱与柴米钱，前者是住宿费，柴米钱便是打火费。

但更多的场合，《水浒传》的交代颇为模糊，然而既有开卷不久第三回的明确说明，读者也不难举一反三地解读小说中笼统称之的“房钱”“房客钱”或“房宿钱”。例如第二十三回说武松与宋江分别，“当晚投客店歇了，次日早起来打火，吃了饭，还了房钱”，虽未明言其当晚是否在店内自炊，但次早分明在客店打火，则“还了房钱”中至少应含这顿打火费。第五十三回叙戴宗携李逵赴蓟州找寻公孙胜：

> 天色昏黑，寻着一个客店歇了，烧起火来做饭，沽一角酒来吃……到五更时分，戴宗起来叫李逵打火，做些素饭吃了，各分行李在背上，算还了房宿钱，离了客店。

他俩早晚打了两次火，则“算还了房宿钱”中也应将住宿费与打火费一发包含在内。至于引文提到的五更打火，不仅《水浒传》一再叙及，同时代其他话本戏曲也频频出现。《水浒传》第三十六回说宋江发配江州途中，“当夜计议定了，次日起个五更来打火”。当时行旅赶路多赖步行，为多赶路只能趁早打火出门，“五更打火”折射出宋元之际远行的不易。《事林广记·旅行杂记》也提及这点：

> 五更饭，早日行。又须两饭：初曰点心（俗云“小淘”），次曰午炊（俗云打火）。凡早起须约几里点心，又几里午炊。

这段提示也同时说明，宋元间的行旅客者在早晚餐之间还有点心与午饭两次饮食。这一惯例在《水浒传》里也有例证。第六十一回说卢俊义出行避灾，让李固打前站，“行了四十余里，李固接着主人，吃点心中饭罢，李固又先去了”。

卢俊义是大财主，自备车仗人马，这次出避血光之灾的远行，走得悠游自在，倒未见有五更打火的记事。但大多数普通人，恐怕只能如《张协状元》所描写的那样，“夜月辉辉，打火便行”。这种场景在两宋诗词中屡见不鲜，且各举一例：韩淲诗说“月明茅店五更梦，潮上溪船千里程”；赵蕃词云“鸡声茅店炊残月，板桥人迹霜如雪”。五更就打火上路，也难怪李曾伯词大叹其苦经：“最苦是，茅店月明时，鸡声晓。”

比起如今朝发夕至的现代交通与服务周到的星级饭店，古代行旅也真不易！

炊饼

一

凡看过《水浒》的人，别的细节可能淡忘，对武大郎卖炊饼肯定是印象深刻的。武松离开阳谷县赴东京公干前，特地对兄长说：

> 你从来为人懦弱，我不在家，恐怕被外人来欺负。假如你每日卖十扇笼炊饼，你从明日为始，只做五扇笼出去卖；每日迟出早归，不要和人吃酒。归到家里，便下了帘子，早闭上门，省了多少是非口舌。如若有人欺负你，不要和他争执，待我回来，自和他理论。

现在一般把薄片形状的干面制品称为饼，但在宋代，正如《靖康缃素杂记》所指出："凡以面为食具者，皆谓之饼，故火烧而食者呼为烧饼，水瀹而食者呼为汤饼，笼蒸而食者呼为蒸

明杨定见刊本《忠义水浒传》版画《恨顶马泊六》描写武大郎撂下炊饼挑子前去捉奸，但他哪里是西门大官人的对手

饼。”烧饼现在还在叫，南方也叫作大饼，古代则叫炉饼或胡饼。汤饼当时也叫煮饼，宋代正处在向面条的转型中，也称为索饼或馎饦，面条行世前用来指面片汤。

炊饼，就是蒸饼。《水浒》“黑旋风乔捉鬼”一回也曾提到燕青与李逵让刘太公“煮下干肉，做起蒸饼，各把料袋装了，拴在身边”，这里的“蒸饼”应该就是炊饼。据说，因为避宋仁宗赵祯的名讳，宫廷上下都把蒸饼唤作炊饼，这种叫法很快传到了民间。正因如此，民间两种叫法并存，小说里才会一物异名，同时出现的。据《三朝北盟会编》，绍兴二年（1132），宣州（治今安徽宣城）叛兵准备在二十五日那天里应外合起事，有一个卖蒸饼的叫卖道：“一个二五，里外一般。”表面说“一个卖二十五钱，里外皆是白面”，实际是用隐语提醒市民避乱。这个叫卖声证明了蒸饼与炊饼不过是实心馒头的不同叫法而已。宋代话本《宋四公大闹禁魂张》描写宋四公道：

> 看那渡船却在对岸等不来，肚里又饥，坐在地上，放细软包儿在面前，解开爊肉裹儿，擘开一个蒸饼，把四五块肥底爊肉多蘸些椒盐，卷做一卷，嚼得两口。

宋四公吃的蒸饼，显然就是实心无馅的炊饼，他的吃法类似现在北方的肉夹馍。炊饼因是笼蒸的，故而也叫作笼饼，武松也以扇笼作为计算武大郎炊饼的单位。

据《郭林宗别传》说，东汉后期，郭泰有朋友来，他连夜冒雨“剪韭作炊饼”。这个故事表明，汉魏之际已经有这种面制食品，而且是有馅的。唐朝贾公彦在注《周礼》时说：“酏食”就是“以酒酏为饼，若今起胶饼”。宋代黄庭坚在《涪翁杂说》里指出，“起胶饼，盖今炊饼”，可见当时炊饼都是发酵的。而

明代陈洪绶《水浒叶子》中的《母夜叉孙二娘》，老莲把这个专做人肉馒头的母夜叉画得像一位富态的村妇，不过题词倒还是契合其身份的：“杀人为市，天下趋之以为利。”

实际上，武大郎叫卖的炊饼就是现在的馒头。

二

虽然宋人王栐在《燕翼贻谋录》里说："今俗，屑面发酵，或有馅，或无馅，蒸食之者，都谓之馒头"，不过，当时还是习惯把无馅的称为炊饼，而把有馅的叫作馒头。宋代馒头已经花色繁多，以馅而论，见诸文献的就有糖肉馒头、假肉馒头、羊肉馒头、笋肉馒头、笋丝馒头、鱼肉馒头、蟹黄馒头、蟹肉馒头、糖馅馒头、辣馅馒头等等。据《上庠录》说，每逢三、八课试的日子，太学与国子监的食堂就例行加餐，春秋两季加炊饼，夏天是冷淘，冬天是太学馒头。冷淘一说就是冷面，一说则以为是冷饼子。这且不论，《上庠录》的食单把春秋两季的炊饼与冬季的太学馒头并举，说明两者是有明显区别的。另据《钱塘遗事》，南宋殿试，散发试题时皇帝象征性到场，随即入内进御膳，同时"赐食于士子"，有太学馒头一枚，羊肉泡饭一盏。太学馒头名闻遐迩，学生到手往往转送给亲朋好友尝鲜，后来连南宋京城临安的市场上都打出了太学馒头的招牌。岳珂有一首诗，专写太学馒头：

几年太学饱诸儒，余伎犹传笋蕨厨。
公子彭生红缕肉，将军铁杖白莲肤。

其中白莲肤是指馒头皮，而红缕肉则分明指馒头馅。而《水浒》里也把两者做了严格的区分，把武大卖的叫炊饼，而把母夜叉孙二娘在十字坡黑店兜售的唤作人肉馒头，武松说她家"馒头馅内有几根毛，一像人小便处的毛一般"。

河南白沙宋墓壁画中的《家宴图》中女主人前方碟中放的似为炊饼或馒头

相对于馒头是有馅的，炊饼则是无馅实心的。这从《庶斋老学丛谈》叙述的故事里也能得到佐证。故事说南宋时有一个妇女，在其丈夫陪同下来东阳县衙，控告某富家子弟要强暴她，将其乳头也咬伤了。知县郎某传唤那个富家子，他却矢口否认有此事。县老爷命人拿来三个炊饼，让他们三人各咬一个，但不许咬断。然后拿来与妇人乳头上的伤痕一比对，原来竟是其丈夫的齿痕。显然，只有无馅的实心馒头，咬到一半才能留下清晰的齿痕。关于炊饼与馒头的这种区别，《水浒》也是毫不含糊的，在描写武松初入十字坡酒店时说：

那妇人嘻嘻地笑着入里面……去灶上取一笼馒头来，放在桌子上。两个公人拿起来便吃，武松取一个拍开看了，叫道："酒家，这馒头是人肉的，是狗肉的？"

小说把武大郎卖的叫作炊饼，而把十字坡黑店的人肉包子唤作馒头，反映的正是宋代习惯的叫法。

相对于炊饼，馒头身价可能高些，因而就有《避暑录话》里的故事：一个穷书生竟然不识何为馒头，却无计可得。一天，见市肆上面制食品摊一字排开，便突然大呼倒地。摊主惊问，答曰："我怕馒头。"摊主以为岂有此理，就安置馒头百余个，再把这个书生关进去。只听悄无声息，摊主从墙缝里窥探，只见书生已把一大堆馒头"以手搏撮食者过半"了。

当时当然也吃包子的。在生下仁宗那天，宋真宗十分高兴，令"宫中出包子以赐臣下，其中皆金珠"，可见宫中与权贵之家已将其视为美食。据《鹤林玉露》，有一个士人买了一个妾，自称在蔡京太师府的包子厨里干过活。一天，士人就让她做包子，回答说不会做，士人诘问她："你既然包子厨出身，怎么不会做包子？"妾回答说："我是专门负责打理葱丝的。"这个故事也许表明包子比馒头来得精致，两者区别在于形状与内涵。

三

在宋代，炊饼是人们的主要食品。据《东京梦华录》，清明节出游，开封市民都带上枣粥、炊饼与鸭蛋，"谓之门外土仪"。另据《梦粱录》，南宋临安不仅在午市上卖糖粥、烧饼、炙焦馒头、炊饼、辣菜饼、春饼之类的点心，平时大街小巷也有炊饼叫卖。《水浒》第五十三回描写神行太保戴宗作法捉弄李逵时，炊饼也成了道具：

> 李逵怕将起来，几遍待要住脚，两条腿那里收拾得住，这脚却似有人在下面推的相似，脚不点地，只管得

走去了。看见酒肉饭店，又不能勾入去买吃……戴宗从背后赶来，叫道："李大哥，怎的不买些点心吃了去？"李逵应道："哥哥救我一救，饿杀铁牛也！"戴宗怀里摸出几个炊饼来自吃。李逵叫道："我不能勾住脚买吃，你与两个充饥。"戴宗道："兄弟，你走上来与你吃。"李逵伸着手，只隔一丈来远近，只赶不上。

《本心斋疏食谱》记载了一种名为玉砖的炊饼，其方法是"炊饼方切，椒盐糁之"，并有赞语云："截彼圆璧，琢成方砖，有馨斯椒，薄洒以盐。"由此看来，炊饼有不同的做法与吃法。《水浒》第五十六回说金枪将徐宁的早餐是"丫鬟安排肉食炊饼上去"，也许这"肉食炊饼"类似后来陕西的肉夹馍。

炊饼成为不少宋代诗人的最爱。黄庭坚在宽慰病中朋友的书简中说："病者想渐苏醒能食矣。家园炊饼漫佳，不知堪否？"而在另一封给友人的信中，却大打秋风："来日作炊饼，幸寄三斤。"可见他对炊饼的喜爱。著名诗人杨万里有一首诗题作《食蒸饼作》，前四句云：

何家笼饼须十字，萧家炊饼须四破。
老夫饥来不可那，只要鹘仑吞一个。

那种囫囵吞炊饼的猴急相，似乎无论如何与诗人的儒雅对不上号。

四

在北宋覆灭、南宋重建的大转折中，炊饼竟然与一段政治史息息相关。据说，宋高宗即位前，以兵马大元帅从相州北上，

山西洪洞元代明应王殿壁画《尚食图》里侍女盘中所端的或为炊饼

途中迷了路，人饥马乏，幸亏汪伯彦给他搞来了羊羹、炊饼，才度过了困境。南渡之初，他也是“日一羊煎肉、炊饼而已”；不久为躲避金军追击，他航海流亡到临海县章安镇，仓皇之间，在当地祥符寺只觅到了五枚炊饼。后来高宗自称“早晚食只面饭、炊饼、煎肉”，看来倒不是无稽之谈。考虑到高宗爱吃炊饼，大将张俊在家里招待这位皇帝时，在名为插食的点心里就送上了炙炊饼与不炙炊饼，不炙炊饼应该就是普通炊饼，炙炊饼大概就是烤馒头。不过，因高宗的光临，张俊光是供应给高宗禁卫的炊饼，就用去二万只。

与高宗相比，吃的虽然同样是炊饼，其父宋徽宗却十分凄惶。靖康之变后，他沦为阶下囚，在被金军押解过濬州时，让随行旧臣以二两银子去换些饮食，卖吃食的知道是徽宗，“尽以炊饼、藕菜之类上进”，没有收银子，作为子民对故主的报答。宋徽宗也许不会知道，被他贬官南下的直臣陈瓘曾作书答京师友人，仍殷殷关切道：“南州有何事？今年好雪，明年炊饼大耳。”陈瓘关心好雪能为老百姓带来大炊饼，对自己的流放却不以为意，真是难能可贵。徽宗有这样的直臣而不能用，却信用“六贼”之流，后来的遭遇也可谓是咎由自取。

民以食为天。在宋代，炊饼直接关系到小民百姓的生活。南宋绍兴末年，金宋重新开战，导致物价高涨，“炊饼一，直数十钱”，而前线士兵拼死拼活，也只有十余赏钱，难怪他们把赏钱掷在地上，恼怒地说：“性命之贱，乃不直一炊饼也！”另据《脚气集》记载，南宋中期，建康府（今江苏南京）的炊饼行业已经有了类似行会的自发组织，当时称为“行院”。倘若有卖炊饼者初来乍到，没有营业的地盘和资本，这时全城“卖饼诸家便与借市，某送炊具，某贷面料，百需皆裕”，相互之间“无一毫忌心”。于是，这个外来卖炊饼的，就有了养家活口的立锥之地。刘宰亲见这一现象后，极口称赞“此等风俗可爱”。

炊饼这种叫法，元明之际还在民间流行。朱元璋起兵不久，郭子兴怀疑他，将其关禁闭，不许送吃的给他，《明史》说马皇后“窃炊饼，怀以进”，刚蒸好的炊饼把她胸口的皮肉都烫伤了。入明以后，炊饼的叫法才逐渐从大众口语里淡出，而直接以“馒头”来称呼原来实心的炊饼。

豆腐

一

《水浒》"汴京城杨志卖刀"一回说：

> 牛二抢到杨志面前，就手里把那口宝刀扯将出来，问道："汉子，你这刀要卖几钱？"杨志道："祖上留下宝刀，要卖三千贯。"牛二喝道："甚么鸟刀，要卖许多钱！我三百文买一把，也切得肉，切得豆腐。你的鸟刀有甚好处，叫做宝刀！"

次回"青面兽北京斗武"，描写杨志与副牌军周谨各用去了枪尖的枪，在石灰桶里蘸了石灰，再各上马比武：

> 两个斗了四五十合。看周谨时，恰似打翻了豆腐的，斑斑点点，约有三五十处；看杨志时，只有左肩胛下

明万历容与堂刊本《忠义水浒传》版画《汴京城杨志卖刀》。泼皮牛二号称三百文买一把刀“也切得肉，切得豆腐”，向杨志挑衅

一点白。

从泼皮牛二把切豆腐与切肉并提，可以知道，豆腐在宋代已成为大众菜肴。因而小说也将其作为比喻，来形容周谨在比武中频频挨打的狼狈相。

豆腐是中国发明的。大革命家瞿秋白辞别世界、慷慨赴义前留下最后的遗言竟是："中国的豆腐也是很好吃的东西，世界第一。"不过，豆腐究竟发明于何时，却至今莫衷一是。南宋大学者朱熹有一首《豆腐》诗说：

种豆豆苗稀，力竭心已腐。
早知淮王术，安坐获泉布。

他自注道："世传豆腐本乃淮南王术。"后两句诗说，如果他早点掌握淮南王传下来的做豆腐秘方，也能日进斗金，坐发大财了。与朱熹同时代的杨万里，写过一篇《豆卢子柔传》。这是模仿韩愈《毛颖传》的游戏文章，把豆腐与豆卢氏巧妙地联想在一起。值得注意的是，杨万里笔下的豆卢鲋（豆腐）身世，与朱熹所说大体吻合："在汉未显"，后"隐于滁山，莫知其所终"，到唐代其苗裔才再次显名。

朱熹以后，直到李时珍的《本草纲目》，豆腐始于西汉淮南王刘安的说法，陈陈相因，几成定论。不过，现存唐代以前的诗文笔记里，至今还没有发现有关豆腐的蛛丝马迹。据1979年出版的《文物考古工作三十年》，河南新密市打虎亭一号汉墓有一幅石刻，曾被认为是制作豆腐的画像，最有力的证据便是石刻中有舀大豆准备倒进石磨的人物像，而酿酒是毋需石磨

明万历容与堂刊本《忠义水浒传》版画《青面兽北京比武》。小说用“恰似打翻了豆腐”来形容周谨身上所挨到的枪尖石灰

的。但后经研究者仔细辨认，发现所谓的石磨原来只是圆台上放着一个圆盆（笔者也曾实地考察过这幅石刻，确非石磨，而是圆盆，或是盛米之用），而整个石刻应是《酿酒备酒图》，与豆腐生产了无关系。总之，豆腐发明于汉代说，至今还没有文献与实物的证据。

二

目前最早记载豆腐的，当推署名陶穀的《清异录》。据其所说，青阳丞时戢“洁己勤民，肉味不给，日市豆腐数个”，而当地百姓“呼豆腐为小宰羊”。陶穀死在宋太祖开宝三年（970），其书却不止一处提到太祖身后之事，后人对《清异录》的著作权大有怀疑。其书可能有伪，但关于豆腐的史料，表明五代宋初青阳县所在的淮南地区，豆腐已成为日常食品，则是毫无疑问的。由此还可推断，当时豆腐的制作技术已经完全过关，因而能够成为肉类的代用品，价廉物美，每天能买上几个。北宋嘉祐六年（1061），苏颂在《本草图经》记及“生大豆”时说，“作腐则寒而动气，炒食则热”，这是关于以大豆做豆腐的首次明确记载。政和六年（1116）成书的《本草衍义》也在“生大豆”下说“又可硙而为腐食之”。

发人深思的是，《清异录》以后，宋代关于豆腐的诗文逸事，就屡见不鲜了。这一现象让人不由地推论：豆腐走上千家万户的餐桌，似乎应是宋代的事情。苏东坡有一首《蜜酒歌》说：“脯青苔，炙青蒲，烂蒸鹅鸭乃瓠壶，煮豆作乳脂为酥。”对最后一句，一说以为，豆乳指的是豆浆；一说以为，豆浆点卤以后的乳脂只能指豆腐，乳脂就是豆腐的别名。陆放翁似乎比苏东坡考虑周到，他在《邻曲》诗“洗釜煮黎祁”下自注云：“蜀人以名豆腐。”《山庖》一诗更写出了他对豆腐的嗜爱：

新春稆秠滑如珠，旋压犁祁软胜酥。
更翦药苗挑野菜，山家不必远庖厨。

滑润如珠的新稻米饭，配上软于酥的犁祁（豆腐），佐以野菜，这就是山家最爱的绿色食品。

陆游的《老学庵笔记》还记了一则与豆腐有关的故事。说是嘉兴老儒闻人滋喜欢将藏书借给人阅读，也喜欢留客吃饭，虽然招待的“不过蔬豆而已”，自称是“充书籍行，开豆腐羹店”。由此也可见：当时以豆腐为营生，是一门颇能获利的行业。而官府也随即将科敛之网对准了他们。据薛季宣揭露，湖南州县“下至鬻豆腐者皆不免科掠”。尽管如此，毕竟还是有利可图，因而以出售豆腐为生的村民，开豆腐羹店的市民，在《夷坚志》《梦粱录》等当时笔记中多有所见。南宋临安有豆腐巷、豆腐桥等地名，似乎也应与豆腐作坊或豆腐店有关。据《隐居通议》，南宋末年有个卖豆腐的王老汉，也不识字，八十六岁，一天忽让儿子记下他口授的《豆腐诗》：

朝朝只与磨为亲，推转无边大法轮。
碾出一团真白玉，将归回向未来人。

说完就坐化了。他从做豆腐里悟出了人生，诗也别有况味。

豆腐的问世，影响了当时人的饮食习惯。据《渑水燕谈录》说，熙宁八年（1075），淮西大饥，以至于人相食。朝廷派员

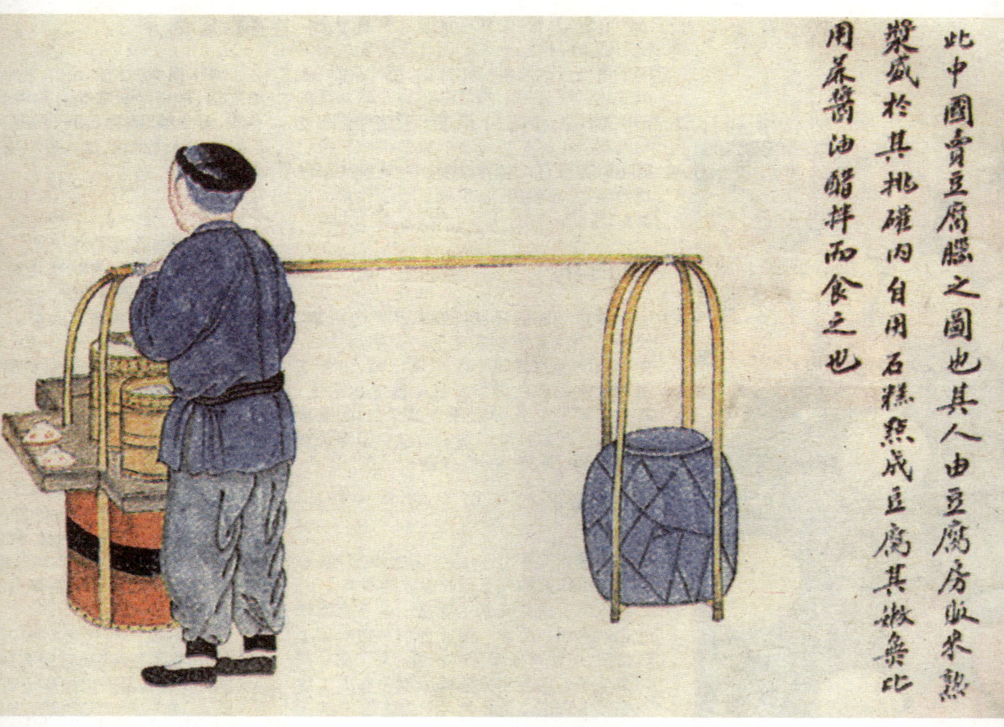

近代来华外国人所绘中国风俗画中的《卖豆腐脑之图》

赈济，久饥的灾民几乎丧失肠胃功能。有官员让先以中药材厚朴“烧豆腐，开饥民胃口”。而南宋高宗的食谱也“颇杂以豆腐为羹”。学者刘宰居家清贫，有客人来，没有什么款待，“时方凝寒，相与烧软火，烹豆腐”，再加上茅柴酒，也可以得连日之欢。据《岭外代答》说，南宋静江府各地路边都有陈年白酒卖，人们只消花十四钱，就可以买一大杯白酒及豆腐羹，买一微醺，“谓之豆腐酒”。

豆腐营养价值高，“软比牛酥便老齿，甜于蜂蜜润枯肠”，尤其适宜老年人。诚如元人谢应芳所说："凡人年老者，以肉养之，古今一致。然老而无齿，则肉林之盛，禁脔之供，其如朵颐何？求其甘软若豆腐者，真可谓养老之善物也。"不过，嗜食豆腐过度，也会如苏颂在《本草图经》里所说的"寒而动气"，不利于身体。南宋《医说》已有解豆腐毒的医方："以萝卜煎汤，或调，或咽，病者遂愈。"这一偏方的获得纯出偶然：某日，一医生路过一户做豆腐的人家，见夫妇相争，便询问原委，丈夫说："早上做豆腐，婆娘误将萝卜汤倒入豆腐锅，害得今天豆腐也做不成。"医生也就领悟到豆腐"畏萝卜也"。

到宋元之际，豆腐已是百姓餐桌上的家常菜，只消花五文钱就能买到手。杂剧《看钱奴买冤家债主》就用买豆腐的细节戏谑一个名叫贾仁的守财奴：

> 贾仁云：罢罢罢，我往常间一文不使，半文不用，我今病重，左右是个死人了，我可也破一破悭，使些钱。我儿，我想豆腐吃哩！
>
> 小末云：可买几百钱？
>
> 贾仁云：买一个钱的豆腐。
>
> 小末云：一个钱只买得半块豆腐，把与那个吃？

这个吝啬鬼让儿子拿去十文钱，却只买回了五文钱的豆腐，他最后交代儿子："我儿，这一桩事要紧，我死之后，休忘记讨还那五文钱的豆腐！"杂剧以五文钱豆腐挖苦守财奴，与《儒林外史》以一根灯草嘲讽严监生，异曲而同工，但由此也可见豆腐之价廉。

三

在宋代，以豆腐烹调的菜肴也不断地花样翻新。《本心斋疏食谱》说“今豆腐条切淡煮，蘸以五味”，似乎还是过于简单。《山家清供》有两道豆腐名菜。其一是雪霞羹，其方法是将芙蓉花去掉心与蒂，放在开水中与豆腐同煮，再加入胡椒、姜与一种叫作萱的金针菜，因“红白交错，恍如雪霁之霞”，故而得名。其二是东坡豆腐。苏东坡以名人兼美食家，连豆腐菜也借他的大名。烹调倒也简单：一是豆腐用葱油煎，再用酒研小榧子一二十枚，和上酱料同煮；一是豆腐用葱油煎后纯用酒煮即可。

据《老学庵笔记》，与苏东坡为友的仲殊长老，凡是豆腐、面筋之类，“皆渍蜜食之”。这种蜜渍豆腐，吃口甜腻，一般人都“不能下箸”，只有苏东坡嗜蜜如命，不仅“能与之共饱”，还写了《安州老人食蜜歌》赠给仲殊。还有一个佛门中人惠洪也是苏轼的好友，据其《石门文字禅》说，他到海南，每天做东坡羹，“有佳客至，馔山谷豆腐以饷之”。山谷是黄庭坚的号，也是惠洪的朋友，可惜不知“山谷豆腐”的烹调方法，而东坡羹似乎也应是一种豆腐羹。

豆腐羹是宋代的大众馔食，《梦粱录》就说：“更有酒店兼卖血脏、豆腐羹、熬螺蛳、煎豆腐、蛤蜊肉之属。”据《渭南文集》，谢谔每天早上就“烹豆腐菜羹一釜，偶有肉，则缕切投其中”。即便有客，不论何人，共同食用。煎豆腐也是当时的日常菜肴。《物类相感志》说“豆油煎豆腐，有味”，可知它不是今天的油豆腐。吴自牧在《梦粱录》里说，一般卖菜羹的饭店也兼卖煎豆腐、煎鱼之类，“此等店肆乃下等人求食粗饱，往而市之”，足见煎豆腐很受下层民众的青睐。

明万历容与堂刊本《忠义水浒传》版画《梁山泊戴宗传假信》。戴宗在神行途中爱吃糠豆腐

据《草木子》，元僧道元与幽默诗人程渠南同食丁蕈，这是一种圆头而细脚的食用菌，渠南戏作一诗，表面咏丁蕈，实际嘲和尚：

头子光光脚似丁，只宜豆腐与波稜。
释迦见了呵呵笑，煮杀许多行脚僧。

暂且不论恶谑，波稜就是菠菜，丁蕈与豆腐、菠菜同煮，这品菜肴成为出家人的最爱。

元代大学者虞集老病还乡，亲朋子弟每待以鸡豚之馈，他都吃得不称心，而“山中人有鬻豆腐以进者，欣然乐之”。当地土话把豆腐叫作“来其”（疑即“黎祁”“犁祁”之异读），他有感于故乡风物之美，考虑到老人食物之便，特地写了一篇《豆腐三德赞》，其赞语云：

掇山腴，治仙浆，
软于云，洁于霜。
舌生肥，齿不伤，
君子食之寿而康。
《肘后》服玉旧有方，
传之天下，匪私吾乡。

这篇赞语以身说法，从健康长寿出发，为豆腐做了一次代言广告。

《水浒》里也提到了一品豆腐菜肴，第三十九回“梁山泊戴宗传假信”说戴宗来到梁山泊旁朱贵开设的酒肆：

戴宗道："我却不吃荤酒，有甚素汤下饭？"酒保道："加料麻辣熝豆腐如何？"戴宗道："最好，最好！"酒保去不多时，熝一碗豆腐，放两碟菜蔬，连筛三大碗酒来。戴宗正饥又渴，一上把酒和豆腐都吃了。

戴宗点的这道菜，口味应与今天的麻辣豆腐相去不远。小说读到这里，看着戴宗大快朵颐，你是否也食指大动呢？不过要小心喔，旱地忽律朱贵在熝豆腐时可放了蒙汗药！

游艺篇

路岐人

一

《水浒》“王婆贪贿说风情”一回里王婆与西门庆有一段对话：

> 那婆子笑道：“官人，你养的外宅在东街上，如何不请老身去吃茶？”西门庆道：“便是唱慢曲儿的张惜惜。我见他是路岐人，不喜欢。”

路岐人，也唤作岐路人，简称为路岐或岐路，是宋代对没有固定演出场所的民间艺人的称呼。路岐或岐路，都是指岔路口，这种地方既是过往行人的必经要道，而且空间要比直道来得宽旷，最适宜流浪江湖的民间艺人作场献艺，这或许是其得名的来由。这种路岐人，在与南宋并存的金朝，以及其后的元朝，也都有其身影。据《金史·完颜寓传》说，贾耐儿原本就是“岐路小说人，俚语诙嘲以取衣食”。而元杂剧《独角牛》里有一首上场诗，将其行业特点说得相当到位：

> 路歧歧路两悠悠，不到天涯未肯休。
> 有人学的轻巧艺，敢走南州共北州。

宋代民间艺人可分瓦舍艺人和路歧人两种。瓦舍艺人以勾栏为其固定的演出场所，技艺较好，专业水平也较高。路歧人则只能穿街走巷，奔波于城乡之间，在路边空地上作场演出，以换取菲薄的衣食之费。宋元话本《汪信之一死救全家》说主人公出门到安庆去，身边只带一把雨伞，并无财物，便心生一计：

> 自小学得些枪棒拳法在身，那时抓缚衣袖，做个把势模样，逢着马头聚处，使几路空拳，将这伞权为枪棒，撇个架子。一般有人喝采，赍发几文钱，将就买些酒饭用度。

由此可见，路歧人多是些略有一艺之长而衣食无着之人。南宋写《梦粱录》的吴自牧亲见，“村落百戏之人，拖儿带女，就街坊桥巷呈百戏使艺，求觅铺席宅舍钱酒之赀”。他们不进瓦舍勾栏，相对说来技艺较差，专业性也较弱。《武林旧事》说：“或有路歧，不入勾栏，只在耍闹宽阔之处做场者，谓之打野呵，此又艺之次者。”这种露天卖艺，称为“打野呵”。但“路歧人”后来的含义显然不专指在岔路口露天卖艺的艺人，而是泛指不入勾栏等固定场所献技谋生的所有艺人，以与瓦舍艺人相区别。

当然，有时候两者也会换位。路岐人由于演艺出众，境况改善，进入瓦舍的可能性也是会有的。至于勾栏艺人沦落为路岐人，则数宋室南渡时最多。一说李师师就在这时流徙湖湘，缕衣檀板，卖唱为生，成为路岐人。南宋初，家居的严粲曾见到从中原南下的勾栏艺人来到福建路岐作场，感慨地赋《观北来倡优》诗：

见说中原极可哀，更无飞鸟下蒿莱。

吾侬尚笑倡优拙，欲唤新翻歌舞来。

当地的观众不体恤这些路岐人故乡沦陷的痛苦，还借口演技不行，要他们演出新歌舞。

二

路岐人流动性强，以家庭为班底的核心最是相宜。在宋元之际佚名戏文《宦门子弟错立身》里，那个王恩深的杂剧戏班就是如此。他们是什么出身，究竟是罪人家属之后，抑或流离失所的贫民，都让人不得而知。其中王氏之妻的科白说："老身赵茜梅，如今年纪老大，只靠一女王金榜作场为活。本是东平府人氏，如今将孩儿到河南府作场多日。"而开场词则明确将这个戏班子定位为路岐人：

完颜寿马住西京，风流慷慨煞惺惺。

因迷散乐王金榜，致使爹爹捍离门。

张择端《清明上河图》中所绘说书艺人在街角上的路歧表演

张择端《清明上河图》中另一路歧人在茶肆说书的情景

为路岐，恋佳人，金珠使尽没分文。
贤每雅静看敷演，宦门子弟错立身。

南宋周南有一篇《刘先生传》，对路岐的人员构成与活动方式做了很具体的描述：

> 市南有不逞者三人，女伴二人，莫知其为弟兄妻姒也，以谑丐钱。市人曰："是杂剧者。"又曰："伶之类也。"每会聚之冲、阛阓之市、官府听讼之旁、迎神之所，画为场，恣旁观者笑之。自一钱以上皆取焉。

宋元时期，路岐人的戏班子少的四五人就能对付着演出，而十来个人则是无不可演的大戏班了。他们往往是一家子，或者是兄弟妯娌，每到一个可以演出的地方，就画出一个场子，张挂帐额、招子等广告，挥动刀枪剑戟等道具，奏响锣鼓板笛等乐器，招徕过路的看客。然后，戏班成员联袂登场，表演逗乐的杂剧之类，由于缺乏原创性的节目，只能换取些低微的赏钱。由于来路不明，当地人甚至以"不逞之徒"视之。

路岐人的构成复杂，活动区域不定，也难免杂有个别不逞之徒。《折狱龟鉴》记载了一桩无头案，就与路岐人有关。说太平州有一个妇人与小叔子一块出门，遇到大雨，到一座古庙里躲避。庙里先有几个路岐人。小叔子因为喝了点酒，困顿睡去，醒来发现其嫂被杀，而且没了头。那伙人也不见踪影。官府判他杀嫂当死。后来，妇人的丈夫"至庐陵，于优戏场认得其妻，诸伶皆窜，捕获伏法"。原来，尸体是先在庙里的人，伶人断其头，给尸体穿上后来妇人的衣服，而带着她远走高飞了。这在路歧人中当然是极罕见的恶例。

绝大部分路歧人都是规规矩矩演戏，清清白白做人的，他们之间还往往同行相怜，同道相恤。宋元之际的战乱中，杨宏道在济水之阳见到一个到汴梁去的人，随身什么都不带，奇怪地问其缘故，他说自己是优伶，还说："技同相习，道同相得，相习则相亲，相得则相恤。某处某人，是优伶，某地某人，亦是优伶。我何必带那么些资粮呢？"说完，"自得之色浮于面"。杨宏道听了以后，对他们的同行情谊大为感慨："优伶，世之弄人也，而有是哉，而有是哉！"

这种活跃在街头巷尾、村镇市集的路歧人，当时不在少数。据《东京梦华录》，元宵节御街"两廊下奇术异能，歌舞百戏，鳞鳞相切，乐声嘈杂十余里"，除瓦舍艺人外，似也应有路歧人在内。这是路歧人一年卖艺的重头戏。在南宋临安，路歧人更是随处可见。据《西湖老人繁胜录》说，各大教场、贡院和佑圣观前的宽阔所在，都有"路歧人在内作场"。而《都城纪胜》还补充说：

> 此外，如执政府墙下空地，诸色路歧人在此作场，尤为骈阗。又皇城司马道亦然。候潮门外殿司教场，夏月亦有绝伎作场。其他街市，如此空隙地段，多有作场之人，如大瓦肉市、炭桥药市、橘园亭书房、城东菜市、城北米市。

这些路歧人闯荡江湖，冲州过府，进入城市卖艺，当时也呼作"市人"。北宋中期以后，沿着汴河岸线，都是舟车聚辏的商贾要道，故而在这一线上流徙卖艺的人特多。当时"河次谓之河市”，这些路歧人也就称之为“河市乐人”，其中尤以东京与南京（今河南商丘）两地最多。南京官署有宴饮，必召河市乐人。尽管后来河市乐人也成为一般艺人的通称，但最初却是指路歧人。也许招募艺人太容易，据《朝野类要》说，朝廷后来干脆不再养教坊艺人，临时要用乐舞，就“和雇市人”，其中“多是市井歧路之辈”。文艺演出走市场化之路，远胜过吃皇粮的官办方式，在宋代就有了先例。唯其如此，庙会、社日往往是路歧人必到的场所。据《东京梦华录》记载，每年六月二十四日开封西郊二郎神生日庙会，殿前露台上搭起了乐棚，从早到晚，整日价百戏不断，有杂技、魔术、相扑、小唱、斗鸡、说诨话、杂扮、叫果子、杂剧等，应有尽有，成为各路路歧人展示技艺的露天舞台。

广大的农村也经常有路歧人的足迹，在带去欢乐的同时，他们也解决了自己的温饱。刘克庄有《田舍即事》说“儿女相携看市优，纵谈楚汉割鸿沟”，路歧人在这里说的是楚汉相争。他还有一首诗描写莆田祥应庙演夜戏的盛况：“空巷无人尽出嬉，烛光过似放灯时”，演出时的灯火快胜过了元宵放灯。大诗人陆游反映路歧人在村镇演出的诗歌最多。其《春社》诗说：“太平处处是优场，社日儿童喜欲狂。且看参军唤苍鹘，京都新禁舞斋郎。”京城新近禁演舞斋郎，因而社日就演出参军戏，但孩子们已经欣喜若狂，作场的也还是路歧人。有时候，乡村赛社庙会，还会同时雇上两台戏班唱对台戏。他的《初夏闲居》诗说：“高城薄暮闻吹角，小市丰年有戏场。”《夜投山家》则道：“夜行山步鼓冬冬，小市优场炬火红。”这种路歧人作场，可以在小市，也可以在佛寺，他的诗里就有“佛庙村伶夜作场”的句子。而以湖桥作为夜间演出场所，更是别有风致。放翁有诗云“云烟古寺闻僧梵，灯火长桥见戏场”，而他自己则经常“此身只合都无事，时向湖桥看戏场”。当然，陆游最著名的还是那首诗：

> 斜阳古柳赵家庄，负鼓盲翁正作场。
> 死后是非谁管得，满村听说蔡中郎。

盲翁说的是汉末蔡伯喈与赵五娘的故事。《水浒传》也描写了路岐人下乡的情节，第一百零三回里庄客对王庆说：

> 这里西去一里有余，乃是定山堡内段家庄。段氏兄弟向本州接得个粉头，搭戏台，说唱诸般品调。

次回还说：

> 那戏台却在堡东麦地上。那时粉头还未上台，台下四面有三四十只桌子，都有人围挤着在那里掷骰赌钱。

虽然总体上说，路岐人的演技比不上瓦舍艺人，但他们穿梭在城乡之间，因地制宜，逢场作戏，比起有固定场所的瓦舍艺人来，更贴近底层民众，是民间文艺的生力军。他们的演出丰富了城乡大众的精神生活，使他们在享受艺术的同时，也陶冶了生活情操，启迪了人生智慧。《夷坚志》记载了一则故事，说华亭县有一个叫惠明的和尚，看了路岐人表演的手影戏，应围观者之请赋诗道：

> 三尺生绡作戏台，全凭十指逞诙谐。

清光绪刊本《水浒人物全图》中梁山好汉病大虫薛永也曾是一个舞枪弄棒的路歧人

有时明月灯窗下，一笑还从掌握来。

让大家从手影戏里悟出生活哲理，意味含蓄而深长。

三

路歧人闯荡江湖，其中也不乏艺林高手。据《默记》说，晏殊出知颍州时，“有歧路人献杂手艺”，表演的是绳技。只见他抛索向空，绳索直立，他攀援而上，快若风雨，瞬间腾空而去，不知所在。晏殊大惊失色，守衙的军将建议关上府门仔细搜索，凡不是府衙旧物就用大斧斫伐。最后，一个士兵发现马厩旁的拴马柱由五根变为六根，持斧欲砍，那个歧路人大喊起来，“遂获妖人”。说那个歧路人是“妖人”，显然是作者道听途说。那个艺人无非精通杂技与魔术，才上演了这传奇的一幕。

南宋洪迈也说：“江浙间路歧伶女，有慧黠知文墨，能于席上指物题咏，应命辄成者，谓之合生。其滑稽含玩讽者谓之乔合生。”合生、乔合生都是当时曲种，需要有出口成章、幽默诙谐的才情。洪迈出知绍兴府时，就见到过这样的路歧伶女。一个叫洪惠英的诸宫调女伶，在演唱中途突然停下说：“我有一首述怀的小曲，唱给大家听。”接着唱道：

梅花似雪，刚被雪来相挫折。
雪里梅花，无限精神总属他。
梅花无语，只有东风来作主。
传与东君，且与梅花做主人。

南宋李嵩的《骷髅幻戏图》描绘了路歧人在街头表演牵线傀儡的场景

唱毕，她再拜说明道："梅花，是惠英自喻。不是敢僭拟名花，不过借意而已。雪，是指无赖恶少。"有人对洪迈说，她在绍兴府一个月，就遭到无赖恶少四五次骚扰，因而"情见乎词"。洪迈感叹她的才华"在流辈中诚不易得"，不过，他似乎也没为她出头做主。

《都城纪胜》指出，在南宋临安，"街市有乐人三五为队，专赶春场，看潮，赏芙蓉，及酒坐祗应，与钱亦不多"。《梦粱录》也说，他们每有"元夕放灯，三春园馆赏玩，及游湖、看潮之时，或于酒楼，或在花衢柳巷妓馆家祗应，但犒钱亦不多，谓之荒鼓板"。这些路歧人自发组合起来，为郊游者添乐，在红灯区助兴，以换取微薄的收入。所谓"荒鼓板"，一方面表明这些路歧人的技艺不太高明，另一方面也隐含着对他们地位的鄙薄轻视。在南宋都城临安，这些路歧人似乎已有一个等人唤雇的集散市场。路歧人中，也有些专门串行于酒楼卖唱，被人称为"绰酒座儿""擦坐"或"赶趁"。据《武林旧事》说，南宋临安酒楼"又有小鬟，不呼自至，歌吟强聒，以求支分，谓之擦坐；又有吹箫、弹阮、息气、锣板、歌唱、散耍等人，谓之赶趁"。《梦粱录》也说，这些三五结队的街市乐人，"擎一二女童舞旋，唱小词，专沿街赶趁"。《水浒》第三回里提到的金翠莲父女，据酒保对鲁提辖说，就是"绰酒座儿唱的父子两人"：

> 只见两个到来：前面一个十八九岁的妇人，背后一个五六十岁的老儿，手里拿着串拍板，都来到面前。

金翠莲自称，因受镇关西迫害，"没计奈何，父亲自小教得奴家些小曲儿，来这里酒楼上赶座子，每日但得些钱来，将大半还他”。宋代话本《宋四公大闹禁魂张》也有类似的描写：

> 宋四公正闷里吃酒，只见外面一个妇女入酒店来……那个妇女入着酒店，与宋四公道个万福，拍手唱一只曲儿。宋四公仔细看时，有些个面熟，道这妇女是酒店擦桌儿的，请小娘子坐则个。妇女在宋四公根底坐定，教量酒添只盏儿来，吃了一盏酒。宋四公把那妇女抱一抱，撮一撮，拍拍惜惜，把手去摸那胸前。

酒客竟然能对这些“绰酒座儿”的女性动手动脚，可见她们受侮辱的地位。这些故事无不表明：相对瓦舍艺人而言，路歧人更处在社会的底层。由于人地生疏，他们经常受到当地恶势力的欺压勒索。为能换取立足生存的起码空间，他们往往只得低声下气，送钱赔礼。《水浒》里的施恩曾经独霸孟州道，他向武松坦承：“但有过路妓女之人，到那里来时，先来参见小弟，然后许他去趁食。”这里所说过路妓女，是指路歧人中的女性。第三十六回写到的病大虫薛永，就是一个“靠使枪棒卖药度日”的路歧人。他到揭阳镇卖艺，却不知当地富户没遮拦穆弘“是揭阳镇上一霸”。由于没有打点，枪棒使得再好，观众也“没一个出钱与他”。相比之下，菜园子张青对路歧人的态度还算可以。他虽开着黑店，却吩咐母夜叉孙二娘不能做翻三等人，除了云游的僧道与流配的犯人，就是“江湖上行院妓女之人”，原因则是：

> 他们是冲州撞府，逢场作戏，陪了多少小心得来的钱物，若还结果了他，那厮们你我相传，去戏台上说得

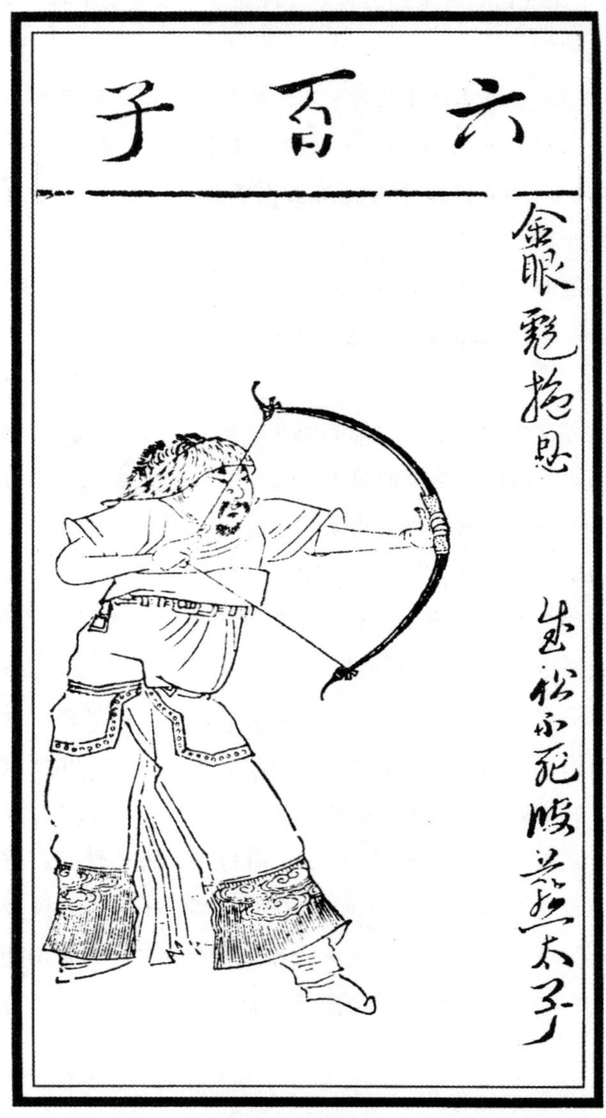

明代陈洪绶《水浒叶子》中的《金眼彪施恩》。施恩作为快活林的地头蛇勒索过路的路歧人，有愧于好汉的称号

我等江湖上好汉不英雄。

他们对路岐人手下留情，只是顾惜自己的江湖名声，而不是对他们人格的尊重，从心底里还是看他们不起，称之为“那厮们”。

现实生活中也是如此。据《杨文公谈苑》，有一天，大将党进骑马过市肆，见路岐人圈起一块空地在说评话，就勒马问道：“你在说什么？”演戏的答：“说韩信。”党进当即大怒：“你对我说韩信，见韩信就会说我。你这两面三刀的家伙！”当场叫军卒狠狠杖责这个路岐艺人。这类令人哭笑不得的故事，当然不会只发生党进一个人身上，但由此也折射出路岐人的命运。

路岐人的社会地位相当低。《夷坚志·宗立本小儿》说，行商宗立本收养了一个小儿，“遽弃旧业，而携此儿行游，使习路岐贱态，藉以自给”。“贱态”二字，是社会对路岐人的刻薄定位。大诗人苏轼元丰年间有诗自嘲云“俯仰东西阅数州，老于歧路岂伶优”，慨叹自己不受朝廷重视，却在南北东西州郡间频繁调任，已经与仆仆流浪的路岐优伶相去无几了。但苏东坡毕竟在做官，他的于役奔波与苦恼艰辛，与路岐人不能同日而语。倒是范成大有一首《咏河市歌者》，道出了路岐人在强颜卖唱背后的悲凉与愤懑：

岂是从容唱《渭城》，个中当有不平鸣。
可怜日晏忍饥面，强作春深求友声！

勾栏瓦舍

《水浒》写燕青与李逵在东京城内游瓦子勾栏的情景：

两个手厮挽着，正投桑家瓦来。来到瓦子前，听的勾栏内锣响，李逵定要入去，燕青只得和他挨在人丛里，听的上面说平话，正说《三国志》。说到关云长刮骨疗毒……李逵在人丛中高叫道："这个正是好男子！"众人失惊，都看李逵。燕青慌忙拦道："李大哥，你怎地好村！勾栏瓦舍，如何使得大惊小怪这等叫？"李逵道："说到这里，不由人喝采。"燕青拖了李逵便走，两个离了桑家瓦。

一

瓦舍，也叫瓦子、瓦肆、瓦市，简称作瓦。小说所说的桑家瓦，倒有历史的依据。《东京梦华录》记载了有名可案的十座瓦子，桑家瓦子在潘楼街南，附近还有中瓦、里瓦，三瓦并立，共有大小勾栏五十余座。中瓦子的莲花棚、牡丹棚，里瓦子的夜叉棚、象棚，各可以容纳数千游客。桑家瓦子的名气虽响，但在勾栏的规模上，似乎还比中瓦、里瓦略逊一筹。其他还有旧曹门外的朱家桥瓦子、新门瓦子、保康门瓦子，梁门外的州西瓦子，旧封丘门外的州北瓦子等。甚至开封城北陈桥驿也有瓦子。南宋临安的瓦舍更多，仅《武林旧事》就列举了二十三座，其中以北瓦、羊棚楼等最为著名，“谓之游棚，外又有勾栏甚多，北瓦内勾栏十三座，最盛”。都城以外，不少州、府、县也都有瓦舍，例如温州，号称“一片繁华海上头，从来唤作小杭州”，北宋就有供市民消遣娱乐的瓦舍。其他像建康府有新瓦，明州则有新、旧瓦子，镇江还有南、北两条瓦子巷，平江府（今江苏苏州）、建宁府（今属福建）都有勾栏巷。就连湖州小小的乌青镇上也至少有两座瓦子，北瓦子巷是妓馆戏剧去处，南瓦子有八仙店，技艺好于他处。与南宋对峙的金朝，在统治中原后，各地也是“市有优乐”，并且“乐人作场”，瓦舍也不在少数。例如真定府南城的阳和门，“左右挟二瓦市”，戏班倡户，豪商大贾，乃至酒铺茶肆，都辐辏于此。

瓦舍是宋代涌现的固定娱乐中心，游人看客来往其中，川流不息。《梦粱录》说：“瓦舍者，谓其来时瓦合，出时瓦解之义，易聚易散也。”据孟元老说，瓦舍中还有卖药、卜卦、叫卖旧衣、博戏、饮食、剃剪、纸画、令曲等玩意儿。宋代话本《宋四公大闹禁魂张》说到赵正“再入城里，去桑家瓦子里闲走一回，买酒买点心吃了，走出瓦子外面来”。“闲走一回”说明瓦子规模之大；“买酒买点心”反映瓦子买卖之多。《贵耳集》则说南宋临安的中瓦“天下术士皆聚焉，凡挟术者，易得厚获”。

白沙宋墓壁画中伎乐戏班应该是来自瓦子勾栏的演出

辽代壁画《散乐图》描绘的伎乐演出，现存辽代史料未见有瓦子勾栏的直接记载

看来，瓦舍是一种集商业餐饮与文艺娱乐于一体的综合性娱乐中心。特大型的瓦子，四周甚至有酒楼、茶馆、妓院和商铺等设施。宋元南戏《张协状元》有一段说白可以印证：

> 你看茶坊济楚，楼上宽疏。门前有食店酒楼，隔壁有浴堂米铺。才出门前便是试院，要闹却是棚栏，左壁厢角奴鸳鸯楼，右壁厢散妓花柳市。此处安泊，尽自不妨。

勾栏又叫勾肆、游棚、邀棚，简称棚，设置于瓦舍中，是固定的演出场所。勾栏内设戏台、戏房（后台）、腰棚（观众席）、神楼等。许多勾栏都有自己个性化的名号，例如夜叉棚之类。每座瓦舍中都有勾栏，临安北瓦有勾栏十三座。而小瓦子恐怕就只有一个勾栏撑持场面，故而勾栏有时也与瓦舍互为同义词。勾栏的原意是栏杆，由于大型瓦子内有不止一个游艺场所，各个场子四周以栏杆圈围起来，成为一个演出的场子，另一层用意则不外乎防止有人趁机看白戏。则勾栏的构造，一开始应该是半开放式的，发展到后来才有全封闭式的。据元杂剧《蓝采和》描写，钟离权进入勾栏搅和，让蓝采和无法营业，蓝采和先是交代“既然他不出去，王把色，锁了勾栏门者”；继而威胁钟离权：“你若恼了我，十日不开门，我直饿杀你。”可见当时勾栏门可以上锁。《南村辍耕录》有一条“勾栏压”，说到松江有一座勾栏突然倒塌，压死四十二人，或许也是勾栏门上了锁，致使看客们无路及时逃生。

瓦子勾栏里演出的内容，不仅囊括了当时所有的戏曲、曲艺品种，还有相扑、拳术套路、十八般武艺等武术表演，真可谓百花齐放，争胜斗艳。《东京梦华录》说“崇、观以来，在京瓦肆伎艺，张廷叟、孟子书主张”，主张即安排的意思，张廷叟身世不详，孟子书则是宫廷教坊的乐官，也就是说，张、孟二人是官方委派来管理勾栏演出的。但这恐怕也只是天子脚下在宋徽宗崇宁、大观以后的事，其他城市是否都如此，却很难说。不过，据《武林旧事》，南宋临安府的瓦子勾栏，城内属修内司，城外属殿前司，其隶属管理关系相当明确。

随着城市经济的繁荣与市民阶层崛起，在日常生活中，大量的城市人口，不同的居民群体，都需要有集中固定的游艺场所，能为大众提供丰富多彩的精神享受，让他们萝卜青菜各取所爱。瓦舍勾栏这种综合性游艺中心的出现，正迎合了这种需要。由于大受市民的青睐，瓦舍勾栏在广大城镇犹如雨后春笋般地开张营业，《水浒》里对此有逼真的反映。大名府这样的冲要去处自不待言，卢俊义出门避灾，特地关照留守的心腹家人燕青：“不可出去三瓦两舍打哄。”为攻打东平府，史进利用旧交，入城卧底，“径到西瓦子李瑞兰家”，不料反遭告发，演了回“东平府误陷九纹龙”。孟州城里也有瓦子勾栏，那蒋门神“初来孟州新娶的妾，原是西瓦子里唱说诸般宫调的顶老”，“顶老”是当时对歌妓一种调侃的称呼。不仅州府级的大中城市，小县城里也往往有不止一座瓦子勾栏。郓城县那个勾搭上阎婆惜的张文远，“平昔只爱去三瓦两舍，飘蓬浮荡，学得一身风流俊俏”；而那个被雷横一枷劈了脑盖的白秀英，“和那新任知县旧在东京两个来往，今日特地在郓城县开勾栏”。连花荣当过知寨的清风镇上，“也有几座小勾栏”，引得宋江“在小勾栏里闲看了一回”。元代统一，随着北曲杂剧的风行全国，瓦子勾栏也遍布大江南北，反映金元时期瓦子勾栏的戏俑、砖雕与戏台，留存至今的数量绝不比两宋少，就是最好的物证。

明万历容与堂刊本《忠义水浒传》版画《东平府误陷九纹龙》中，与史进对饮的李瑞兰是东平府西瓦子里的女角

二

对瓦舍勾栏的描写,《水浒》以“插翅虎枷打白秀英”一回最细致入微，不经意间也折射出瓦舍勾栏的若干共性来。

其一，商业化倾向。进驻瓦子勾栏的戏班子，逐渐形成了推销自己、吸引观众、营造气氛的方式。小说写到雷横“便和那李小二径到勾栏里来看，只见门首挂着许多金字帐额，旗杆吊着等身靠背”，还说“今日秀英招牌上明写着这场话本，是一段风流蕴藉的格范，唤做《豫章城双渐赶苏卿》”。这里说的帐额，也叫阑额或牌额，一般是横挂在戏台正中上方，南宋画家朱玉在所绘《灯戏图》中屏风形的设置上画出阑额，上书“按京师格范舞院体诙谐”，表明演出内容是正宗汴梁杂剧。元代杂剧壁画里的“大行散乐忠都秀在此作场”，也是帐额。靠背实际上也是一种商业性广告，专为演出做宣传的。与横挂的帐额不同，靠背则是竖挂的等身长的帏幔，一般以彩帛为底，绣上图案。元杂剧《蓝采和》描写梁园棚勾栏里作场的准备说，“一壁将牌额题，一壁将靠背悬，……我则待天下将我的名姓显”，将两者功能说得很明白。一说，靠背也叫“招子”或“榜子”。据《青楼集》说,“勾栏中作场，常写其名目，贴于四周遭梁上，任看官选拣需索”，由此看来，应该就是演出的广告牌。上面标明戏班名称或来路，例如“某某散乐”之类，还写上名角姓名或艺名，另外就列出演出的剧目。最简单的榜子是纸做的，也叫作“纸榜”。但是，也有人认为，靠背并非招子，而是演出的戏服，而当时戏班往往把生旦戏服也作为宣传品展示出来。

除了帐额、靠背等实物广告，勾栏戏班借着演出，自我标榜，也带有广告的性质。宋元之际的南戏《张协状元》，开场

山西洪洞元代明应王殿杂剧壁画中榜子上书“大行散乐忠都秀在此作场”

白里就自诩这次要比上次演得更成功："前回曾演，汝辈搬成；这番书会，要夺魁名。"《错立身》也是当时的南戏，则在演出的过程中兼带广告，通过戏中角色王金榜一气唱出二十九本戏文的名目，表明本戏班能够上演的剧目之多。

《水浒传》还交代白秀英演完一段，托着盘子向观众讨赏钱，恰巧雷横不曾带钱出来，白秀英当即抢白他："官人既是来听唱，如何不记得带钱出来？"《南宋志传》描写大雪、小雪在南京御勾栏里表演时也说：

> 大雪、小雪唱罢新词，台下子弟无不称赞。只见小雪持过红丝盘子，下台遍问众人索缠头钱。豪家、官家，各争赏赐。

而据徐渭在《南词叙录》里说："宋人凡勾栏未出，一老者先出，夸说大意，以求赏，谓之开呵。"则似乎是在入场以后演出以前收费的。正如《青楼集》所指出，"内而京师，外而郡邑，皆有所谓勾栏者，辟优萃而隶乐，观者挥金与之"，进勾栏看演出必须付钱，已是通行天下的规矩。至于是入场时付钱，还是演出中赏赐，则是无关紧要的。一个瓦子里往往有不止一个勾栏，倘若两个临近的勾栏唱相同的曲目，就形成所谓"对棚"。对棚就是对台戏。元代杂剧《蓝采和》说到有一支对棚作场的勾栏戏班担心："咱咱咱，但去处夺利争名。若逢对棚，怎生来妆点的排场盛？"说的就是在这种演艺商业化情势下无情的市场竞争。

其二，专业化倾向。既然是花钱买享受，当然要求演出是高水平的。《水浒》点明白秀英是"东京新来打踅的行院，色艺双绝”，“如今见在勾栏里说唱诸般品调，每日有那一般打散，或有戏舞，或有吹弹，或有歌唱”，展现其高超的专业水准。在现实中也是如此，瓦子捧红了一大批名角。仅据《东京梦华录》，就开列了七八十名宋徽宗崇宁、大观以来瓦肆伎艺的专业演员，小唱名妓李师师、杂剧女艺人丁都赛、诸宫调名家孔三传、说诨话名角张山人、说五代史专家尹常卖，不过是其中最著名的，“其余不可胜数”。在当时为道君皇帝祝寿的两场杂剧演出中，一台是“诸军缴队”，是官方的军队演艺队，另一台则是“露台弟子”。露台原指庙宇旷场等场所的露天舞台，后来移入瓦舍，则可能建起了木瓦结构的乐棚，但习惯上仍以“露台妓女”与“露台弟子”称呼勾栏艺人。著名的李师师原先就是“露台妓”。足见勾栏戏班的表演已经受到皇帝的青睐，演技可以和官方专业演员分庭抗礼。总之，宋代颇有专业班子在勾栏里演出。

当时的女艺人，尤其是那些万人追捧的女名优，已在勾栏里占据显耀的位置，甚至成为整个戏班的招牌。而班子与勾栏之间似乎也存在着一种固定互惠的演出关系。《西湖老人繁胜录》说，临安北瓦有十三座勾栏，经常是两座“专说史书”；有座叫小张四郎勾栏的，其得名缘由就是小张四郎一辈子只在北瓦占着这座勾栏“说话”，“不曾去别瓦作场”。这些专业化班子的演技十分出色，有一首诗生动摹写了南宋四川某一勾栏里夜演杂剧鬼戏的高超技艺：

戏出一棚川杂剧，神头鬼面几多般。
夜深灯火阑珊甚，应是无人笑倚栏。

南宋佚名《歌乐图卷》摹绘了宫廷歌舞乐伎排练的场景。图中有一男乐伎，似为领班者，另有两个女童伎。宋代宫廷乐舞也经常和雇勾栏伎乐入宫表演

最后那句阴森森的诗，既传达了鬼戏逼真的气氛，也表彰了鬼戏巨大的成功。与此成为对照，那些演技低劣的戏班子在勾栏演出，闹不好就会被观众大喝倒彩。元人散曲《嗓淡行院》记载了这种场面，“凹了也难收救：四边厢土糁，八下里砖彫”。连砖头土块都朝台上砸将过来。

其三，大众化倾向。《水浒》写白秀英在勾栏里“每日有那一般打散”，“赚得那人山人海价看”，“说了开话又唱，唱了又说，合棚价众人喝采不绝”，表明她的演出确能满足不同阶层、不同职业、不同年龄层次的不同爱好。据孟元老说，东京瓦肆早的五更头回就上演“小杂剧”，迟来的就看不到；不论风雨寒暑，勾栏里看客之多，日日如此；“终日居此，不觉抵暮”。南宋也有勾栏瓦市“于茶中作夜场”。当时的里巷小儿的父母如被纠缠得紧，就塞给他一点钱，让去听说书。听到刘备失败，就蹙眉头、流眼泪，听到曹操被打败，就手舞足蹈，喜形于色，可见艺人的演出生动感人。

三

瓦子勾栏里吃喝玩乐，无所不有，因而有“勾栏不闲，终日团圆”的说法。有钱与有闲的公子哥儿总爱往那儿扎堆，其名声难免不佳。《水浒》里说高俅“帮了一个生铁王员外儿子使钱，每日三瓦两舍，风花雪月，被他父亲开封府里告了一纸文状，府尹把高俅断了四十脊杖”。据《梦粱录》，南宋高宗时，驻扎杭州士兵大多来自西北，闲暇之时也需要娱乐，殿帅杨存中便在城内外创立瓦舍，招集妓乐，“以为军卒暇日娱戏之地”。临安最初的瓦舍勾栏似乎只对军卒们开放，到后来贵家子弟郎君也成为这里的常客。《西湖老人繁胜录》说，一般市民“深冬冷月无社火看，却于瓦市消遣”，瓦子勾栏成为他们休闲的最佳去处。而据《武林旧事》，临安瓦市里也有妓女，“莫不靓妆迎门，争妍卖笑，朝歌暮弦，摇荡心目”。难怪吴自牧说其“甚为士庶放荡不羁之所，亦为子弟流连破坏之门”。这种情况，在金蒙之际的北方也是如此。在元初杂剧《虎头牌》里，那个千户银住马的哥哥金住马数落自己不争气的儿子说：

> 则俺那生忿忤逆的丑生，有人向中都曾见。
>
> 伴着火泼男也那泼女，茶房也那酒肆，在那瓦市里穿。
>
> 几年间再没个信儿传。

由此可见，瓦子勾栏对那些纨绔子弟的巨大吸引力。

不过，瓦舍勾栏内鱼龙混杂，治安不良，容或有之，但对丰富城市生活，繁荣市民文艺，还是功不可没的。《贵耳集》就说“临安中瓦，在御街中，士大夫必游之地”，他们也是这里的常客。《睽车志》则指出，这些士人唯恐招人非议，就“便服日至瓦市观优，有邻坐者，士人与语颇狎”，看来瓦子勾栏是这些酸文人最放松的场所。当然更主要的还是平民百姓，《南村辍耕录》说他们“每闻勾栏鼓鸣，则入”。《嗓淡行院》说到市民百姓到瓦舍勾栏去的目的：“倦游柳陌恋烟花，且向棚栏玩俳优，赏一会妙舞清歌，瞅一会皓齿明眸，躲一会闲茶浪酒。”总之，是一种文化消费，精神享受。

瓦舍勾栏的精彩演出，具有很大的吸引力。人君、朝贵有时也需要娱乐，这时那些勾栏名角就有可能接受特殊的调演。南渡初年，金盈之在《醉翁谈录》中说，那些角儿平时在勾栏演出，“凡朝贵有宴聚，一见曹署行牒，皆携乐器而往，所赠亦有差”。倘属官府因公征调，一般都“由官钱支费”。《夷坚志》说，永嘉（今浙江温州）诸葛贲的叔祖母生日，“相招庆会，门首内用优伶杂剧”，这已经类似后代的唱堂会，请一个勾栏戏班想必所费不赀。《梦粱录》指出，“筵会或社会，皆用融和坊、新街及下瓦子等处散乐家，女童装末，加以弦索赚曲，祗应而已”。这里的筵会，是指私人在婚庆寿宴时请勾栏戏班来家演出，看来名角大牌索价太高，就请下瓦子的散乐女童来对付一下，既满足了场面，也节省些开支。

朝廷征调勾栏戏班进大内演出，在《东京梦华录》里颇有记载。所付费用可能不高，南宋时干脆不无讽刺地称之为“和雇”。宋代的和雇原指官府手工业强制雇用民间工匠，借用在朝廷强制征用勾栏艺人上，倒也十分贴切。被皇帝调演，虽带强制性，但对勾栏艺人来说，却成为最牛的广告，有人日后会在挂牌的勾栏前标上“御前”两字，自重身价，以广招徕。南宋临安北瓦的莲花棚挂着“御前杂剧”的戏榜，有演员赵泰等五人登台献技，也就是说，在这里搬演的都是为皇帝演过的剧目，这招够夺人眼球的。

受朝廷调演的勾栏名角，也有入选皇家教坊的情况。名伶丁仙现原先就在东京中瓦作场，后来才隶籍教坊的。在勾栏演出中，伶人往往利用谐谑的艺术，对时政进行讥讽规正，由于“全以故事，务在滑稽”，尽管“本是鉴戒，又隐于谏诤”，即便演得有点过头，皇帝、大臣也不便发怒追究，当时人就把他们叫作“无过虫”。丁仙现入宫以后，每有演出，“颇议正时事”。晚年，他在朝门对士大夫说：“我老了，无补朝廷了。”听到的朝臣们都窃笑他。然而，那些尸位素餐的官员，哪里及得上丁仙现这样的勾栏艺人关注国事呢？

山西稷山金墓杂剧砖雕说明勾栏演出在与南宋并存的金朝也十分盛行。有研究者认为，这组杂剧砖雕反映的是“以滑稽念唱为特点的宋杂剧表演形式”

宋徽宗雅好文艺，数他征调戏班演出的记录最多。但他大概做梦也没想到，他在汴京观看最后一场勾栏戏班的表演，竟是金军左右元帅粘罕与斡离不张罗的。靖康二年（1127）元宵节，徽宗与他的儿子钦宗早已成了金军的阶下囚，拘押在东京城外的青城。这天，两个占领军统帅也要过元宵，便从城里掳取了灯烛，把附近的刘家寺装点得如同白昼，还摆开了盛筵，把徽、钦二帝押到寺里，命他们一起赏灯观戏。徽宗听着教坊乐队奏起了熟悉的“合乐”，艺人们献演百戏，其中也有“露台弟子祗应，倡优杂剧罗列于庭”。演员报幕说：“七将渡河，溃百万之禁旅；八人登垒，摧千仞之坚城。”表面上不得不歌颂金军的勇武，实际上却在指斥朝廷竟以“百万禁旅”“千仞坚城”而束手待毙。不难想象，徽、钦二帝作为亡国之君，是以怎样的心绪看完“露台弟子”演出的！

说得有点沉重了，轻松一下吧。宋元之际，杜善夫有一首散曲名作，题曰《庄家不识构阑》，以一个庄稼汉的口吻，说他在秋收后进城偶入勾栏的搞笑见闻：

正打街头过，见吊个花碌碌纸榜，
不似那答儿闹穰穰人多。
见一个人手撑着椽做的门，
高声的叫“请请”，道迟来的满了无处停坐。
说道：前截儿院本《调风月》，背后幺末敷演《刘耍和》。
高声叫：赶散易得，难得的妆哈。
要了二百钱放过咱，入得门上个木坡，
见层层叠叠团圞坐。

抬头觑是个钟楼模样，往下觑却是人旋窝。
见几个妇女向台儿上坐，
又不是迎神赛社，不住的擂鼓筛锣。

这个庄稼汉就像刘姥姥初入大观园，用独特的视角描绘了他前所未见的勾栏。他所看到的“吊个花碌碌纸榜”，就是招子。而“要了二百钱”，就是勾栏的门票费，相比《水浒传》里白秀英的收费方式显然规范得多。那个“钟楼模样”，就是演出的舞台。他进门看到在木坡两侧斜坡上是“层层叠叠”成半圆状坐着的观众，而下面的“人旋窝”则是站着的看客。至于那几个“向台儿上坐”，并且“不住的擂鼓筛锣”的妇女，就是戏班子里的女伶，她们所坐的台儿也叫“乐床”，位置在舞台的后面，一般是戏班乐队的活动天地，也供暂不上场的女演员休憩，借以展示本戏班女角的阵容。她们有时搔首弄姿，有时也“擂鼓筛锣”，以广招徕。

表演开始，这个庄稼汉就被勾栏里精彩的内容所吸引，不住地“大笑呵呵”，由于沉浸在艺术的享受中，差点儿被一泡尿憋死：

则被一胞尿，爆的我没奈何。
刚捱刚忍更待看些儿个，枉被这驴颓笑杀我！

这种憨态，倒与李逵在瓦子勾栏里的喝彩相去不远。瓦子勾栏毕竟是城里人的玩意儿，燕青说李逵好村，也就是说他像乡巴佬那样没见识过。

太平歌

一

在梁山好汉中，燕青算得上是最多才多艺的。小说写出他短箭手段与相扑功夫的同时，还着意刻画他“更兼吹的、弹的、唱的、舞的、拆白道字、顶真续麻，无有不能，无有不会；亦是说的诸路乡谈，省的诸行百艺的市语”。“智扑擎天柱”一回写燕青准备去泰岳打相扑擂台：

众人看燕青时，打扮得村村朴朴，将一身花绣把衲袄包得不见，扮做山东货儿，腰里插着一把串鼓儿，挑一条高肩杂货担子，诸人看了都笑。宋江道：“你既然装做货郎担儿，你且唱个货郎转调歌与我众人听。”燕青一手拈串鼓，一手打板，唱出货郎太平歌，与山东人不差分毫来去，众人又笑。酒至半酣之后，燕青辞了众头领下山。

燕青唱歌技巧无可挑剔，《水浒》描写他为李师师唱曲儿，赞誉“端的是声清韵美、字正腔真”。遗憾的是，小说没有交代燕青吟唱的太平歌词。但太平歌与转调歌是一码子事，无非是货郎吆喝买卖的歌唱声。

宋代高承在《事物纪原·吟叫》里说，宋仁宗后期，有叫卖紫苏丸的，一个叫杜人经的乐工大概受到启发，编了一套《十叫子》的叫卖曲，其后京城里连叫卖果子的也都唱开了曲子。高承还说：“京师凡卖一物，必有声韵，其吟哦俱不同。故市人采其声调，间以词章，以为戏乐也。今盛行于世，又谓之吟叫也。”据此而言，燕青所唱的太平歌应是吟叫的一种。

据孟元老的《东京梦华录》记载，东京城里一清早，从御街州桥至大内南门宣德门前，准许各色商贩设摊买卖，趁着早市卖洗面水、果子、汤药、饮食和纸画儿的小贩们，“吟叫百端”，成为开封独特的风景线。据《梦粱录》，南宋都城临安也是如此。和宁门红杈子前，买卖各色精细菜蔬、时新果子、生猛海鲜，“阗塞街市，吟叫百端，如汴京气象，殊可人意”。每到腊月二十四，市场上及街坊间有售卖五色米食、花果、胶牙饧、萁豆，“叫声鼎沸”。而元宵节，那些商贩边推着插有花盘的架车儿，上面簇插着闹蛾、红灯等应时节物，“歌叫喧阗”；那些固定的摊主对伙计也往往“使之吟叫，倍酬其直”。

这种买卖声传入人耳，感受随人境遇与心情而各有不同。且看南宋三位诗人的不同体会。有个叫陈藻的，一次路宿延平（今福建南平），夜深人静，隔岸传来叫卖声，他有诗道：

晚向溪西岸上行，溪东一带水为城。
两山相距能多少，听尽旁边叫卖声。

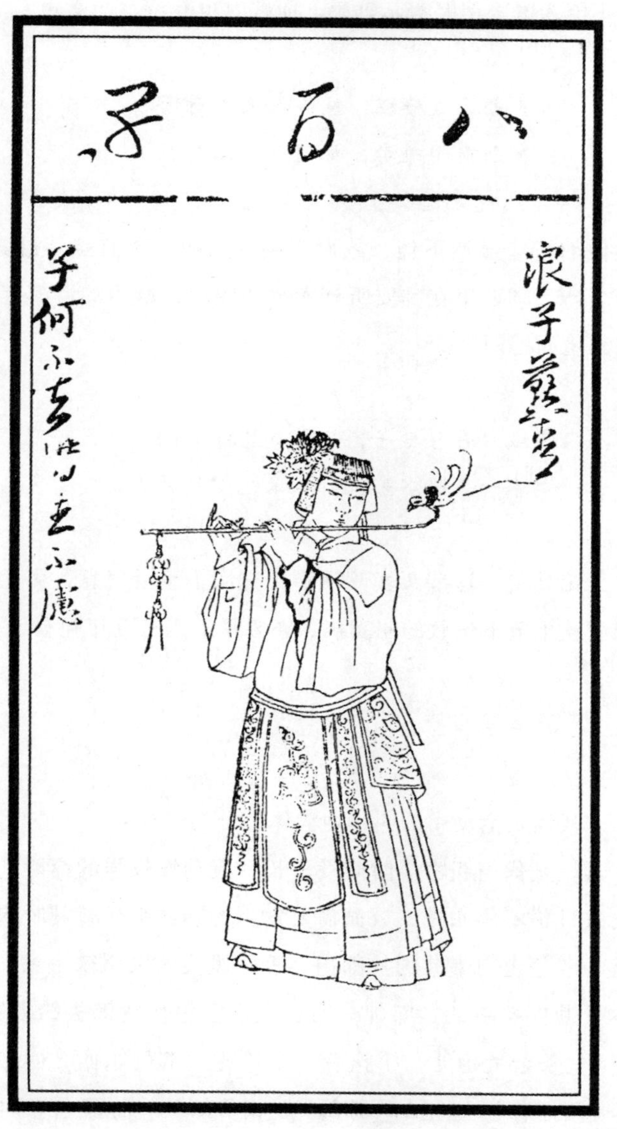

明陈洪绶《水浒叶子》中的浪子燕青吹着横笛，凸现他吹弹舞唱，无不当行本色，吟一曲太平歌自然不在话下

虽然不能入眠，但略有新鲜感。而钱时也有诗写叫卖声：

市声朝暮过楼栏，喧得人来不耐烦。
寂寞山前闻叫卖，如何不作此心观。

当时他的情绪显然不佳，故而听到这些叫卖声有点不胜其烦。而著名诗人杨万里在临安听到卖冰的叫声，所写的诗简直让人身临其境而感同身受：

帝城六月日卓午，市人如炊汗如雨。
卖冰一声隔水来，行人未吃心眼开。

无论如何，这些买卖吆喝声，充满了生活气息，可比英国作家阿狄生笔下伦敦的叫卖声，还要早上六七百年呢！

二

宋代商贸活动中的叫卖声大体可分为三种：

其一是代声叫卖。时间性较长、流动性较强的商贩，往往需要整日价不停叫喊，故而需要发声的器物来代替其吆喝。最显著的就是走街串巷的货郎担，手摇拨浪鼓以招徕生意。宋元话本《勘皮靴单证二郎神》写公人冉贵扮作货郎去踏勘案件，“装了一条杂货担儿，手执着一个玲珑珰瑯的东西，叫做个惊闺，一路摇着”，这里的“惊闺”是指货郎鼓。而据《齐东野语》说，还有一种惊闺：当时的磨镜匠以铁板数片，长五寸许，阔如其半，做成拍板模样，“手持作声，使闺阁知之”，走出深闺，来打磨暗淡的铜镜。《事物绀珠》还记载了一种类似“小钲而厚，手提击”的玩意儿，叫作“惊绣”。“惊闺”“惊绣”，其义则一，清代还有一种更香艳的名称，叫作“唤娇娘”，无非都是用代声唤起绣闺中少妇或少女的注意：与你们有关的买卖人来了。

据《岁时杂记》说，东京开封，凡兜售一种叫作“焦䭔”的蒸饼，“必鸣鼓，谓之䭔鼓。每以竹架子出青伞，缀装梅红缕金小灯球儿，竹架前后亦设灯笼，敲鼓应拍，团团转走，谓之打旋，罗列街巷，处处有之”。与此相仿，卖糖吹箫似乎也是宋代常见的代声叫卖。宋祁诗云“草色引开盘马地，箫声催暖卖饧天”，说的就是这一惯例。“千门走马将看榜，广市吹箫尚卖饧”，是科举放榜时节梅尧臣的所见所闻。秦观夜读时听卖饧箫，感觉就有所不同：“懒读夜书搔短发，隔垣时听卖饧箫。”陆游有一首《寒食省九里大墓》，也说“陌上箫声正卖饧，篮舆兀兀雨冥冥”。联系其他与饧箫有关的宋诗，似乎吹箫卖糖都在春二三月，春试放榜、寒食省墓，有很强的节序性，难怪程公许有诗感慨：“卖饧箫咽纸鸢飞，愁思惊随节物来。”

与饧箫同样高雅的是吹奏鼓乐招徕沽酒，这在宋代似乎是司空见惯的：范祖禹在洛阳就亲见“喧然古都市，沽酒吹玉笙”；黄裳在福建长乐也目睹“万户管弦春买酒”的场面。据《梦粱录》说，绍兴年间（1131—1162），临安有家卖梅花酒的店肆，边让鼓乐吹奏《梅花引》的曲子，边用银盂勺盏子售酒，堪称代声叫卖的韵事。而临安中瓦前，有个头簪三朵花的点茶婆婆，则“敲响盏，掇头儿拍板”，大街上人们见到，无不哂笑。但当时卖茶敲响盏似是约定俗成的叫卖方式，人们好笑的也许是点茶婆婆的形象或动作。

其二是歌唱叫卖。据《东京梦华录》记载，每年季春百花

南宋苏汉臣《杂技戏孩图》摹写游方艺人手拍简板渔鼓，口唱太平歌谣，吸引了两个儿童

上市之时，开封城里的卖花者以马头竹篮铺排着各色鲜花，“歌叫之声，清奇可听”。这时，“晴帘静院，晓幕高楼，宿酒未醒，好梦初觉，闻之莫不新愁易感，幽恨悬生”。宋徽宗有一首《宫词》正可以与孟元老相呼应，传达出一个时代的富足与懒散：

娇云溶漾作春晴，绣毂清风出凤城。
帘底红妆方笑语，通衢争听卖花声。

据《梦粱录》说，南宋临安，有兜售四时簪戴鲜花，也有卖成束时花、插瓶把花或人造假花的卖花人，也是“沿街市吟叫扑卖”。宋元之际，方回自称“老眼看花如隔雾，只消卧听卖花声”，说的就是这一场景。对这种卖花声，由宋入元的陈著在诗里有所描写：

卖花声，卖花声，识得万紫千红名。
与花结习夙有分，宛转说出花平生。
低发缓引晨气软，此断彼续春风萦。

从中可见，高明的卖花人不但要“低发缓引”吟唱出各种花名，还要“宛转说出”花的平生习性，在春风萦绕中使得“九街儿女方睡醒，争先买新开门迎”。

而每到正月，“街坊以食物、动使、冠梳、领抹、缎匹、花朵、玩具等物，沿门歌叫”，吸引人前来扑买。这类卖花歌叫和买扑歌叫，与临安中瓦前一个叫洪进的“唱曲儿卖糖”一样，都属于歌唱叫卖。范成大晚年归居石湖，元宵夜不时听到墙外有“唱卖乌腻糖者”，颇觉乡音可爱，有诗云：

落梅秾李趁时新，枯木崖边一任春。
尚爱乡音醒病耳，隔墙时有卖饧人。

这个卖饧人看来也只是“唱曲儿卖糖”，因而不能归入上面“吹箫卖饧”一类。而当时临安茶肆一般则“列花架，安顿奇松异桧等物于其上，装饰店面，敲打响盏歌卖”，这似乎又把歌唱叫卖与代声叫卖结合了起来。

一般说来，在歌唱叫卖中，歌词内容应与兜售货色有关，但有时似也未必如此。《水浒传》“鲁智深大闹五台山”那回描写卖酒汉子的歌唱道：

> 正想酒哩，只见远远地一个汉子，挑着一付担桶，唱上山来，上面盖着桶盖。那汉子手里拿着一个旋子，唱着上来，唱道：
>
> 九里山前作战场，牧童拾得旧刀枪。
> 顺风吹动乌江水，好似虞姬别霸王。

或许，这位汉子因为在深山卖酒，只消唱曲就能引人关注，不像在市肆上必须唱出货名才能招徕顾客。

其三是吆喝叫卖。即商贩通过高声吆喝，既介绍商品，又吸引顾客。据《东京梦华录》载，当时汴京一家瓠羹店门口，专门坐一个小儿，叫唤卖“饶骨头”，就是以吆喝赚买卖的。这种吆喝，有时采取哀兵取胜的战术。庄绰在《鸡肋编》里说：“京师凡卖熟食者，必为诡异标表语言，然后所售益广。”他举例说，有个卖馓子的，也不叫喊所卖何物，只是一味长叹吆喝“亏便亏我啊！”当时哲宗孟皇后无故废黜，居瑶华宫，此人一到宫前，就放下担子，一边叹息，一边大叫“亏便亏我”，被开封府追究有影射嫌疑，判杖一百。从此以后，他的叫卖声改作“待我放下歇则个”。但他的生意却无形中被炒得更加红火。据《梦粱录》，临安孝仁坊口有家店卖水晶红白烧酒，其味香软，入口便化，也是经过吆喝，才打出招牌的。而“中瓦子前卖十色糖，更有瑜石车子卖糖糜乳糕浇，俱曾经宣唤，皆效京师叫声”。这种吆喝叫卖，原来叫作“喝故衣”，就是吆喝卖旧衣服的意思。后来，“喝故衣”就成为一般叫卖声的代名词。

不言而喻，对于穿街走巷的商贩，吆喝显得尤其必要。如以卖鱼鲞而论，临安城内外固定店铺不下一二百家，“又有盘街叫卖，以便小街狭巷主顾，尤为快便”。至于一路吆喝买卖的，既有头顶食盘沿街叫卖姜豉、糟蟹等熟食的，也有挑着担子卖清汁田螺羹、羊血汤等小吃的，还有小街后巷“沿街叫卖”小孩戏耍玩具、吃食的，甚至不乏满街转悠叫“时运来时，买庄田，娶老婆”的卖卦者，总之，“各有叫声”。南宋戴复古有首词说：“卖花担上，菊蕊金初破，说着重阳怎虚过。”这是描写卖菊花的在吆喝“重阳怎虚过”招呼买卖。当然，吆喝叫卖往往会发展为歌唱叫卖，两者有时也难以截然区分彼此的界限。

三

这种叫卖声逐渐融入了文艺作品。北宋徽宗崇宁、大观时期，汴京瓦子勾栏演出中就有专门表演“叫果子”的文八娘。所谓叫果子，显然就是模仿水果贩子的吆喝声。南宋的故衣毛三仿效叫卖旧衣服，也是这种伎艺的著名艺人。这一伎艺，在

南宋李嵩《市担婴戏图》中货郎汉手中拿的拨浪鼓代替惊闺的作用

南宋临安进一步发展。

表现之一是演员阵容更为壮大。据《武林旧事》开列的吟叫演员，就有姜阿得、钟胜、吴百四、潘喜寿、苏阿黑、余庆等，还有专演吟叫的“律华社”。而《都城纪胜》说，当时各种集社里有一个“小女童像生叫声社”，宋代把模仿秀叫作“像生”，看来这批小女孩是专门模仿叫卖声的。

表现之二是表演手法更臻完美。据吴自牧在《梦粱录》所说，这种吟叫表演，都是由京师领风气之先，“今街市与宅院，往往效京师叫声，以市井诸色歌叫卖物之声，采合宫商成其词”。其中又有很专业的各种区分，耐得翁在《都城纪胜》里指出：“若加以嘌唱为引子，次用四句就入者，谓之下影带；无影带者，名散叫；若不上鼓面，只敲盏者，谓之打拍。”而在南宋末年的舞队节目单里也有《货郎》，其舞蹈的内容也许与南宋画家苏汉臣《杂技戏孩图》相似，而货郎鼓的拨打、太平歌的吟叫似乎也必不可少，一般听众都喜闻乐见。

这种叫卖声也深深吸引了大内深宫的帝王后妃们。南宋隆兴年间（1163—1164），太上皇高宗居住的北内与孝宗居住的南内恰与中瓦相对。这年正月，孝宗特地陪同太上皇到市场上看灯买市，御驾的帘前堆垛着万贯现钱，再“宣押市食歌叫”，就是让那些卖年货的人吆喝吟唱，价值一贯的买卖，犒赏他二贯。皇帝还能出宫买市，妃嫔就不便抛头露面。但据《武林旧事》，南宋晚期，临安知府安排过一次市场叫卖入大内的活动。这年元宵，先由临安府挑选模样俊爽、擅长歌叫者准备好“市食盘架”，届时让他们“歌呼竞入”，先为皇帝表演服务，再接待“妃嫔内人以下”。他们当然“歌叫”得特别卖力气，而回报也特别丰厚，“皆数倍得直，金珠磊落，有一夕而至富者”。

看来，在君王妃嫔那里，市井的叫卖声显得那么悠扬动听，给他们带来了銮殿凤阙所短缺的民间愉悦。

四

有时，这种吟叫声确实充满了诗意。雨后初霁，听着穿行小巷的卖花女吟叫的卖花声，谁不会被大诗人陆游“小楼一夜听春雨，深巷明朝卖杏花”的诗句打动呢？但是，这种吟叫吆喝，对赖此谋生的底层民众来说，他们歌叫时的感受恐怕就不会那么诗意。而从吆喝声里，具有“民胞物与”情怀的人，也往往能听得出买卖人的落魄心境。

北宋诗人张耒的北邻住着一个卖饼儿，每天五更天未亮就上街叫卖，即便寒冬腊月北风呼啸也不例外。听着小孩“绕街呼卖”，诗人感慨地写了一首诗：

城头月落霜如雪，楼头五更声欲绝。
捧盘出户歌一声，市楼东西人未行。
北风吹衣射我饼，不忧衣单忧饼冷！

诗歌从白居易的《卖炭翁》脱出，恻隐之情则是唐宋相通的。

一个寒夜卖卦者的吆喝，也给南宋诗人范成大留下凄凉的印象：

静夜家家闭户眠，满城风雨骤寒天。
号呼卖卜谁家子，想欠明朝籴米钱。

诗人推想他也许明天揭不开锅，才出来“号呼卖卜”的。范成大退官归里后，还发现连续九年里，有一个卖药者，每天都经过他家墙外，“吟唱之声甚适”，一个下雪天，他把卖药者叫来询问，回答说：“家有十口，一日不出即饥寒。”诗人也写了一首诗：

十口啼号责望深，宁容安稳坐毡针？
长鸣大咤欺风雪，不是甘心是苦心！

也是一个雪天，他听到墙外卖鱼菜的小贩“求售之声甚苦”，就作为“汝不能诗替汝吟”的代言人，写了三首绝句，其末首道：

啼号升斗抵千金，冻雀饥鸦共一音。
劳汝以生令至此，悠悠大块亦何心？

末句直斥天地不仁，悲悯之心令人动容。

类似范成大亲闻的抨击社会不平的歌唱叫卖，在《水浒》里也有细节展现。“智取生辰纲”那回写白胜扮作卖酒者挑担上黄泥冈时说：

没半碗饭时，只见远远地一个汉子挑着一付担桶，唱上冈子来。唱道：

赤日炎炎似火烧，野田禾稻半枯焦。农夫心内如汤煮，公子王孙把扇摇。

那汉子口里唱着，走上冈子来，松林里头歇下担桶，坐地乘凉。

就是上面说到的那个宋元之际的陈著，在身历亡国之痛后，有一夜做梦在故都临安，“忽闻卖花声，感有至于恸哭，觉而泪满枕上”。作为南宋遗民，他不禁回忆起元军入侵前夜的临安，当时都城士女一听到卖花声，称得上是“泥沙视钱不问价，惟欲荡意摇双睛。薄鬟高髻团团插，玉盆巧浸金盆盛。人心世态本浮靡，庶几治象有承平”。相比之下，如今在蒙元的统治之下，“城郭如故人民非”，他从卖花声里听到了亡国之音：

万花厄运至此极，纵有卖声谁耳倾！
吾生不辰苦怀旧，如病入痼酒宿酲。
况被春风暗撩拨，旁无知我难号鸣。
忽焉夜枕发为梦，恍恍惚惚行故京。
一唱再唱破垣隔，闻声不见花分明。
谓此何日尚有此，倾面大恸泪纵横。

五

由于条件的限制，宋代的吟叫不仅曲调早已失传，连歌词也罕有传世的文本。所幸元代颇有描写货郎、商贩的杂剧，其中《风雨像生货郎旦》的女主角张三姑有一段扮演货郎担的自白，也许可以与燕青所唱的“货郎太平歌”相互印证：

我本是穷乡寡妇，没甚的艳色娇姿。
又不会卖风流，弄粉调脂，

《元曲选》版画《风雨像生货郎旦》。这出杂剧对宋元之际货郎演唱多有描写

《元曲选》版画《逞风流王焕百花亭》。还多亏杂剧《百花亭》里这位王焕给后人留下了宋元之际太平歌的流风余韵

又不会按宫商，品竹弹丝。
无过是赶几处沸腾腾热闹场儿，
摇几下桑琅琅蛇皮鼓儿，
唱几句韵悠悠信口腔儿。
一诗一词，都是些人间新近希奇事，扭捏来无诠次，
倒也会动的人心谐的耳，都一般喜笑孜孜。

货郎所唱的太平歌居然要即兴把“新近希奇事”编唱进去，张三姑接下来就用“唱货郎”的形式，糅合进了她家旧主人的曲折遭遇，难度可谓不小。而燕青的太平歌居然唱得“与山东人不差分毫来去”，也可见他的才艺过人。

元代还有一个《逞风流王焕百花亭》的杂剧，叙述男主人公王焕才艺风流，钱财散尽后巧扮卖查梨条（当时指糖食水果）的小贩，终于如愿以偿地晤见了自己爱恋的女主人公。杂剧在王焕的科白中保留了当时吟叫的部分片段，虽经文人修饰，却仍风韵犹存，后人还可以约略品味其艺术魅力：

查梨条卖也，查梨条卖也。

才离瓦市，恰出茶房，迅指转过翠红乡，回头便入莺花寨。

须记的京城古本老郎传流，这果是家园制造，道地收来也。

有福州府甜津津、香喷喷、红馥馥带浆儿新剥的圆眼荔枝；

也有平江路酸溜溜、凉荫荫、美甘甘连叶儿整下的黄橙绿桔；

也有松阳县软柔柔、白璞璞、蜜煎煎带粉儿压扁的凝霜柿饼；

也有婺州府脆松松、鲜润润、明晃晃拌糖儿捏就的龙缠枣头；

也有蜜和成、糖制就细切的新建姜丝；

也有日晒皱、风吹干去壳的高邮菱米；

也有黑的黑、红的红魏郡收来的指顶大瓜子；

也有酸不酸、甘不甘宣城贩到的得法软梨条。

俺也说不尽果品多般，略铺陈眼前数种。

香闺绣阁风流的美女佳人，

大厦高堂俏倬的郎君子弟，

非夸大口，敢卖虚名，试尝管别，吃着再买。
查梨条卖也，查梨条卖也。

从王焕叫卖查梨条的曲儿，你也许不难悬想燕青吟叫货郎太平歌的内容与风姿吧！

气毬

《水浒传》第二回说高俅奉命去端王宫送礼，端王恰与“小黄门相伴着蹴气毬”：

> 也是高俅合当发迹，时运到来，那个气毬腾地起来，端王接个不着，向人丛里直滚到高俅身边。那高俅见气毬来，也是一时的胆量，使个鸳鸯拐，踢还端王。端王见了大喜……却先问高俅道：“你原来会踢气毬！你唤做甚么？”高俅叉手跪覆道：“小的叫做高俅，胡踢得几脚。”端王道：“好！你便下场来踢一回耍。”

于是，高俅“把平生本事都使出来”，大得这位未来皇帝的欢心。关于小说里的高俅与历史上的高俅，《水浒寻宋》另有专篇不妨参看，这里就从气毬说说宋元时代的足球运动。

一

据《战国策·齐策》说，齐都临淄之民无不擅长“斗鸡、走犬，六博、蹋鞠”。“蹋鞠”是踢球在先秦的叫法，自汉代起通称“蹴鞠”（亦作“蹴踘”）。“鞠”即“球”（亦作“毬”，本文凡引文献仍用该字），唐代起也叫“蹴球”，一音之转或称“筑球”。

汉代蹴鞠主要有三种场合，一是军队的训练，二是燕飨的表演，三是平民的娱乐，在画像石里各有表现。西汉有《蹴鞠》专著二十五篇，惜乎失传。但据李尤《鞠城铭》，东汉时已有正规球场、竞技章程与裁判规则。

蹴鞠在唐代发生了重大的变化。首先是球的变化。直到初唐，踢的都是用皮裹的实心球，这有司马贞与颜师古作证。前者为《史记》作“索隐”时说，鞠“以皮为之，中实以毛”；后者为《汉书》作注时也认为，鞠“以韦为之，实以物”，韦就是皮。但《康熙字典》引《初学记》已明确记载：“古用毛纠结为之，今用皮，以胞为里，嘘气，闭而蹴之。”晚唐有人还以此为诗拿诗人皮日休的姓名开涮：

六片尖皮砌作毬，火中燖了水中揉。
一包闲气如长在，惹踢招拳卒未休。

“六片”（一作八片）是说缝制气毬的皮革数，“砌作毬”即南宋《演繁露·鞠》所说的“斜作片瓣而缝合之”。“火中燖了水中揉”，是说让制球原料从生皮变为熟皮的加工工艺，“欲其皮宽而能受气也”。据《演繁露》说，宋代制球，“砌合皮革，待其缝砌已周，则遂吹气满之，气既充满，鞠遂圆实”，可知球中另置内胆。而内胆应即《宋朝事实类苑·蹴踘》所说，“今所作牛㲉胞，纳气而张之”，用牛、猪的膀胱充气而成。端王与高俅踢的就是这种气毬。

宋代的制球工艺越来越纯熟精良。《蹴鞠图谱》开列了二十四种气毬名目，《蹴鞠谱》更多至四十种。其中“人月圆”“金锭古老钱”“云台月”“镜把儿”等似是以月、钱、镜等圆形物命名的，“六锭银”“不断云”“旋螺虎掌”“曲水万字”等似以缝制气毬的皮革纹饰取譬的，至于“两国和”“六如意”“天下太平”“风调雨顺”等分明取欢喜吉祥之意。《蹴鞠谱》有一首为各品牌气毬做宣传的广告词（也许是世界上最早的足球广告）：

> “梨花”可戏，“虎掌”堪观，“侧金钱”缝短难缝，“六叶桃”样儿偏美，“斗底”“银锭”少圆，“五角”“葵花”多少病，得知者切莫劳用。

球的变化也带来了赛制的变化。实心球容易落地，初唐以前的对抗赛应与现代足球相仿，实行双球门制，球员蹴球或带球以射入对方球门为胜点；实心球也踢不高，球门相应不会立得太高。但一旦改成充气毬，就能踢得既高又远，唐代王维诗说“蹴鞠屡过飞鸟上”，已折射出这种变化。据《酉阳杂俎》，有位女球员在福感寺前踢球，常“高及半塔”。于是，球门也相应升高。据《文献通考》，“蹴毬，盖始于唐。植两修竹，高数丈，络网于上为门，以度毬”，交代的就是唐代这一变化。由于充气球踢得高远，赛场空间也要求相应扩大，倘若仍实行双球门制，一般很难提供偌大的场子，改为单球门对抗势在必行。于是，球网改置于赛场中线，双方都将球射过居中的球网孔为得分。由于对抗两队被隔在球网两侧，不发生直接的肢体冲撞，比起原来的双球门制，对抗的刺激性已大为减弱。

唐代是开放的时代，女性踢球司空见惯。在深禁后宫，蹴鞠也大受妃嫔与女伎的青睐。《文苑英华·内人蹋毬赋》描写后宫蹴鞠技艺，“毬不离足，足不离毬”，致“华庭纵赏，万人瞻仰，洛神遇而耻乘流，飞燕逢而惭在掌”。而据《剧谈录》，街坊女子球技高超或胜男子：

（王超）因过胜业坊北街，时春雨新霁，有三鬟女子，年可十七八，衣装蓝缕，穿木屐立于道侧槐树下。值军中少年蹴踘，接而送之，直高数丈，于是观者渐众。

唐代蹴鞠相当普及。杜甫从中原漂泊到南方，有《清明》诗云“十年蹴鞠将雏远，万里秋千习俗同”，说明南北万里都有蹴鞠与秋千活动。韦庄在鄜州寒食时赋诗说“永日迢迢无一事，隔墙闻筑气毬声”，也说明蹴鞠在民间的普及度。但无论杜甫与韦庄，还是唐玄宗、王维、韦应物与白居易、温庭筠等，都是在寒食或清明的节令诗里写到蹴鞠的。唐文宗时仲无颇的《气毬赋》也说“时也广场春霁，寒食景妍，交争竞逐，驰突喧阗，或略地以丸走，乍凌空以月圆”，唐代蹴鞠似有较强的时令性。

二

两宋保存着寒食、清明的蹴鞠民俗。这在北宋梅尧臣诗里

宋末元初钱选摹本《宋太祖蹴鞠图》

有生动的摹写："蹴鞠渐知寒食近，秋千将立小鬟双。"南宋陆游诗也有明确的交代："寒食梁州十万家，秋千蹴鞠尚豪华"；"路入梁州似掌平，秋千蹴鞠趁清明。"不过，陆放翁还赋诗说，"乡村年少那知此，处处喧呼蹴鞠场"，"蹴鞠墙东一市哗，秋千楼外两旗斜"，足见宋代蹴鞠已不受节令影响，场地也更因地制宜。

蹴鞠在宋代成为时尚的体育活动，与帝王的青睐大有关系。开国皇帝宋太祖与其弟宋太宗都酷爱蹴鞠，苏汉臣有名画《宋太祖蹴鞠图》，现存宋元之际钱选的摹本，即画他们兄弟俩对蹴，大臣赵普与党进、石守信、楚昭辅等在旁边观看。《蹴鞠谱》拿这事儿大做广告，称"宋祖昔日皆曾习，占断风流第一家"。太平兴国五年（980）三月，宋太宗以帝王之尊亲自上场，与亲王、宰相、从臣等"蹴鞠大明殿"。

宋徽宗之沉迷蹴鞠，《水浒传》里说高俅奉命去端王宫时就颇有着墨：

> 院公道："殿下在庭心里和小黄门踢气毬，你自过去。"高俅道："相烦引进。"院公引到庭前，高俅看时，见端王头戴软纱唐巾，身穿紫绣龙袍，腰系文武双穗绦，把绣龙袍前襟拽扎起，揣在绦儿边，足穿一双嵌金线飞凤靴，三五个小黄门相伴着蹴气毬。

这虽是小说家言，但宋徽宗位登九五后，在《宫词》里并不隐讳这一爱好：

> 韶光婉媚属清明，敞宴斯辰到穆清。

近密被宣争蹴鞠，两朋庭际角输赢。

时人周彦质在《宫词》里也说及这一史实：

名园蹴踘称春游，近密宣呈技最优。
当殿不教身背向，侧中飞出足跟毬。

让近侍宣召高手来内殿，或两队争雄，或献呈球技，在宋徽宗是稀松平常的。南宋淳熙四年（1177）九月，宋孝宗“阅蹴踘于选德殿”，不过他没有上场，只是检阅。

据《宋史·乐志》，宋代每年春秋圣节三大宴，按例有献演蹴鞠的环节；招待辽、金使节的场合，同样有蹴鞠表演；而册封亲王时，迎引队伍里也须有蹴鞠艺人。这种宫廷应召对蹴鞠艺人自是莫大的荣耀，“风流富贵真难比，曾遇宣呼到御前”。在宋代勾栏里，也有蹴鞠献艺。《武林旧事》开列临安瓦子诸色伎艺人，其中黄如意、范老儿、小孙、张明、蔡润等五人便以蹴球驰名。但这种表演类似现今马戏中的球艺，应非对抗比赛型的。

上有好焉，下必甚焉。有个叫张明的，虽出身微贱，却以擅蹴球而大获宋太宗欢心，让他做到右羽林军大将军。宋真宗时，文士潘阆与钱易、许洞狂放不羁，甚至“散拽禅师来蹴鞠”，硬拉禅宗和尚来凑数踢球。真宗朝宰相丁谓少时擅长蹴鞠，晚年赋诗追忆说，“蹑来行数步，跷后立多时”，可以想见他当年球技的高超娴熟。进士柳三复也擅蹴鞠，却苦无机缘接近宰相丁谓，得知他常在相府后园踢球，便去园外转悠，终于等到飞出园墙的气毬，便挟球求见。丁谓也听闻他有同好，便召见了他。只见三复头顶着球入内，见到丁谓拜揖再三，拿出怀里携带的自作诗稿，呈上再拜。据《宋朝事实类苑》记载，三复头顶的那球，“每拜，辄转至背臂间，既起，复在幞头上”，球技之妙，让丁谓叹奇，便留为门客，套上了近乎。

通过《水浒传》，高俅凭着球技平步青云，已尽人皆知。实际上，与他同朝的李邦彦，也是“善讴谑，能蹴鞠”的浮浪子弟，宋徽宗让他做到宰相，官做得比高俅还大，他吹牛道：“赏尽天下花，踢尽天下毬，做尽天下官。”都城百姓都唤他“浪子宰相”。

这些都是极端之例，苏州举子李璋才气过人，一次与人踢球，误将一良家妇女头上的冠梳击碎，告到官里。知州说：“你自称举子，就以此为题，作赋一篇吧。”李璋出口成章：

> 偶与朋游，闲筑气毬。起自卑人之足，忽升娘子之头。方一丈八尺之时，不妨好看；吃八棒十三之后，着甚来由。

知州听了大笑，放他回去。即便旧党领袖司马光，在诗里议论踢球也颇通达：

> 东城丝网蹴红球，北里琼楼唱《石州》。
> 堪笑迂儒竹斋里，眼昏逼纸看蝇头。

取笑那些迂儒，只知镇日价眼贴着纸看蝇头小字，还不如围起丝网在东城踢一场足球，调剂一下更合适些。

据《东京梦华录》，开春以后，开封城内“举目则秋千巧笑，触处则蹴鞠疏狂”，踢球俨然成为都城民众热捧的体育活动与赛事，参赛双方也都在乎胜负，“其胜也气若雄虹，其败也形如槁木”。话本《钱塘梦》也说，南宋临安“有三十六条花柳巷，七十二座管弦楼，更有一答闲田地，不是栽花蹴气毬”。据《梦粱录》，临安有一家“黄尖嘴蹴毬茶坊”，看来是专供球员或球迷们喝茶聊天的。

三

自实心球改用气毬以后，蹴鞠活动就分为两类（这种情况应始自盛唐以后，但唐代文献有限，本文遂以宋元为主）：一是不设球门的散踢气毬，称为“白打”；一是设有球门的对抗赛，称为“筑球”。但无论哪类，踢球者的双手都不能碰球，须用足、腿、膝、肩等部位接球、定球或击球。另据《齐东野语》引隐语说蹴鞠，“瞻之在前，忽焉在后，乐然后笑，人不厌其笑”，“乐”谐音“落”，结合《水浒传》说高俅那“气毬一似鳔胶黏在身上”云云，也说明宋代蹴鞠以球落地为失分。

白打不设球门，只要带上球，找一块平坦空地，就可开踢，在盛唐以后就广受欢迎，屡见唐诗吟咏。原先只将两人对踢（也称“二人场户”）叫作“白打”，三人角踢（也称“三人场户”）叫作“官场”，后来把一人独踢（也称“一人场户”）至十人轮踢（也称“十人场户”），都唤作“白打”。

“一人场户”乃个人表演，对球技要求特别高。据《蹴鞠图谱》说，球员“直身正立，不许拗背。或打三截解数，或打成套解数，或打活解数。一身俱是蹴鞠，旋转纵横，无施不可。虽擅场校尉，千百中一人耳”。《水浒传》里说高俅，“只得把

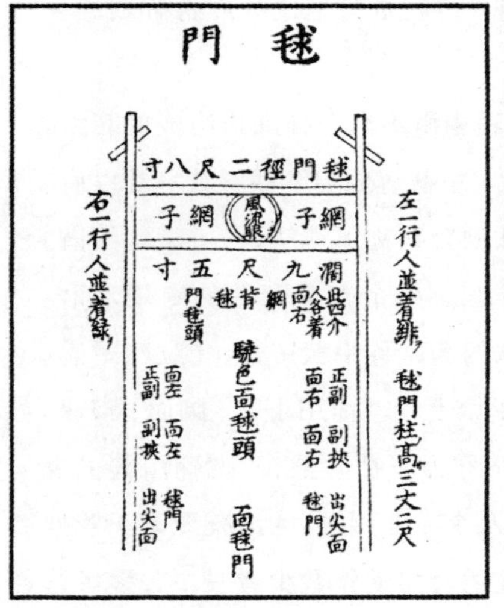

宋元之际日用类书《事林广记》载《筑球球门》示意图与一人场户、二人场户、三人场户

平生本事都使出来，奉承端王”，就是写他使尽浑身解数的一人场户的出彩表演。

所谓“解数”，指踢球过程中由不同花样动作组成的套路。而“三截解数”即指上截解数、中截解数与下截解数。凡以肩、胸、背、头、面部顶球或定球的套路称上截解数，《蹴鞠图谱》载有“大过桥”“斜插花”等三十余个上截套数的专用术语。凡以膝、腰、腹部顶球、定球的套路称中截解数，《蹴鞠图谱》载有“巧膝蹬”“下珠帘”等术语七个。而用小腿、脚面、脚踝、脚尖、脚跟踢球、定球的套路称为下截解数，《蹴鞠图谱》也有“凤衔珠”“鹅插食”等十八个专业用语。《蹴鞠图谱》罗列了十一套成套解数，每套下注明套路动作数少者三个，多者达十二个。《蹴鞠图谱》另附“坐地解数”，列举的术语有“脚面住”等下截解数与“大过桥”等上截解数，唯独没有中截解数，推想应是坐地表演，人体中截部位无法运动之故。

“二人场户”即两人对踢，可以是高手训练辅导子弟时的对踢，也可以是两位高水平球员的竞技表演，还可以是一般消闲的双人对踢。有各种踢法，其一是双方对踢，但每人接球后都要先定住球，再回踢给对方，由于踢两次，才叫作“打二”；其二是没有规定限制的双方对踢，原先这才叫“白打”；其三是一方单用脚挑球，对方则可用任何部位回球，叫作“挑踢”；其四是双方都可用任何部位踢出各种花样的动作，这叫“杂踢”。还有一种二人场户的踢法，锻炼双方控球与传接球的技能，即两人相距三开间对立，各以一球相互接发球，两球在场如同日月往来穿梭，雅称“日月过宫”。

“三人场户”是三人角踢，也称“官场”。除一般情况下三人娱乐，也常用于高手训练子弟的场合。上场三人立于正三角尖的位置上，由一人当头，称为“出尖”，出球时既可踢一脚，也可连踢两次，控球方可随意传球给任何一方，号称“三不顾”。

以上三种“白打”，已经踢法变化多端，球技美不胜收。《蹴鞠图谱》说：“其他如四人场户名火下，五人场户名小出尖，六人场户名大出尖，七人场户名落花流水，八人场户名凉伞儿，九人场户名踢花心，十人场户名全场，俱是巧立名色，错乱喧哄”，故不一一赘述。

“白打”也可以进行对抗赛，但有场地空间的大小之别，如约定打三间，便以丝网围成三立方尺的空间，以此类推，直至打八间则为八立方尺。（尽管名义上也有打九间至十三间的，但空间却在八间上不再递加，也许只在踢法上有难度之别）然后将围定的空地以十字划界，对抗两队各有若干人参赛（人数或据二人场户至十人场户选定），南北各为对抗队，每队再分左右班。据《事林广记·白打社规》，其胜负规则是在唱筹发球后，“右班踢在左班围内，左班踢脱，输一筹；杂踢得活，亦输一筹；但只许拐、搭踢住。若出围下住，复入围内，打对班，赢两筹。若对班踢住，赢两筹。若是对班踢脱，输三筹”。细味这段规则，每队各分右班与左班，而对班则指对手队，便能顺利解读全部规则。

“白打”比赛以失分制定出胜负高下。据《蹴鞠图谱·输赢筹数》，输一小筹或一大筹各有十二种情况，而十小筹相抵一大筹。裁判由都部署坐正中，桌上放一银盆，教正坐在都部署的次位，然后“手执筹钱，小钱作小筹，大钱作大筹，输赢将一钱放于盆内，亦要社司众友同看明白，为证筹数”。

四

设球门的筑球对抗赛更具观赏性，宫廷庆典上大多是筑球赛。据《事林广记》所载球门图，两门柱高三丈二尺，中间阔九尺五寸，两门柱上端张挂一横幅状的网罩，正中开一直径二尺八寸的圆孔，名叫“风流眼”，气毬射入风流眼，才算有效。但据《蹴鞠谱》上的球门图，风流眼直径却仅有尺二，比前者小了一半多。这一直径与《东京梦华录》说集英殿祝寿筑球时，“殿前旋立毬门，约高三丈许，杂彩结络，留门一尺许”，是完全一致的，射中的难度自然更高。

据《武林旧事》，为皇家服务的教坊乐部专设筑毬队，共三十二人，左右军各十六人，但仅有毬头（应即队长）、跷毬、正挟、副挟、左竿网、右竿网、散立等七种名目，其他九人或是后备队员。比较汪云程的《蹴鞠图谱·毬门人数》与佚名的《蹴鞠谱·校尉职事》两张单子上的人员名目，可以确定的上场球员共有正挟、副挟、解蹬、骁球、挟色、守网、骁色等七种称呼，尽管与《武林旧事》七种叫法上略有异同，但在人数上却基本一致。由此看来，筑球对抗赛每队队员至少七人，包括替补队员在内可多至十六人。两队球员分穿绯、绿两色球衣。

据《蹴鞠图谱·毬门社规》，参赛双方先应约定比赛局数，两场、三场与五场都可以，然后抓阄或拈卷，决定何方先开球。一方毬头开球，用脚踢给骁色，骁色挟住运球到毬头右侧，顿放在毬头膝上，毬头用膝筑起，一筑射球过眼，即为胜点。如射球不中，撞在网上顺下来，只要守网人踢住，传与骁色。骁色再次挟住，仍运球前去安顿在毬头膝上，让他再试射过网。如果射球过门，落在对方场地，对方球员接住球，也依法运球

宋代蹴鞠瓷枕

给己方毬头射门。如此往复，直至一方射门出界或未接住球落地为负点。最后以射门过风流眼多者获胜。有球门的对抗赛，规则简单，输赢了然，而据《蹴鞠图谱·毬门人数》，除队员外，还有都部署校正、社司、知宾、主会等人员，或是执行裁判的工作人员。若是民间比赛，获胜方则“众以花红、利物、酒果、鼓乐赏贺”。至于皇家表演，据《东京梦华录》说，“胜者赐以银碗锦彩，拜舞谢恩，以赐锦共披而拜也；不胜者，毬头吃鞭，仍加抹抢”。“抹抢”亦作“抹跄”“抹枪”，即在脸上涂抹灰白粉以为羞辱。据《梦粱录》，南宋内廷比赛犹遵循这一惯例：

乐送流星度彩门，
东西胜负各分番。

胜赐银碗并彩缎，
负击麻鞭又抹枪。

五

在游牧民族入主中原的元朝，踢球仍是民间的最爱。南戏《张协状元》有一段丑净对话，反映的应是宋元之际南方的场景：

丑：那得一年踢气毬，尊官记得？

净：相公踢得流星随步转，明月逐人来。记得耆卿踢个左帘，相公踢个右帘，耆卿踢个左拐……

丑：当职踢个右拐。

而活动于大都的关汉卿，在散曲《不伏老》里傲然宣称“我也会围棋，会蹴鞠，会打围，会插科”，足见这位大剧作家也是个踢球爱好者。元曲中多有蹴鞠为题材的小令，张可久曾借此寄寓人生的感兴：

元气初包混沌，皮囊自喜囫囵。
闲田地，著此身，绝世虑，萦方寸。
圆满也不必烦人，一脚腾空上紫云，
强似向红尘乱滚。

与唐代相比，宋代女性蹴鞠的记载不多，但流传至今的瓷枕与陶枕上仍有女子踢球的图案。河北邢台出土的宋代瓷枕，上绘一身着花布掩襟衫的女子，下着裙，系腰带，独自蹴鞠，从衣饰神态看，当是普通妇女。台北故宫藏有宋画《闲庭蹴鞠图》，画一女子在柳下以脚掂球，旁有四男子围观。

元代蹴鞠已不及宋代盛行，但女子踢球反而蔚成风气，在杂剧、散曲、诗词与话本里都有所见。仔细推究，又可分为两类。

第一类是女艺人献演。关汉卿有散曲《女校尉》，说女艺人“茶余饭饱邀故友，谢馆秦楼，散闷消愁，惟蹴鞠最风流。演习得踢打温柔，施逞得解数滑熟”。杨维桢赠刘叔芳《蹋踘歌》也是同样情况：

> 揭门缚彩观如堵，恰呼三三唤五五。
> 低过不坠蹴忽高，蛱蝶窥飞燕回舞。
> 步矫且捷如凌波，轻尘不上红锦靴，
> 扬眉吐笑颊微涡。

描写她球艺之高，犹如蝶飞燕舞，低不坠地，蹴之陡高。元散曲《一枝花·妓女蹴鞠》描写这些烟花女子一边踢球，一边祈愿：“六片儿香皮做姻眷，荼蘼架边，蔷薇洞前，管教你到底团圆不离了半步儿远。”杨维桢的《蹋踘》诗也专写女子踢球：

> 月牙束靿红幪首，月门脱落葵花斗。
> 君看脚底软金莲，细蹴花心寿郎酒。

作为文坛领袖，杨维桢的诗引来了郭翼、吕诚的唱和，都活脱脱勾画出女子踢球的香艳之态：

> 倡园小奴花个个，蹋踘朝朝花里过，

钗坠蜻蜓髻倭堕。

髻倭堕，玉珑璁，倚娇树，双脸红。（郭翼）

江南稚女颜色新，百花楼前蹋绣轮，

红蕖小袜不动尘。

不动尘，放娇态，微风来，舞裙带。（吕诚）

第二类是居家女性的蹴鞠运动。这种女性娱乐性活动，也往往与男子混踢。据杂剧《度柳翠》，旦角对母亲说“将过气毬来，我和师父踢一抛儿咱”，说的正是家庭内男女混踢的习俗。南戏《琵琶记》说，老姥姥与养娘惜春邀请老院公“踢气毬耍”，说的也是这种混踢。传世的宋代“蹴鞠纹铜镜”，背面主体纹饰为两个官宦人家的青年男女正在同场踢球，一对僮婢在旁边观战，说明男女混合踢球也很普遍。

细观画像石，作为百戏表演，东汉蹴鞠就有音乐伴奏。据韦应物《寒食后北楼作》，唐代蹴鞠比赛依然鼓乐助兴：

园林过新节，风花乱高阁。

遥闻击鼓声，蹴鞠军中乐。

进入宋代，蹴鞠表演有乐队伴奏的记载并不少见。据《宋史・礼志》，朝廷款待辽金使臣，蹴鞠艺人入宫献演时，还征调旗鼓乐人四十名。《东京梦华录》也说，每年集英殿为天子祝寿，当左右军筑球时，都有“乐部哨笛杖鼓断送”。张公庠有《宫词》说：

再坐千官花满头，御香烟上紫云楼。

明兰陵笑笑生《金瓶梅词话》第十五回《狎客帮嫖丽春院》版画摹绘的是明代居家男女同场蹋毬的情景

万人同向青霄望，鼓笛声中度彩毬。

似乎射门时尤其注重鼓笛伴奏。《蹴鞠谱》也印证了这点，气毬“不着网，不过者，鼓不响”，说明射门中的必有鼓乐齐鸣，表示祝贺。南宋孝宗时特设教坊乐部，“筑毬”下除职业型球员两队各十六人外，随队还有小乐器四人，分别主管嵇琴、箫管、篥与拍，也应是伴奏用的。

据陆游《西湖春游》说，“冬冬鼓声鞠场边，秋千一蹴如登仙”，说明民间踢球也有鼓笛伴奏。元代延续宋代习俗，元刊《事林广记》附有《蹴鞠图》，画面左侧有三人组成的小乐队，一女子击板鼓，一女子敲檀板，一男子戴蒙式毡帽在吹横笛，蹴球的三男子与陪侍的三仆人都穿元代服饰。这与元剧《百花亭》说的“蹴鞠秋千，管弦鼓乐”，恰能图文互证。

蹴鞠运动在元代民间依然盛行，但在官场却渐遭排斥。元武宗仍爱看近臣表演蹴鞠，曾赏钞十五万贯，大臣阿沙不花进谏道:“以蹴鞠而受上赏，则奇技淫巧之人日进，而贤者日退矣，将如国家何！”地方官也通过劝善文，指责蹴鞠与击球、射弹、粘雀等都是“不遵先业，游荡好闲”。进入明代，在诗词、民歌、笔记与小说里，仍多蹴鞠的描写，说明踢球依旧有着群众基础，但风头之健不仅难以比肩宋朝，即便与元代比也大见逊色。入清以后，蹴鞠运动逐渐式微，一蹶不振，以至于今。

据说，现代足球起源于中国的论证，曾获得国际足联的认可。宋元足球的流行与成功，不仅足以成为后人的谈资，也许还能引起今人的自豪。但这些旧事往迹早已雨打风吹去，与当今中国足球可没有半毛钱关系！

圆社

一

《水浒传》第二回，浮浪破落户子弟高俅凭着踢一脚好球，因缘际会当上了殿帅，上任之初便蓄意折辱八十万禁军教头王进：

> 王进谢罪罢，起来抬头看了，认得是高俅。出得衙门，叹口气道："俺的性命，今番难保了。俺道是甚么高殿帅，却原来正是东京帮闲的圆社高二。"

《水浒传》说到的圆社，虽是小说家语，却是有历史作为蓝本的。汪云程的《蹴鞠图谱》与佚名的《蹴鞠谱》是现存最早的蹴鞠专书，有体育史家认为，两书都成于宋元时期。《蹴鞠谱》就一再提及圆社："天下称圆社，人间最美称"；"不入圆社会，到老不风流"；"万种风流事，圆社总为先"。《水浒传》与《蹴鞠谱》说的"圆社"，就是宋代在蹴鞠运动中涌现的专业化组织，堪称中国最早的民间足协。

宋元之际，周密在《武林旧事》里追记南宋临安游艺性“社会”时，列有专门从事“蹴鞠”的“齐云社”。《水浒传》里，端王也对高俅说：“这是齐云社，名为‘天下圆’”。一般认为，“齐云社”就是“圆社”，“齐云”形容球踢得高与云齐，“圆社”则以球的形状命名。陈元靓的《事林广记》是宋元之际刊行的日用百科型类书，其戊集《圆社摸场》有诗云：“四海齐云社，当场蹴气毬。作家偏著所，圆社最风流。”细味其意，两者似仍有区别。齐云社似为大概念，指天下所有踢球的社群，既包括表演型的蹴鞠艺人，也包括比赛型的专业团队；而“圆社”似仅指由“偏著所”的那些“作家”组成的有严密社规的踢球社团，有时也指已入圆社的球员（相互之间则称“圆友”）。但《事林广记》与《蹴鞠谱》确也往往将两者混称，两者关系究竟是二而一，还是确有区别，殊难定论。

二

圆社起于何时，已难确考。但北宋刘攽曾对蹴鞠拜师不以为然：

> 世传毬最贱艺，天下万事皆弟子拜师，独毬，弟子学毬，或富贵子弟而善毬者，率多贱人，每劳赐以酒，必拜谢而去，是师拜弟子也。

刘攽非议的是圆社拜师礼，他去世在元祐前期，由此推论，至迟宋神宗朝（1067—1085），圆社已蔚然成风。而《蹴鞠谱》

南宋马远《蹴鞠图》

所记拜师颇为详细：

> 凡教子弟，备酒礼，办筵席礼物，赠与师父。或表里，或银钞，或靴袜，须要与圆友商议，先请下子弟，备三牲盘案，祭献祖师清源妙道真君，企师陆阳真人，齐云会上先亡后化先生，然后请师徒之礼，次方开臁。

足见圆社拜师仪式十分正规而郑重。新入社者必须事先与前辈圆友商议定筵席、礼物的具体细节，届时师父请来全部弟子，首先祭奠圆社祖师爷、先师与已故先辈（有意思的是，蹴鞠的行业神清源妙道真君，就是灌口二郎神，而陆阳真人也曾是历史上“行游蜀地”的真实人物），然后行拜师收徒礼，这以后才可以开脚踢球（时称“开臁”，“臁”指小腿两侧）。凡未经拜师手续的蹴鞠者，背后会受到同行耻笑，被呼为“野圆”“鬼圆”“米子圆”“无爹鬼”“龌龊气毬”，等等。

圆社内强调“以义气相投”，新弟子拜师当日起，老弟子每日轮流为新弟子设宴接风；而这位师弟正式下场比赛前，也要设宴回请师兄们，称作“新人会”，也叫“圆会”。

每次踢球散场，圆友还要请师辈饮“哨水筵席”。席上，三杯酒后，将气毬送与老先生“褪气”，再端一杯酒让在场圆友都饮遍，说一声“带挟”（意即提携），一壶酒便以这种方式礼谢一周。

而师父收下弟子，必“发之家数，不犯社规”，家数应即球技，社规指圆社内成文的条例或不成文的惯例，例如“十不赛”“十不踢”“十不许”“十禁戒”等。《蹴鞠图谱》列举了“饮酒后”“有风起”“泥水处”“灯烛下”等十种不踢球的情况。

圆社也讲职业道德，强调所谓“十紧要”，即“要和气，要信实，要志诚，要行止，要温良，要朋友，要尊重，要谦让，要礼法，要精神”。

为了提高胜算率，刻苦训练、切磋球技对圆友来说是必不可少的。《蹴鞠图谱》首举四条上场要诀：“身如立笔（身欲直），手如提物（手欲垂），身用旋安（要宛转），脚用活立（要跳跃）。”然后总结出肩、背、拐、搭、控、拽、捺、膝、拍、臁十种控球与传球的口诀，诸如“拐要控膝蹲腰取”，动作要领宛然如见。此外开列了八十四种“踢搭名色”（即球技专用术语），分别以臁、膝、拐、搭、蹬、抄、捻、肩、斡命名，诸如“内外臁”“偷步膝”“鸳鸯拐”“入步搭”“流星蹬”“走马抄”“鱼儿捻”“侧肩”“拗脚斡”。这些术语，有的附有说明，例如鸳鸯拐“先下左拐面前过，后用右拐出”；有的从字面也能略作揣想，例如“流星蹬”“走马抄”之类；但更多的还有待于专业考索。射门技术置于球技的首位，所以附有奖励条则：每人规定射门三次，即便不射过风流眼，只要踢在风流眼左近网上，也插花、饮酒与击鼓为贺；不过风流眼，又不着网，鼓就不响，无花也无酒。“脚头教万踢，解数百千般”，《事林广记·下脚文》以此来形容圆友经过苦练后球技日趋炉火纯青。

《蹴鞠图谱》列有《毬门人数》，佚名的《蹴鞠谱》也列有《校尉职事》，两张单子的人员名称基本上是一致的，除去上场球员，圆社内部职事人员的构成大体是清楚的。其中，部署（一作都部署）与教正，应是圆社正副负责人（有赛事时又是正副主持人与正副总裁判）；社司、主会则主管社内事务；知宾、节级应付对外接待；会干、都催或张罗赛事。

三

圆友如赴外地投奔其他圆社，也自有规矩。抵达后，并不是先与当地圆友行见面礼，而是“先到圣前拈香拜毕”，也就是说先到圆社供奉的祖师爷像前焚香祭拜。然后“方见小节级，引见知宾之所，相待茶饭之后，社司、部署问其姓名，仙乡何处，师者何人，学识几年”。再接受球技考试，叫作“撞案”。具体做法是“先供单子，呈与部署。至日，教正、社司看过，或脚头，或解数，或十一踢，或成套数，或上截滚弄”，合格以后即与当地圆友一视同仁。“撞案”三次不及格，则无缘当地的蹴鞠活动或赛事。

倘在蹴鞠场上见到社外圆友，社内成员必须抄起气毬“请踢”。正如《水浒传》描写的那样，端王见一旁高俅擅长球技，便招呼“你便下场来踢一回耍”，高俅谦辞，他又劝道“这是齐云社，名为‘天下圆’，但踢何伤”，便是圆社规矩使然。在蹴毬场上，一时间，所有圆友“任是王侯并宰相，齐肩并立乐优游”。而受邀上场的社外圆友，应对上手说一声“老先生带挟”，对下手则说一句“冲撞少罪”。赛事完毕，还有一个点圆会，点圆的人说“承带挟”，其他人则回应“谢带挟”，以谦让之礼践行圆社“自家不犯社家规”“场中运动礼莫失”的规则。

圆社每年有一次“山岳正赛”，即圆社成员的定级大赛。有一首《西江月》专讲其事：

> 请知诸郡子弟，尽是湖海高朋。
> 今年神首赛齐云，别是一般风韵。

《殷勤送宝玩》出自明杨定见刊本《忠义水浒传》，画中的高俅奉命到端王府送宝玩，恰遇端王赵佶蹴鞠，不禁技痒，露上一手，大获青睐

来时向前参圣，然后疏上挥名，

香金留下仿花人，必定气毬取胜。

也就是说，大赛前在各地广发英雄帖，说明赛事时地；前来报名者应缴纳“香金”，即报名费；报名单时，既要呈报师从何人，也须填明比赛动作或解数，没有师从而自习者无权参赛；开赛前也须先祭拜球圣，“赛社迎神立案，必拣宽所”。

每年定级的“山岳正赛”，以二人“白打”定出高下。赛前由部署与教正定下参赛者的预赛等级与捉对白打的圆友，一经定下便不得更改。决出胜负后，输者灰溜溜地“无旗下山”，赢者则“得名旗下山”。名旗相当于等级证书，还配有联语。有一联语称“风月扬湖海，齐云冠古今”，不知是否颁给最高等级赢家的。

《蹴鞠图谱》与《蹴鞠谱》记载了数十上百的圆社“锦语”，所谓锦语即圆友间的专用“黑话”。这些隐语大多从蹴鞠术语引申而来，例如，不好说“歪”，好则称“圆”，失礼叫作“穿场”，靴鞋唤为“拐搭”。而那些与蹴鞠有关的暗话，反而多取资于生活用语，例如，气毬叫“健色”，场子称“盘子”，为球充气说成“打揎”。锦语中也有少数涉及淫秽的隐语，例如以“葱管”指阳物，以“字口”指阴物，以“补踢”指“干事”，等等。

四

《事林广记》有一首套曲，题为《圆里圆》，套曲里满是圆社市语与蹴鞠术语，曲前则标有“遏云要诀”，而遏云社是南宋歌社。据王国维的《宋元戏曲史》说，这首《圆里圆》应是“以遏云社之人，唱齐云社之事，谓非南宋人所作不可也”。这种满嘴隐语与术语的套曲，在瓦子勾栏里演出，颇难赢得一般观众的理解与追捧，最有可能就是在蹴鞠场上唱给球员与观众听的。套曲以蹴鞠场上一位男圆友的口吻唱出，大意说有人来找踢球，我却兴致阑珊，踢球也要有气氛哪；都因近来有一个球场女孩让我神魂颠倒，我在场上卖力表现，收场后请她吃饭，拉上了关系。从此后一年四季泡在一起，只盼望二人世界团圆到底。套曲最后仍以术语与隐语书写着这对蹴鞠男女的球场情歌：

【越恁好】勘脚并打二，步步随定伊。何曾见走衮，你于我，我与你。场场有踢，没些拗背。两个对垒，天生不枉作一对脚头，果然厮绸密。

【鹘打兔】从今后，一来一往，休要放脱些儿，又管甚搅闲底。拽闲定白打膁，厮去有千般解数，真个难比。

【尾声】五花丛里英雄辈，倚玉偎香不暂离，做得个风流第一。

《事林广记》还有一首《满庭芳》，作者显然也是球道中人，将圆社术语熨帖自然地编织进小令，勾勒出圆友们恣意追游的生动图景，淋漓尽致地凸显了蹴鞠在当时“占断风流”“曾对王侯”的强劲风头。

十二香皮，裁成圆锦，莫非年少堪收。
绿杨深处，恣意乐追游。
低拂花梢慢下，侵云汉、月满当秋。

堪观处，偷头十字拐，舞袖拂银钩。

肩尖并拐搭，五陵公子，恣意忘忧。
几回沉醉，低筑傍高楼。
虽不遇文章高贵，分左右，曾对王侯。
君知否？闲中第一，占断最风流。

作为社团组织，圆社起到了团聚同行的功能，各地圆友以球结缘，亲如一家。正如《蹴鞠谱》引诗所说：

圆社休愁不识人，他乡朋友自盈门。
一团和气逢人喜，六片香皮到处亲。

然而，当时加入圆社拜师蹋球，必须向师父致送表里（衣料）、银钞与靴袜等行头，还要备下祭品、筵席等开销，升等还要缴纳山岳正赛的报名费等。如此花费，毕竟不是底层民众所能负担，此即刘攽所嗤："富贵子弟而善毬者，率多贱人。"《梦粱录·社会》里也持类似看法："则非仕宦者为之，盖一等富室郎君、风流子弟与闲人所习也。"在正经人眼里，他们无非是风流浮浪的游手好闲之辈，也难怪《水浒传》里王进私下斥骂高俅"原来正是东京帮闲的圆社高二"。

五

宋元易代，圆社仍频繁见于散曲与杂剧，似乎透露出元朝统治者并未取缔这一体育社团的消息。南戏《琵琶记》，老姥姥与养娘惜春邀请老院公“踢气毬耍”，院公答以《西江月》：“白打从来逞势，官场自小驰名。如今年老脚臁疼，圆社无心驰骋。”慨叹圆社“兀的是少年子弟俏门庭”，不再是他这种老院公玩耍的技艺了。

元代诗人郭翼有《蹋踘篇和铁崖韵四首》，其中一首说女子蹴鞠：

簇花小银云作团，
双尖绣袜星流丸，
金蝉束腰燕盘盘。
燕盘盘，彩门下，
第一名，齐云社。

不能坐实这里的“齐云社”是泛指，还是货真价实的蹴鞠组织。但邓玉宾的散曲《村里迓古》，其下副题点明作意是“仕女圆社气毬双关”，足证女性也介入了圆社，这是宋代没有的现象。《村里迓古》开首就说，“包藏着一团儿和气，踢弄出百般可妙”。所谓“气毬双关”，就是表面上描写踢球，实际上暗喻男女情色之事：

【寄生草】回避着鸳鸯拐，提防着左右抄，跷跟儿掩映着真圈套，里勾儿藏掖着深窟窍，过肩儿撒放下虚笼罩，挑尖儿快似点钢枪，凿膝儿紧似连珠炮。

【幺篇】本是座风流社，翻做了莺燕巢。扳搂儿搂定肩儿靠，锁腰儿锁住膝儿掉，折跋儿跋住臁儿跷。俊庞儿压尽满园春，刀麻儿踢倒寰中俏。

宋牙雕笔筒上的蹴鞠图

【尾声】解卸了一团儿娇，稍遍起浑身儿俏，似这般女校尉从来较少，随圆社常将蹴鞠抱抛，占场儿陪伴了些英豪。那丰标，体态妖娆。错认范的郎君他跟前入一脚，点着范轻轻的过了，打重他微微含笑，那姐姐见毬来忙把脚儿跷。

据此有理由说，元代仍有圆社存在。进入明代后，作为基层体育组织，圆社是否依旧活跃在民间，似乎还缺乏有力的文献佐证。尽管《金瓶梅》里也有好几处写到圆社，却让人怀疑这也许只是小说家敷演宋代故事的细节需要。

钱塘潮

一

大约从汉代起，钱塘观潮就成为当地的一大盛事。枚乘《七发》中的“广陵观涛”，说的就是钱塘潮。杭州在宋代空前繁盛，南渡以后又是王畿所在，故而明代田汝成也以为“观潮之戏，惟宋时独盛”。宋元话本《乐小舍拼生觅偶》即以观潮为背景而展开故事情节，其中说道：

> 至大宋高宗南渡，建都钱塘，改名临安府，称为行在，方始人烟辏集，风俗淳美。似此每遇年年八月十八，乃潮生日，倾城士庶，皆往江塘之上，玩潮快乐。亦有本土善识水性之人，手执十幅旗幡，出没水中，谓之弄潮，果是好看。

限于情节，《水浒》没能直接勾画这道风景线，却在鲁智

明杨定见刊本《忠义水浒传》版画《六和寺圆寂》与小说都同样着力刻画了鲁智深圆寂前听到的钱塘江潮

深圆寂六和塔时，间接而巧妙地点到了钱塘潮：

> 睡至半夜，忽听得江上潮声雷响。鲁智深是关西汉子，不曾省得浙江潮信，只道是战鼓响，贼人生发，跳将起来，摸了禅杖，大喝着便抢出来。众僧吃了一惊，都来问道："师父何为如此？赶出何处去？"鲁智深道："洒家听得战鼓响，待要出去厮杀。"众僧都笑将起来道："师父错听了。不是战鼓响，乃是钱塘江潮信响。"鲁智深见说，吃了一惊，问道："师父，怎地唤做潮信响？"寺内众僧推开窗，指着那潮头，叫鲁智深看，说道："这潮信日夜两番来，并不违时刻。今朝是八月十五日，合当三更子时潮来。因不失信，为之潮信。"鲁智深看了，从此心中忽然大悟，拍掌笑道："俺师父智真长老，曾嘱付与洒家四句偈言……今日正应了'听潮而圆，见信而寂'。俺想既逢潮信，合当圆寂。"

着墨虽然不多，小说却通过鲁智深的强烈反应渲染了钱塘大潮的磅礴气势。

钱塘潮，历来传说是春秋吴国的伍子胥积冤发怒而汇为狂涛激浪，这当然是无稽之谈。其成因是由于杭州湾口宽阔达一百公里，而到盐官处骤然收缩至三公里，钱塘江的入海处对峙着龛、赭两山，号称海门，扼制着海潮，使其不能通畅地进入江流，形成巨大的潮差。于是，海潮逆流而上时，"蹙不得骋，与山争势，汹而为涛"。《水经注》说：钱塘潮"流于两山之间，江川急浚，兼涛水昼夜再来，来应时刻，常以月晦及望尤大，至二月、八月最高，峨峨二丈有余"。钱塘潮汹涌澎湃，

南宋李嵩《夜月看潮图》（一名《夜潮图》）摹写了当时临安中秋观看钱塘潮的风俗

南宋夏圭《钱塘秋潮图》展现了钱塘潮的壮观景象

全程约八十公里，历时约四小时，上溯流过六和塔后才渐趋平息。《水浒》记鲁智深在六和塔仍听得到排空的潮声，倒是十分真切的。

二

《武林旧事》描写钱塘潮颇为生动："方其远出海门，仅如银线；继而渐近，则玉城雪岭，际天而来，大声如雷霆，震撼激射，吞天沃日，势极雄豪。"每年八月，潮头更胜于平时，观潮也成为杭州士民的赏心乐事。宋末学者王应麟在《通鉴地理通释》"浙江"条下特别指出："每年八月十八日，数百里士女共观，舟人渔子溯涛触浪，谓之弄涛。"

但从十一日起，就陆续有观潮者出城揽胜，到十六以后就倾城而出，十八日到达高潮。因为这天知府莅临浙江亭教阅水军，观潮者同时还可看到水军们驾驶着艨艟战舰，奔腾分合，变换阵势，在其上骑马、弄旗、标枪、舞刀，如履平地。转瞬之间，黄烟四起，不见舟船，水爆轰震，声如山崩。烟消波静以后，不见艨艟战舰，只有"敌船"被火所焚，随波而没。

宋代有造旗迎潮的习俗，据《西湖老人繁胜录》说："城内外市户造旗与水手迎潮，白旗最多，或红，或用杂色，约有五七十面，大者五六幅，小者一两幅，亦有挂红者。"

每到观潮时节，便是弄潮儿大显身手的机会。《都城纪胜》指出："惟浙江自孟秋至中秋间，则有弄潮者，持旗执竿，狎戏波涛中，甚为奇观。天下独此有之。"《梦粱录》描述这些弄潮儿说：

> 其杭人有一等无赖不惜性命之徒，以大彩旗或小清凉伞、红绿小伞儿，各系绣色缎子满竿，伺潮出海门，百十为群，执旗泅水上，以迓子胥弄潮之戏，或有手脚执五小旗，浮潮头而戏弄。

《武林旧事》则这样描写：

> 吴儿善泅者数百，皆披发文身，手持十幅大彩旗，争先鼓勇，溯迎而上，出没于鲸波万仞中，腾身百变，而旗尾略不沾湿，以此夸能。而豪民贵宦，争赏银彩。

北宋词人潘阆有一首词，名曰《酒泉子》，专咏钱塘观潮的壮观与弄潮的惊险：

> 长忆观潮，满郭人争江上望。
> 来疑沧海尽成空，万面鼓声中。
>
> 弄潮儿向涛头立，手把红旗旗不湿。
> 别来几向梦中看，梦觉尚心寒。

这种弄潮，难免有大意失手葬身鱼腹的时候，故而蔡襄在治平年间（1064—1067）出守杭州，曾一度明令禁止："其军人百姓，辄敢弄潮，必行科罚。"但因弄潮儿与观潮者追求刺激的需要，弄潮仍禁而不止，成为钱塘观潮的保留节目。

三

每到观潮期间，钱塘江从江干到六和塔十余里间，车马塞途，摩肩接踵。有身份的游客，早早租赁了沿江的楼屋，作为悠闲的看台。一般的游客，则见缝插针，席地而坐，一饱眼福。整个江岸幕次相连，轿马简直没有安顿处。满眼都是珠翠罗绮的观潮客，饮食百货的摊贩鳞次栉比，价格却比平日看涨，小贩们当然要抓住这一年一度的看潮商机。

南宋皇帝也会按照惯例，在十八这天撑着黄伞，打着雉扇，在大内登上“天开图画”的高台，下瞰江潮，如在指掌。这时，在江上演习的水军就会“整肃部伍，望阙奏喏”，行上尊君之礼。唯独淳熙十年（1183）八月十八日那天，宋孝宗陪同太上皇高宗出宫，前往六和塔附近的浙江亭观潮。为了这次与民同乐，在事先建造好的五十间临时观潮屋上，都张挂了彩结幕帘。贵邸豪民也竞相仿效，彩幕绵延，竟达二十余里。车马骈阗，几无行路，彩绣映江，有如铺锦。这天，除了弄潮儿踏浪迎潮的传统节目，还表演了踏混木、水傀儡、水百戏等水上游戏。两宫皇帝到皓月初上，才尽兴还宫。

由于有早潮和晚潮，观潮者如痴如醉，没日没夜。从苏轼《八月十五日看潮》诗云“寄语重门休上钥，夜潮留向月中看”，后人不难想见这种痴狂劲儿。苏东坡本人就是钱塘潮的痴迷者，出仕杭州期间留下了不少观潮的诗词。“碧山影里小红旗，依是江南踏浪儿”“欲识潮头高几许，越山浑在浪花中”，都是观潮的佳句。

东坡门人陈师道也是一个观潮迷，一年八月中旬，他在杭州几乎天天看潮。他晚上在月下观潮：

清代版画《南巡盛典名胜图录》中海宁镇海塔处所见到的钱塘潮

素练横斜雪满头，银潮吹浪玉山浮。
犹疑海若夸河伯，豪悍须教水倒流。

素练、白雪、银潮、玉山，把月下银涛写得既柔媚又雄阔，最后联想奇特，怀疑是海神在向河伯炫耀，一定要把钱塘江水倒逼回去。八月十七，他又去观潮：

漫漫平沙走白虹，瑶台失手玉杯空。
晴天摇动清江底，晚日浮沉急浪中。

把波澜壮阔的钱塘江潮想象成瑶台上神仙们失手打翻了酒杯，从九天狂泻而下。后两句刻画天光与日影在狂澜怒涛中颠簸沉浮，令人有身临其境之感。十八日是钱塘观潮的狂欢之日，陈师道当然不会错过：

千槌击鼓万人呼，一抹涛头百尺余。
明日潮来人不见，江边只有候潮鱼。

观潮的场面描写倒也一般，但悬想明日江边的空寂，却让人不禁唏嘘“千里搭长棚，没有个不散的筵席”。

四

当然，观潮也有乐极生悲的。大潮过于肆虐，冲到岸上，卷走看客，也并不少见。据说，咸淳年间（1265—1274），有个六十多岁的婆婆，也挤到江边观潮，一个浪峰把她与百来号人打入江中。潮退，她竟被大潮送抵江岸，全身透湿，怀中的《金刚经》居然滴水不沾。故事的结局值得怀疑，却说明了当时无论老幼，都卷入了钱塘观潮的癫狂。南宋话本《乐小舍拼生觅偶》对江潮袭人有逼真的描写：

> 忽听得说潮来了。道犹未绝，耳边如山崩地坼之声，潮头有数丈之高，一涌而至……那潮头比往年更大，直打到岸上高处，掀翻锦幕，冲倒席棚，众人发声喊，都退后走。

这时，往往有立脚不牢，被潮头裹挟入水的，就酿成了“精魄永沦于泉下，妻孥望哭于水滨”的悲剧。而那些被潮头打得精湿的游客，好歹保住了性命，便挤到就近的下浦桥边，去绞干水淋淋的衣裤。曾有人作了一首词，嘲讽这班看潮客的狼狈：

> 自古钱塘难比，看潮人成群作队。
> 不待中秋，相随相趁，尽往江边游戏。
> 沙滩畔，远望潮头，不觉侵天浪起。
>
> 头巾如洗，斗把衣裳去挤。
> 下浦桥边，一似奈何池畔，裸体披头似鬼。
> 入城里，烘好衣裳，犹问几时起水。

这些看客，尽管被潮头打得好似落水鬼，烘好衣服以后，询问的第一句话还是：潮汛什么时候来的？对钱塘潮的痴狂，真可令人一噱。

器物篇

交椅

一

梁山泊英雄排座次，宋江正式坐上了第一把交椅。在这里，“交椅”既是虚指宋江在众好汉中独一无二的领袖地位，标志着以宋江为核心的梁山第二代领导集体的形成；也是实指落座的生活用具。《水浒》里提到交椅的地方颇多，例如“林冲水寨大并火”一回写道“吴用把眼来看林冲时，只见林冲侧坐交椅上，把眼瞅王伦身上”，其坐姿与今天已无差别。阎婆惜卧房里“对床排着四把一字交椅”，李师师闺房里“两壁上挂着四幅名人山水画，下设四把犀皮一字交椅”，二龙山、清风山诸寨的山大王坐的则是虎皮交椅，还有梁中书的浑银交椅和方腊的金交椅。

古人的起居方式，在唐宋之际最终完成了从席地而坐向垂足而坐的过渡。唐代以前，人们在室内都席地起居，坐姿以所谓“跪坐”为主，即将双膝抵地，臀部坐在脚后跟上。倘若臀

五代顾闳中《韩熙载夜宴图》中的椅子

部着地，双脚前置，形成箕状，这种坐法称为“箕踞”，在正规场合属于无礼不恭的举止。据《韩诗外传》，有一次，孟老夫子差点就休了自己的太太，理由就是她独处箕踞。而汉末高士管宁五十年来从不箕踞而坐，由于跪坐，以至于“榻上当膝处皆穿”。由于席地而坐的起居习惯，家具也都是低型的，与日本和式相似。

自东汉末年起，胡床从西域传入。对胡床绝不能以今天的目光望文生义，以为是睡眠用的卧床。“足欹形已正，文斜体自平”，仅凭南朝诗人庾肩吾这两句咏胡床诗，后人似乎颇难想象其形状。但一看《北齐校书图》，就恍然明白，其形制略如今天的轻便折叠凳。据说，隋炀帝因一度大败于突厥，忌讳胡人，才把胡床改叫为交床。唐玄宗由于经常出外行幸，需带着胡床就地歇息，便对胡床进行了改造，使其有了倚背。也许，文物学家宿白正是据此认为，椅子“初用之时，似乎多在室外”。

到了宋代，胡床、交床的叫法还在使用。例如，陶穀的《清异录》说“胡床施转关以交足，穿便绦以容坐，转缩须臾，重不数斤”，《水浒》第二回也说“那一日，史进无可消遣，捉个交床，坐在打麦场边柳阴树下乘凉”，说的似乎都是折叠式的胡床。但宋代更常把胡床称为交椅（亦作交倚、校椅），南宋张端义就说：“今之校椅，古之胡床也。”“醉打蒋门神”一回描写武松“见一个金刚来大汉，披着一领白布衫，撒开一把交椅，拿着蝇拂子，坐在绿槐树下乘凉”，其中“撒开”两字暗示这交椅还是折叠式的。

不过，宋代交椅虽然仍有折叠式的，但有固定靠背的样式渐成时尚。宋初，吴越国曾进金棱七宝装乌木椅子与银装椅子各十把；开国名相赵普的厅堂上也“有椅子一只，样制古朴”。

不过，这些记载也说明：椅子在当时还只是达官贵人才能享受的稀罕物。但交椅很快普及到民间。这在宋元话本《简贴和尚》里可以得到证明：

当时随这姑姑家去看时，家里没甚么活计，却好一个房舍，也有粉青帐儿，有交椅桌凳之类。

从宋代绘画作品来看，固定靠背式的椅子有不同造型：直型搭脑、横向靠背式，直型搭脑、竖向靠背式，圆形搭脑、竖向靠背式。《夷坚志》记载了一个万州儒学教授的事：

至夜，于厅上设灯烛劝酒。一虎忽跃升阶，盖见火光荧煌，突然而至。坐者悉惊窜。一客在外，不暇入，急伏于胡床后。虎渐进逼之，客无计可御，举床冒其头，按顿再三。虎作势撑拒，头入愈深，如施枷械者，大窘骇，负之奔出。诸客不敢再饮，各散去。明日，村民入城者言，三十里间，有一交椅碎裂在地。教授遣取视之，乃昨夕客所失者，盖虎沿途摆撼，方得脱也。

这个故事表明当时交椅与胡床可以互称，从这位客人把交椅像枷械那样罩住老虎头，使其狂奔三十里甩脱不得，这把交椅不可能是简易折叠式的，而应是固定靠背式的，致使虎头撑拒伸入后就难以解脱。

二

追求起居舒适，成为家具花样出新的推动力。北宋末年，

明杨定见刊本《忠义水浒传》版画《醉打蒋门神》中蒋门神坐的是折叠式的交椅

明杨定见刊本《忠义水浒传》版画《玉麒麟写歌》中卢俊义府上放的是圆形搭脑、竖向靠背式椅子；李逵坐的是直形搭脑、竖向靠背式的椅子

宋徽宗车驾出行，往往让随从扛着黄罗珠缨的金交椅。南宋前期，不仅宰执大臣，连州府的知州、通判们也都坐必银交椅。《水浒》里说梁中书“到厅上，正面撒下一把浑银交椅，坐下”；方腊手下的枢密使吕师囊坐的也是银交椅；而方腊僭拟帝王，自然以坐金交椅为过瘾，宋江大军攻入帮源洞，他“情知事急，一脚踢翻了金交椅，便望深山中奔走”，凡此也都折射出宋代生活的现实光影。“张都监血溅鸳鸯楼”那回，张都监、张团练与蒋门神坐的都是交椅，“蒋门神急待挣扎时，武松早落一刀，劈脸剁着，和那交椅都砍翻了”，而张团练“料道走不迭，便提起一把交椅抡将来”。

南宋佚名《春游晚归图》中食担前一人所扛的为圆形搭脑、竖向靠背附加荷叶托首的交椅

当时士宦都戴冠巾，坐在有靠背的交椅上向后舒坦地偃仰时，很容易使轻薄的头巾坠地。据《贵耳集》说，秦桧就出过类似的洋相，令他大失威仪。临安知府吴渊为了巴结他，立马命人制作了四十枚“荷叶托首”，装在宰执大臣可能休憩的交椅搭脑上。秦桧当时正位居太师，时人就把这种荷叶交椅称为“太师样”，也叫“太师交椅”，后来就简称太师椅。岳珂《桯史》还记载了一则与太师交椅有关的政治笑话。绍兴和议后，宋高宗赐秦桧甲第，在庆贺乔迁的演出上，伶人甲扮演秦桧，伶人乙拿着荷叶交椅尾随其后，两人插科打诨，伶人甲落座仰倚交椅上，幞头忽然堕地，露出了拢发为髻的金镮。伶人乙问这是什么，答曰：“二胜镮。”伶人乙即棒打伶人甲的头说：“你只管坐太师交椅，二胜镮置诸脑后可也。”在这个故事里，伶人以“二胜镮”谐音徽钦“二圣还”，辛辣讽刺了秦桧的投降行径。另一方面也说明，太师交椅在宋代流行开来，已是宋室南渡以后。

而据《挥麈录》，太师椅的发明另有一说。南宋绍兴初，等待早朝的大臣侍从们宿睡未醒，往往在待漏院七歪八倒据胡床而假寐，临安知府梁汝嘉见到他们假寐的模样令人好笑，就听从某人的建议，改造了待漏院的全部胡床，“用木为荷叶，且以一柄插于靠背之后，可以仰首而寝”。两种说法，大同而小异，由于秦桧来头大，前一说法似乎更流行。这就好似苏东坡名气大，明人就把有靠背的胡床名为东坡椅一样。

南宋初年，尽管交椅在皇家、官场已经司空见惯，但据比陆游年辈稍长的人说，当时士大夫家的妇女坐椅子，“则人皆讥笑其无法度”；而到陆游写《老学庵笔记》时，不论男女，都已经垂足坐上了椅子。

明万历容与堂刊本《忠义水浒传》版画《梁山泊义士尊晁盖》中晁盖坐上了第一把交椅，两边的交椅也各有其主

至于好汉们聚义梁山泊时，交椅还是稀罕物，能坐上交椅，尤其是坐上第一把交椅，是地位与权力的象征，当然是非同小可的。小说描写林冲初上梁山时道："林冲来到聚义厅上，中间交椅上坐着一个好汉，正是白衣秀士王伦。"而后"林冲水寨大并火，晁盖梁山小夺泊"：

> 吴用就血泊里拽过头把交椅来，便纳林冲坐地，叫道："如有不伏者，将王伦为例！今日扶林教头为山寨之主。"林冲大叫道："差矣！先生，我今日只为众豪杰义气为重上头，火并了这不仁之贼，实无心要谋此位。"

于是，"众人扶晁天王去正中第一把交椅上坐定"。晁盖死后，宋江"权居主位，坐了第一把椅子"，但他却千方百计要想罗致河北玉麒麟也来"落草"。难怪黑旋风李逵乐呵呵对中了圈套的卢俊义说："你今日中了俺的军师妙计，快来坐把交椅！"

山轿

一

轿子这类代步工具，当然不是宋代才有的，此前叫篮舆或步辇。陶渊明辞官以后，因有脚疾，便让两个儿子与门生抬着“篮舆”，使他能赴老朋友的酒局。唐太宗乘步辇见松赞干布的使者禄东赞，步辇与篮舆都不妨视为未经改良的轿子的前身。但宋代的轿子种类繁多，式样翻新，有别于前代。

轿子，在宋代也叫作肩舆、檐子。《宋史・舆服志》描述官轿的外形说：“正方，饰有黄、黑二等，凸盖无梁，以篾席为障，左右设牖，前施帘，舁以长竿二。名曰竹轿子，亦曰竹舆。”凸起的顶盖，正方的轿厢，虽然并不都围以篾席，但两侧一般都有个窗牖，左右各有一根抬轿的长竿。宋代以后的轿子似乎一直是这种外貌与形制。

据苏轼说，他在贬谪海南期间，曾坐着肩舆“行琼、儋间”，摇摇晃晃让他睡眼蒙眬迷糊了过去，只觉得群山像波动的鳞甲，

唐代阎立本《步辇图卷》中唐太宗坐着步辇

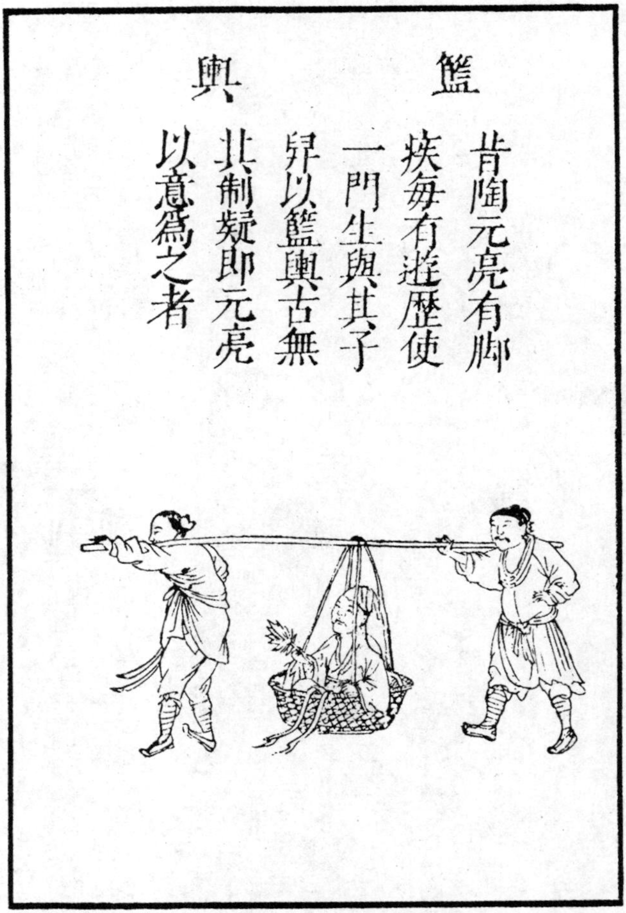

籃輿

昔陶元亮有脚疾每有遊歷使一門生與其子舁以籃輿古無其制疑即元亮以意爲之者

明代类书《三才图会》中的篮舆就是轿子的前身，“其制疑即元亮以意为之”，专利权还要归大诗人陶渊明

山谷来风仿佛悠远的钟乐之声，居然在梦中吟成了两句诗“千山动鳞甲，万谷酣笙钟”，直到一场急雨才打断了他的“肩舆坐睡”中的好梦。有东坡这样“肩舆坐睡”的好心态，贬谪之类的人生挫折自然会置之度外的。

《水浒传》里提到最多的是山轿，专供上下梁山的好汉们乘坐。晁盖等七人初上梁山，“小喽罗抬过七乘山轿，七个人都上轿子，一径投南山水寨里来”。宋江在刺配江州途中被梁山英雄请上山，也是“过山前大路，却把山轿教人抬了，直到断金亭”。宋人林洪的《山家清事》有“山轿”条，说“山轿则无如今庐山、建昌”，一般有身份的人乘着郊游，“良便游赏”，又说山轿实行“高下轮转之制，或施以青罩，用肩板、棕绳低舆之”。“高下轮转之制”，颇费人猜详，从林洪以谢公屐“上山则去前齿，下山则去后齿”为譬，大概是高矮两个轿夫轮换，上山是矮前高后，下山则反之，与“用肩板、棕绳低舆”一样，都是为了在山路行走时降低轿身的重心，增加乘客的安全感与舒适度。

山轿，也称山舆。乘这种山轿，乘客的感觉与山路平险以及轿夫水平，大有关系。据范成大《吴船录》，他游峨眉山，“以健卒挟山轿强登”，为确保安全，“以山丁三十三拽大绳行前挽之”。前一段山路还不陡峭，他有诗云“身如鱼跃上长竿，路似镜中相对看”，心情十分畅快。但走了一段，就情绪大坏，赋诗竟说“悬崖破栈不可玩，舆丁挟我如腾狙”。腾狙就是跳踉不已的猿猴，他也一下子从欢快的鱼变为烦躁的猴。杨万里也有诗叙述乘山轿的惊心动魄：

绝壁临江千尺余，上头一径过肩舆。

张择端《清明上河图》中的暖轿，后面一顶的女眷正撩起轿帘观看街景

舟人仰看胆俱破，为问行人知得无？

《水浒》在武松打虎那段，还写到过两种轿子：

到得岭下，早有七八十人，都哄将来，先把死大虫抬在前面，将一乘兜轿抬了武松，径投本处一个上户家来……早有阳谷县知县相公使人来接武松，都相见了，叫四个庄客将乘凉轿来抬了武松，把那大虫扛在前面，挂着花红缎匹，迎到阳谷县里来。

兜轿，也叫兜子、檐床，是一种简易轿子。这种轿子没有轿厢，只有用布或竹篾制成的座位，成本低廉，设备简陋，一般百姓在非正式场合使用。元人睢景臣在散曲《咏西湖》里说“坐兜轿的共访欧阳井，骑蹇驴的来寻和靖碑”，指的就是这种轿子。猎户们得知武松打了虎，心怀感激要把他抬到财主家（上户）报喜，但没有像样的轿子，便只能委屈他坐兜轿。武松去见阳谷知县，是以打虎英雄的身份正儿八经谒见地方官，因而那上户人家就特地准备了凉轿。凉轿，也叫凉舆，显然是区别暖轿，专备夏天使用的。武松打虎正值夏秋之际，乘凉轿正当其时。据《夷坚志》记载：薛弼知福州，“尝乘凉舆出”，被城门外榕树上的白鹭粪弄脏了衣服，以为不吉利。由此可见，凉轿不仅轿厢四面敞开，内外通风，连轿顶恐怕也不是全密封的，否则鸟粪就不会落在他的衣上。

与凉轿相对应的就是暖轿。《水浒》第五十八回写鲁智深前往华州搭救史进，其时正是冬春之际，在城里遭遇贺太守，“看见太守那乘轿子，却是暖轿，轿窗两边，各有十个虞候簇拥着”。宋元之际说话本《杨温拦路虎传》也说到“摆布那暖轿、马匹，即时出京东门”。

暖轿的轿厢四周围以帏幔，显然因保暖性较好而得其名。暖轿由于轿厢被布幔遮得严严实实，轿内乘客便不能眺望窗外的景色，也是一大遗憾。杨万里有一首诗刻画上巳乘暖轿踏青的心境：

暖轿行春底见春，遮拦春色不教亲。
急呼青伞小凉轿，又被春光著莫人。

乘着暖轿去踏青，竟然是这样去见春天：严实的帷幔挡住了春色不让人亲近。急忙叫来了撑着青伞盖的小凉轿，却又被满目春光烦恼煞人。诚斋在体贴入微写出游春情怀的同时，也交代清楚了暖轿、凉轿的不同构造与功能。

二

《水浒》写到的轿子种类并不多，这也许与其内容有关。实际上，宋代轿子品种繁多。以乘坐者的身份分，则有銮舆与檐子。銮舆是皇帝的专用轿。檐子则供达官贵族及其女眷所用。据《东京梦华录》，这是京城盛行的豪华型大轿，高五尺许，阔四尺许，深达八尺，最大的可乘坐六人，轿厢两壁栏槛都雕镂金花，刻以人物神仙。

竹舆、藤轿、板舆、梯轿主要以制作材料而言。竹舆，也叫篮舆，范成大诗里颇有记载。他在故里闲居，外出常借以代步，“竹舆伊轧走长街，掠面风清醉梦回”；而有时候，“贪看雪样满街月，不上篮舆步砌归”，看来他是篮舆随行的，但为了赏月，特地踏月归去。他到徽州做官，晓出夜归也总是乘竹舆，有诗云“竹舆乱清溪，飞盖入岚光”“伊轧篮舆草露间，夜凉月暗走孱颜”。藤轿，顾名思义，就是藤条编制的轿子。南宋有词说云“夕阳西下，沈醉尽归来，鞭宝马，闹竿随，簇著花藤轿”，可见藤轿出游还是件时尚事。板舆，一种即板车。史称西晋司徒傅祗因病辞位，“不许，板舆上殿”，这种板舆才是轿子。梯轿就是今天山区还在使用的滑竿，范成大入川时，他自己乘山轿，“同行则用山中梯轿”。

以用途分则有女轿与花轿。宋代话本《戒指儿记》提到“悄悄地用一乘女轿抬庵里”，女轿显然是女性专用的。花轿是最令人感兴趣的，也叫花舆或花檐子。据《梦粱录》，每逢清明节，临安士民出城祭坟郊游，黄昏时，“男跨雕鞍，女乘花轿，次第入城”。但这种花轿显然无关婚嫁，应该与《东京梦华录》所说的贵家士女“小轿插花”相同。但据《东京梦华录》，在

明杨定见刊本《忠义水浒传》版画《求欢俣美人》描写矮脚虎王英调戏清风寨知寨刘高之妻的情景，小说写到他“是个好色之徒，见报了，想此轿子，必是个妇人”，版画家把这顶轿子也纳入画中

当时婚礼上，男方必以花轿到女家门口举行迎娶仪式，女方则索要彩缎等物，死乞白赖不肯起轿，时谓“起檐子”。南宋话本《花灯轿莲女成佛记》描写张待诏嫁女给李押录道：

> 这张待诏有一般做花的相识，都来与女儿添房，大家做些异样罗帛花朵，插在轿上左右前后：“也见得我花里行肆！”不在话下。到当日，李押录使人将轿子来，众相识把异样花朵插得轿子满红。因此，至今留传“花灯轿儿”，今人家做亲皆因此起。

这当然是小说家言，但新娘出嫁所坐的花轿应该是女轿的特例，似乎由“小轿插花”发展而来的，也许倒是合乎风俗衍变的。

三

北宋中期以前，从制度规定上说，即便对官员乘轿族也是有严格限制的。开国大臣赵普晚年因有足疾，宋太宗特许他乘檐子入见，赵普视为莫大的殊荣，感激涕零地上表谢恩。哲宗元祐元年（1086），司马光任宰相，因病不能骑马，以特恩允许他“肩舆至内东门”。但不久，有官吏报告：“京城士人与豪右大姓，出入率以轿自载，四人舁之。”这就说明，宋代原先“非品官不得乘暖轿”的规定，在民间早已形同虚设。东京城里，不仅不是品官的一般富民都乘坐暖轿，就连“娼优、下贱，遂以为常”。国家的行政命令阻拦不住轿子在民间生活中的流行，这从《清明上河图》里颇有轿子往来，也可以得到印证。

南渡以后，宋高宗“诏许百官乘轿，王公以下通乘之”。

张择端《清明上河图》中的轿子，从场面看，背身的男子面对着一顶空轿，似乎正在交涉租赁事宜

但也是在高宗绍兴时（1131—1162），据《罗湖野录》记载：

> 比者，山僧至深村狭路，一婆子亦乘轿来，不免各下轿而过。婆子问曰："和尚向甚处去？"遂对以持钵去。

和尚居然乘着轿子去托钵，其普及程度可想而知。因而朱熹所说"自南渡后至今，则无人不乘轿"，朝廷的诏令只不过是对现实生活迟到的承认。

由于轿子便于出行而引领时尚，轿子租赁业随即在大中城市出现，并且很快从城市向乡镇，从短途向长途延伸拓展。据《京本通俗小说·拗相公》的描写，王安石罢相，南归江宁（今江苏南京）途中，行至钟离（今安徽凤阳东），舍舟登陆，"欲觅肩舆一乘，或骡或马三匹，即刻便行"，虽然费了点周折，还是如愿"上了肩舆"，一路"直至金陵"。轿子给人们的出行带来了极大的方便。《拗相公》是南宋话本，是专门丑化王安石的。有记载说，他归居江宁，出门只骑驴子，有人劝他还是乘肩舆舒适，他作色道："自古王公即便不讲道德的人，也未敢以人代畜。"准此而言，王安石更不会长途坐着肩舆回江宁的。但文艺作品中生活细节总是以社会实际来构筑基础的。

从现存史料来看，至迟北宋熙宁五年（1072），明州城里已有专门经营出租的轿子。据这年访问东京的日僧成寻说，"诸僧列送，取手乘轿子后还了，申时还着宿所，使者与钱百文，轿子担二人各五十文"。不仅如此，成寻从天台山国清寺到新昌县城，也"以六百七十文钱雇二人，乘轿，余人徒行"，把赁轿费也记得清清楚楚。由此不难推断，当时南北大中城市都应该有租轿业务。《水浒》写杨雄之妻潘巧云到报恩寺还愿时，"讨了一乘轿子"，似乎就是临时租赁的，这从杨雄其后诓骗她上翠屏山时说"我去买香纸，雇轿子"，也可得到证明。联系到"非品官不得乘暖轿"的规定，可见条文规定与现实生活的严重脱节。

轿子租赁业在南宋都城临安更为兴盛，《武林旧事》开列十二种可供租赁物中，就有花轿与普通轿子。这在当时话本小说中也颇有反映。例如，《刎颈鸳鸯会》中就说到"雇顶轿儿，送母回了"。《错认尸》也说：

> 乔俊也行了五七日，早到北新关，歇船上岸，叫一乘轿子，抬了春香，自随着，径入武林门里，来到自家门首，下了轿，打发了轿子去了。

令人吃惊的是，居然有人利用租轿实施犯罪。据《西湖游览志》，南宋孝宗时，有一个湖州士人携妻来临安探亲，泊船上岸时对妻子说："我去租轿来接你。我如果不来，就让轿夫拿着紫衫作为记号，你可自来。"不久，就有一轿带着紫衫接她而去。轿入一座寺庙，有一个少年引路说："你的官人就在里面。"转过几道深巷，进入一间小室，少年除去头巾，竟然是和尚，持刃胁迫女子入一土窟，其中已有妇女三十余人，"皆有姿色"。原来这个僧人淫乱团伙，专门在船码头利用雇轿人与妻女之间交接的漏洞以售其奸。但由此也折射出当时租轿是寻常事。

尽管有耸人听闻的相关案件，但这种新行业尤其受到歌馆艺妓的欢迎，而使赁轿之肆大获其利。据《武林旧事》记载，客人前往歌馆游冶"或欲更招他妓，则虽对街，亦呼肩舆而至，谓之过街轿"。灯红酒绿之际，这些应召歌妓都把轿子作为代步工具，出入于歌馆酒楼之间，就好像今天当红的女歌星，打飞的走穴赶场一样稀松平常。

太平车

一

《水浒》中“智取生辰纲”一回写到太平车，梁中书吩咐杨志道：“着落大名府差十辆太平车子，帐前拨十个厢禁军监押着车，每辆上各插一把黄旗，上写着‘献贺太师生辰纲’。”不过，这个建议因目标太大，容易遭强人打劫，杨志以为不可行，最后改由厢禁军装扮脚夫，肩挑生辰纲上京。第六十一回写卢俊义中了吴用的计赚，准备往东南避难，对管家李固说：“你与我觅十辆太平车子，装十辆山东货物，你就收拾行李，跟我去走一遭。”太平车是宋元时代最常见的载重车，宋代话本小说《赵伯昇茶肆遇仁宗》也有涉及：

> 忽一日，仁宗皇帝在宫中，夜至三更时分，梦一金甲神人，坐驾太平车一辆，上载着九轮红日，直至内廷。猛然惊觉，乃是南柯一梦。

明万历容与堂刻本《忠义水浒传》版画《吴用智取生辰纲》中吴用等正用江州车把得手的生辰纲运下山

也许是日常所见，《水浒传》与话本对其形制都不做进一步描写。

关于太平车的得名，邵博在《闻见后录》里有所交代："今之民间辎车，重大椎朴，以牛挽之，日不能行三十里；少蒙雨雪，则跬步不进，故俗谓之太平车。或可施于无事之日，恐兵间不可用耳。"邵博虽说明太平车车身重大，车速缓慢，对具体形制还是语焉不详。好在《东京梦华录》有细致的描绘：

> 东京般载车，大者曰"太平"。上有箱无盖，箱如勾栏而平。板壁前出两木，长二三尺许。驾车人在中间，两手扶捉鞭鞍驾之。前列骡或驴二十余，前后作两行；或牛五七头拽之。车两轮与箱齐，后有两斜木脚拖。夜，中间悬一铁铃，行即有声，使远来者车相避。仍于车后系驴骡二头，遇下峻险桥路，以鞭吓之，使倒坐缍车，令缓行也。可载数十石。官中车惟用驴，差小耳。

由此再来看《水浒》记叙李固奉卢俊义之命，"讨了十辆太平车子，唤了十个脚夫，四五十拽车头口"，从每辆车摊到四五头牲口，就可以推知这"四五十拽车头口"应是牛，而不会是骡驴。

张择端在《清明上河图》里也描绘了这种车子。一辆太平车正驰过刘家上色沉檀拣香铺，空载的车上只坐着一个人，车后还露出斜木脚拖，车前两木中间坐着驾车人，正挥鞭吆喝着撒欢奔逃的四匹骡驴。其后还有一辆太平车正在拐弯，车身虽未显露，驾车人与四匹牲口则清晰可见。较之孟元老所说的"前列骡或驴二十余，前后作两行"，这种太平车似乎是小型的。

周密在《癸辛杂识》里说：

> 北方大车可载四五千斤，用牛骡十数驾之。管车者仅一主一仆，叱咤之声，牛骡听命惟谨。凡车必带数铎，铎声闻数里之外，其地乃荒凉空野故耳。盖防其来车相遇，则预先为避，不然恐有突冲之虞耳。终夜劳苦，殊不类人。雪霜泥泞，尤艰苦异常。或泥滑陷溺，或有折轴，必须修整乃可行，濡滞有旬日。然其人皆无赖之徒，每挟猥娼，同处于车箱之下，藉地而寝，其不足恤如此。

这里所说的北方大车，从其拽车的牛骡数、载重量来看，应该就是太平车，但说驾车的“每挟猥娼，同处于车箱之下”，车箱就不可能没有盖，则与孟元老的描述略有不同。太平车是载物的货车，无赖之徒“每挟猥娼”，显然是特例。《自警编》说韩琦做到河北转运使时，还让他的母亲“坐太平车，以苇席为棚覆”，也是表彰他自奉节俭。靖康之变时，金军从东京掳掠了大内太清楼珍贵的书画与珍本，“皆黄帖牙签，载以太平车”，运到金国去的。这种太平车的形制还传入越南，天感圣武二年（1045），“造太平车，以黄金为饰”，恐怕是当时李朝太宗御用的。

由于太平车车身大而载物多，故而形容要装载的东西多，就往往提到太平车。北宋元祐中（1086—1094），书法家黄庭坚与赵挺之同在馆阁，挺之喜欢自吹，一次说：“乡里最重润笔。每次给他们写了一篇志铭，就用太平车载来馈赠品。”黄庭坚不以为然地说：“想必都是些萝卜、酱瓜吧？”说得对方老没面子。董《西厢》与王《西厢》各有莺莺的曲子说到它，前者道“欲

张择端《清明上河图》中无篷的太平车

张择端《清明上河图》中载人的太平车

张择端《清明上河图》中两辆载物遮篷的太平车

宋代佚名《雪溪行旅图》中的太平车

问俺心头闷答孩，太平车儿难载”，后者道“打算半年愁，端的是太平车约有十余载”。说自己愁闷要用太平车来载，甚至要载上十余辆，夸张得也真可以。

二

宋代常见的货车还有平头车、独轮车、浪子车、痴车等，孟元老在《东京梦华录》里各有记载。平头车形如太平车而略小，两轮前有长木作为辕，木梢处横一木，用一头牛在两根辕木中以颈项驮负着横木，车把式在一边，手牵牛鼻绳驾车。而官宦贵族家的宅眷出门，一般都坐牛车。形制与平头车相似，但车身为帐室，前后有勾栏为门，门设垂帘。据《嬾真子》，理学家邵雍常在春秋两季天色适宜时，“乘安车，驾黄牛，出游于诸公家”，可见一般仕宦也以牛车代步。浪子车则是平盘两轮，只用人力拉拽，犹如今日的板车。其中独轮车与《水浒》中的江州车有关，也值得一说。且先看“智取生辰纲”里说到的江州车：

> 那七个客人从松树林里推出这七辆江州车儿，把车子上枣子丢在地上，将这十一担金珠宝贝却装在车子内，遮盖好了，叫声“聒噪”，一直望黄泥冈下推了去。

江州车也是当时常见的载重货车，小说自然也不必特地写其形制。《事物纪原》的作者高承以为：“蜀相诸葛亮之出征，始造木牛流马以运饷，盖巴蜀道阻，便于登陟故耳。木牛，即今小车之有前辕者。流马，即今独推者是，而民间谓之江州车子。”据高承所说，江州车显然是独轮车。李诫在《营造法式》里说，独轮小车子，“扶、驾二人，每车子装物重二百斤”。再来对照孟元老的描述：

> 又有独轮车：前后二人把驾，两旁两人扶拐，前有驴拽，谓之串车，以不用耳子转轮也；般载竹木瓦石，但无前辕，止一人或两人推之，此车往往卖糕及糕糜之类人用，不中载物也。

不难看出，高承所谓带前辕的木牛，即孟元老所说的串车，前辕则是用来系拽绳的。而高承所谓流马，即孟元老所说的无辕独轮车，也就是江州车。车以州名，但并不是指宋代的江州（治今江西九江），而是指诸葛亮始创这种独轮车的地方，即《后汉书·郡国志》所载巴郡治所江州县，在今重庆市北。

不过，孟元老笔下的江州车，似乎比较单薄，大概只供城市小贩使用，故而“不中载物”，与《水浒》中的江州车不可同日而语。民间用来长途跋涉的江州车，应该是《水浒》里结实载重的那种，这有《独醒杂志》的记载为证：

> 江乡有一等车，只轮两臂，以一人推之，随所欲运。别以竹为篰，载两旁，束之以绳，几能胜三人之力。登高度险，亦觉稳捷，虽羊肠之路可行。

“能胜三人之力”，就绝不能说是“不中载物”。熙宁九年（1076），曾征募民间江州车一千辆运送军粮，也可见其能负重远行。据《吕氏杂记》说，王安石出门喜欢坐江州车，自坐一

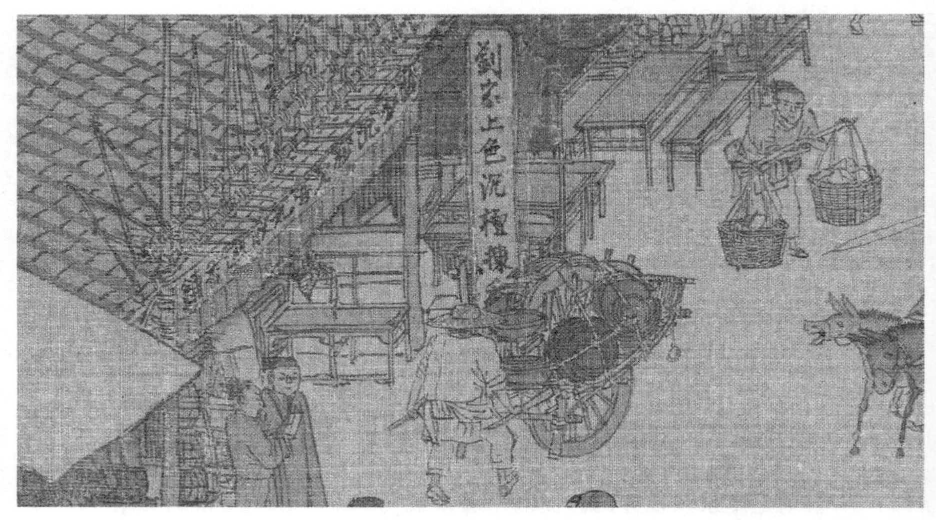

张择端《清明上河图》中单人后推式的江州车

张择端《清明上河图》中江州车，显然载物太沉，不仅前挽后推者，连拉车的毛驴都不胜其力

箱，其相对一箱，有宾朋则宾朋坐，无宾朋则奴仆坐。由此可知，江州车一般置左右两箱或两篰以保持平衡，以两人的体重，再加行李，起码也有三四百斤，正与《独醒杂志》所说的“三人之力”约略相当。也有学者提出一家言：只要是独轮车一人在后推者，不论前面是否用畜力拽挽，都可以叫作江州车。

另据《梦溪笔谈》记载，宋初文学家柳开恃才任气，应举前以文章遍投主事者，“凡千轴，载以独轮车”，考试那天，“自拥车以入，欲以此骇众取名”，也算是为江州车平添一段逸事。不过，即便千轴文章，也不会重到哪儿去，他使用的恐怕是孟元老所说的那种“不中载物”的独轮车。倘若真正要靠它来载重赴远的话，不论是太平车，还是江州车，可就不像柳开那么潇洒了。李元弼在《作邑自箴》里说“大小车行，带斧、凿、锹、镬，以防急用”，这里的大车应该也包括太平车，“或有折轴，必须修整乃可行”，带斧凿是备修整时急用。至于“江州车仍带准备耳子，更须附绳担三五副，以备般剥”，连捆绑两旁车箱或车篰的备用绳索，都要带上三五副，可见车行的辛劳。不信，你看看《雪溪行旅图》的艰苦相！

铁扇子

《水浒》在宋江登场时连带介绍了他的兄弟：

> 上有父亲在堂，母亲丧早，下有一个兄弟，唤做铁扇子宋清，自和他父亲宋太公在村中务农，守些田园过活。

尽管“满县人都叫他做铁扇子”，小说却未交代其诨名的来历。水浒中的天罡地煞，不论高下优劣，至少都有一技之长，即便地煞星的最末两位——鼓上蚤时迁与金毛犬段景住，也以鸡鸣狗盗之技而无愧梁山好汉的英名。唯独宋清，上山前后都不见其有何能耐，梁山泊英雄排座次时，给他的职掌是专管排设宴席。似乎也是碍着总头领的脸面，因人设岗，给他一份轻松的差使。

张恨水《水浒人物论赞》指出：“扇子扇风，必须轻巧可携，以铁制之，何堪使用？于其绰号以窥其人，可知矣。”他认为铁扇子宋清“实无一可取”，小说作者安排他专司庖厨之事，“殆故意使与饭桶为伍乎”？但王利器以为，“铁扇子是有庇护作用的”，他引《三朝北盟会编》为证，金兵进攻濠州时，知州王进“出入以铁扇为蔽，呵喝如常”，宋清在保护兄长上也是功不可没的。

一

令我们更感兴趣的，不是对宋清其人的评价，而是他这把铁扇子的造型该是如何模样。扇子以制作材料而言，自有羽毛扇、竹木扇、绢帛扇、檀香扇、象牙扇、蒲葵扇等繁多的名目，但以形制而言，则可以简单区分为扇面固定的团扇与收放自如的折叠扇。而宋代正是折叠扇崭露头角而团扇仍领风骚的转型时期，宋清那把铁扇子究竟是团扇，还是折扇呢？

团扇的使用，文献早有记载。这种扇子围竹篾为圆框，蒙以绫、罗、绢、纨等精美的丝织品，扇面形如满月，扇柄居中夹持，左右对称，象征团圆、合欢，故而称为团扇、合欢扇、纨扇。由于丝织品价格高昂，纨扇最初只在宫廷中使用，故而也称作宫扇。汉成帝时班婕妤的《怨歌行》是现存最早的咏扇名篇，把流行汉晋的团扇描写得形象而明白：

新裂齐纨素，皎洁如霜雪。
裁为合欢扇，团团似明月。

画史上有杨修为曹操画扇“误点成蝇”的传说，而到南朝在白团扇上题字作画，已成为风尚。史学家范晔因罪系狱，南

南宋苏汉臣的《婴戏图》中那个以扇扑蝶的儿童所用的还是团扇

朝宋文帝有一把上好的白团扇，命他书写诗赋美句。范晔写了“去白日之昭昭，袭长夜之悠悠”，宋文帝把玩时一度很感动，却终于没饶他一死。宋文帝还让画工在白团扇上绘赤城山水，他对团扇进一步艺术化倒是不无贡献的。

这种团扇在唐代成为时尚女性必不可少的随身装饰。王建词云：“团扇，团扇，美人并来遮面。”杜牧诗云：“银烛秋光冷画屏，轻罗小扇扑流萤。”空灵的词句都透露出女性的唯美。团扇的形制，已不再拘泥于圆形，长圆形、亦方亦圆形也相继出现，中唐以后，扁圆、六角、海棠、梅花形的团扇也纷纷登场。至于团扇的柄，一般与扇径相当，但也有柄长于扇径达数倍者，以方便侍女替主人扇凉。

书画团扇在宋代达到了艺术上的鼎盛期，传世名作不胜枚

宋佚名《荷亭婴戏图》中的侍女用长柄团扇为女主人与婴儿扇凉

明万历容与堂刊本《忠义水浒传》版画《公孙胜应七星聚义》中公孙胜拿的就是鳖壳扇，而吴用则手执折扇。吴用的折扇虽然拿得早了年代，但也说明折扇最先是在高雅富贵人群中流行的

明万历容与堂刊本《忠义水浒传》版画《杨志押送金银担》中那些押送生辰纲的军士也摇着折扇，可见明代折扇已经是司空见惯的大众用品了

举，雅俗争趣异彩纷呈。连陆游的形象也在晚年上了团扇，让大诗人分外兴奋，有诗给友人说：“吴中近事君知否，团扇家家画放翁。”

当然，纨扇出现以后，其他材质的扇子，例如竹扇、纸扇、羽扇、蒲葵扇等也渐次行世。北宋纸扇已十分盛行，但主要还是团扇形式，只是将名贵的绢罗换成廉价的油光纸而已。大臣文彦博见到宋哲宗以纸扇取凉，便率群臣进贺“人君俭德”，可见这种纸扇的耗费远较团扇低廉。《水浒》里公孙胜“绵囊手拿着鳖壳扇子”，鳖壳扇是油纸扇的一种，以其颜色接近鳖壳，虽显得另类，却远不及智多星吴用手执“五明扇”来得风流洒脱。《水浒》说五明扇“齐攒白羽”，显然就是羽毛扇。可见宋代虽然团扇盛行，折扇走俏，但羽扇仍受文人的青睐。陆游诗云“羽扇挥浮云，月挂牛斗间”，对其推崇备至。著名词人姜夔有一首诗，自题羽扇鹤氅的写真：“鹤氅如烟羽扇风，赋情芳草绿荫中。黑头办了人间事，来看凌霜数点红。”也显得潇洒不羁。

二

折叠纸扇在北宋还只是时髦的舶来品。据《宋史·日本传》，宋太宗端拱元年（988），日本使者所献礼物中有蝙蝠扇两把，蝙蝠扇就是折叠扇。折叠扇的原产地虽是日本，其输入渠道却还有高丽，故而当时也称为“倭扇”或“高丽扇”。高丽使者每次来中国，就带上折叠扇作为私人礼品，送给他们打算结交讨好的达官贵人。郭若虚在《图画见闻志》里说，这种折叠扇“用鸦青纸为之，上画本国豪贵，杂以妇人、鞍马，或临水为金砂滩，暨莲荷、花木、水禽之类，点缀精巧；又以银泥为云气月色之状，极可爱”。宣和年间（1119—1125），宋朝使者出使高丽时留下了一部《宣和奉使高丽图经》，其中记载了三种折扇。其一是杉扇，“惟以日本白杉木劈削如纸，贯以彩组，相比如羽，亦可招风”，应即现今还可见到的檀香木扇。其二是白折扇，“编竹为骨，而裁藤纸鞔之，间用银铜钉饰，以竹数多者为贵。供给趋事之人，藏于怀袖之间，其用甚便”。其三是画折扇，扇面上“金银涂饰，复绘其国山林、人马、女子之形”。这种画折扇也就是郭若虚描述的，产自日本，扇面彩画就是日本的大和绘。

宋元话本《赵伯昇茶肆遇仁宗》描写宋仁宗落扇的故事，虽是小说家言，却也反映出折叠扇传入之初的特殊身价。故事说仁宗有一次微服出宫，上樊楼饮酒：

> 手执一把月样白梨玉柄扇，倚着栏杆看街，将扇柄敲楹，不觉失手，坠扇楼下。急下去寻时，无有。

这里虽未交代扇子的造型，但从“将扇柄敲楹”推测，仁宗不大可能将团扇颠倒过来拿，以柄敲楹，而只可能将折扇收拢，顺势做出敲楹的动作。这从小说后来交代赵旭交还所捡扇子的举动也可印证：

> 正说之间，赵旭于袖中捞摸。苗太监道：“秀才袖中有何物？”赵旭不答，即时袖中取出，乃是月样玉柄白梨扇子，双手捧与。

以团扇面积之大，恐怕很难藏进袖里，即便勉强放入，也完全不必捞摸才能拿到，足以断定这是把折扇。

这个故事也说明：折叠扇起初只供宫廷御用。史料表明，连当时的外戚之家都要打点市舶司长官，才能侥幸获致一把折叠扇。即便迟至神宗熙宁年间（1068—1077），专管藩属国朝觐事务的长官，也很难从高丽使者那里搞到折叠扇。据《宋朝事实类苑》，王辟之在熙宁末年游相国寺，见有卖日本折扇的，上漆的扇骨，配以鸦青纸的扇面，上绘平远山水，薄敷五彩，近岸萧瑟芦蓼，鸥鹭伫立，舟艇渔人，远天隐然有微云飞鸟，笔势精妙，中国善画者所不能及，但索价绝高，他“无以置之，

江苏武进出土南宋戗金人物花草纹漆奁盖。这是罕见的绘有折扇的宋代文物，足以印证文献记载。画中两个仕女，一个执纨扇，一个拿折扇，折射出南宋时两种款式的扇子平分秋色的局面

每以为恨”。唯其身价不菲，元祐初，钱勰出使高丽回国，苏轼、苏辙与黄庭坚、张耒都获赠了高丽扇，这令他们兴奋不已，留下了一组唱和诗。其中，张耒的诗云：

> 清严不受橐中献，万里归来两松扇。
> 六月长安汗如洗，岂意落我怀袖里。

能收入怀袖的，当然是折叠扇，欢喜之意是溢于言表的。苏辙《杨主簿日本扇》以诗调笑云：“扇从日本来，风非日本风。”“但执日本扇，风来自无穷。”孔武仲没能获赠，向钱勰“以诗求

之”，自述往年在庐山见到僧人使用高丽扇，“敛之不盈寸，舒之则雪山松鹤，意趣甚远”，从其羡慕之情不难想见折叠扇在当时追捧的情景。稍后不久问世的《清明上河图》，堪称北宋社会风俗大观，其中人物或持团扇，却未见有手持折叠扇者，这也说明当时折扇尚处于物以稀为贵阶段，还没进入普通的社会生活。由此推测，《东京梦华录》所说“诸色杂卖”有“换扇子柄”的买卖，所换的恐怕不会是折叠扇柄。

三

大约南渡不久，朱翌有《生查子》咏折叠扇云：

宫纱蜂趁梅，宝扇鸾开翅。
数折聚清风，一捻生秋意。

描摹折扇十分形象，但称之“宝扇”，恐怕还是稀罕物。《湖海新闻夷坚续志》有一个姑妄言之的故事，说建炎三年（1129），宋高宗为避金军追击，在明州（今浙江宁波）登船亡命海上，仓促间将一把有玉孩儿扇坠的折叠扇掉入江中。十余年后，一次内宴，大将张俊拿着一把折叠扇赴席。高宗见其扇子上的玉孩儿坠子酷似当年丢失的那把，一问，说是从清河坊铺子买的，铺子说来自一个厨娘，而厨娘则是剖大黄花鱼时得到的。故事真实性值得存疑，但从年代上也许说明，高宗朝中前期折扇还只在上层小范围里流行。

宋代仿制折叠扇究竟起于何时，已难确考。不过，据乾道三年（1167）问世的《画继》说，高丽扇有“如市井中所制折叠扇者，但精致非中国可及”，则可推断，靖康南渡后四十年间，南宋已有批量的国产折叠扇应市，当然质量还不能与之匹敌。再过四十年，赵彦卫在其《云麓漫钞》里说“今人用折叠扇，以蒸竹为骨，夹以绫罗，贵家或以象牙为骨，饰以金银”，并认为与高丽扇相比，“中国转加华侈”，在制作工艺上已经青出于蓝。

由于扇子的流行，南宋都城临安就星罗棋布了不少制扇的作坊与卖扇的店铺，而在清河坊、钦善坊与修文坊，居然都有以扇子巷命名的扇子一条街。扇庄经营各具特色，据《梦粱录》记载，小市里有两家扇庄，周家折叠扇铺专营折扇，而陈家画团扇铺显然只销售各色团扇。专门修扇子的小活计也应运而生。

江苏武进南宋墓葬出土戗金花卉人物朱漆奁，奁盖上戗画着仕女消夏图，两个仕女一持团扇，一摇折扇，表明南宋以后折扇已在大户人家普遍使用。折叠扇因能放能聚，当时也叫作“聚扇”“聚头扇”“聚骨扇”或“撒扇”。原先爱在团扇上题字作画的书画家们，也开始在折叠扇上一显身手。擅长金碧山水的名画家赵伯驹就曾在“聚扇上写山”，元人一见即倾倒其“万里江山归一握”磅礴气韵。宋宁宗的小姨杨妹子（一说杨妹子即杨皇后昵称）也曾在折叠绢扇面上作画，传到明代“折痕尚存”。遗憾的是，传世的宋画扇面几乎都是团扇，而折叠扇面却似乎迄今未见。进入明代，折扇书画才取代团扇书画而独领风骚。

四

与南宋对峙的金朝，当时也已流传折叠扇，汉化颇深的金章宗有一首《蝶恋花》词即咏聚骨扇：

> 几股湘江龙骨瘦，巧样翻腾，叠作湘波皱。
> 金缕小钿花草斗，翠条更结同心扣。
>
> 金殿珠帘闲永昼，一握清风，暂喜怀中透。
> 忽听传宣须急奏，轻轻褪入香罗袖。

这首词模拟宫嫔立场看待聚骨扇，尤其下阕将其把玩的情态刻画得惟妙惟肖。这首词以湘江湘波设譬，也许倒是南宋制造，恐怕未必是日本的舶来品。

《水浒》里写到扇子处还真不少，有金銮殿上的凤羽扇，梁中书家的葵扇，地头蛇黄达手里“捏着一把三角细蒲扇”。小说还描写雷横在郓城县去看白秀英作场道：

> 只见一个老儿，裹着磕脑儿头巾，穿着一领茶褐罗衫，系一条皂绦，拿把扇子，上来开呵道……

宋代瓦子勾栏演出，开场时插科打诨的演员也总是手拿扇子。但从宋人《杂剧人物图》和《丁都赛砖刻》看来，他们拿的应是团扇或蒲扇，而不像后来相声演员那样手摇折扇。不过，《武林旧事》里有说唱艺人艺名为“扇李二郎”的记载，却未交代其形制。但不同于杂剧艺人，说唱艺人演艺场地、动作幅度都不大，拿折扇的可能似乎比团扇来得大。

《水浒》里有三处写到了折叠扇。其一是林冲出场，立在相国寺菜园的墙缺边观看鲁智深舞浑铁禅杖，小说描写其打扮是“手中执一把折叠纸西川扇子”，这把时髦的折扇颇能衬托其禁军教头的不俗身价。其二是燕青初登场时说他“腰间斜插名人扇，鬓畔常簪四季花”，燕青是风流倜傥的浪子，腰间所插的名人扇不可能是碍手碍脚的团扇，只可能是聚撒如意的折叠扇，这才符合他追逐时尚的浪子性格。其三是描写为王庆算卦的李助，“摇着一把竹骨折叠油纸扇”，“当下王庆对着李助坐地，当不的那油纸扇儿的柿漆臭，把皂罗衫袖儿掩着鼻听他”。有研究者认为，征王庆的情节是入明以后掺入的，那把带着柿漆臭的折叠油纸扇，似乎是以明代廉价折扇为描写依据的。

据明代陈霆在《两山墨谈》中说：“元初，东南使有持聚头扇者，人皆讥笑之。我朝永乐初，始有持者。”这也表明，折扇真正普及应在《水浒传》成书的元末明初，故而作者将其写入了小说。折叠扇流行以后，逐渐成为男性在正式场合的身份标志，而团扇则为女性专用品。而后人从明版《忠义水浒传》中“智取生辰纲”的插图看到，不仅押解生辰纲的杨志一伙有两个手摇折扇。连晁盖等假扮的贩枣客人也有两个拿着折扇。联系北宋晚期折叠扇的身价，画家显然让他们错拿了不合身份的道具。

最后，似可对宋清的铁扇子做出判断：既然是铁铸的，便不会是收放自如的折叠扇，而只能是形制固定的团扇。足下以为如何？

神算子

《水浒传》第四十一回说欧鹏、蒋敬、马麟与陶宗旺啸聚黄门山，听闻梁山好汉大闹江州救了宋江归途经过，慕名前来入伙。小说对蒋敬有段交代：

> 第二个好汉姓蒋，名敬，祖贯是湖南潭州人氏，原是落科举子出身，科举不第，弃文就武，颇有谋略，精通书算，积万累千，纤毫不差，亦能刺枪使棒，布阵排兵，因此人都唤他做神算子。

出场诗评价颇高，说他“幼恨毛锥失利，长从韬略搜精，如神算法善行兵，文武全才蒋敬”。上山以后，蒋敬“掌管库藏仓廒，支出纳入，积万累千，书算账目”，对其布阵行兵的文武全才却一无所及。待到“梁山泊英雄排座次”时，蒋敬以地会星位居掌管监造诸事十六员头领之一，专门“考算钱粮支出纳入”，相当于梁山集团的总财会师，属于专职技术精英。

清光绪刊本《水浒人物全图》中神算子蒋敬与霹雳火秦明，蒋敬使用的是算盘

综观《水浒传》，蒋敬绝对不算大角色，但其“神算子”绰号与精通书算有关，而他出神入化的计算工具便是“算子”。然而，这“算子”究竟是算筹，还是算盘，却关涉一桩聚讼纷纭的中算史公案。

一

在中算史上，将细长条的计数工具称作“策”“筹”与“算”，也称“筹策”与“算筹”。顾野王《玉篇》说，“策，筹也”。在《说文》中，“算”用作计数时作“算”，用作计数工具时则作“筭”，但后来往往混用；而“筭”从竹，从弄，“长六寸，计历数者”，“常弄乃不误”，意思说，用六寸长竹筹作计数工具，确保计算不出错误。《汉书 · 律历志》对算筹有具体描写：“其算法用竹，径一分，长六寸，二百七十一枚而成六觚，为一握。”《隋书 · 律历志》所记略异：“其算用竹，广二分，长三寸。正策三廉，积二百一十六枚，成六觚，乾之策也。负策四廉，积一百四十四枚，成方，坤之策也。”算子作为后出的俗称，最先是用来指算筹的。这种以筹、策与算筹、算子帮助计算的方法也称为“筹算”。《梦溪笔谈》说，“算法用赤筹、黑筹，以别正负之数”，讲的就是筹算。

至于算筹的材质，一般用竹、木，制成长条的圆形或方形，北宋初《清异录》有一个铁算子故事：

> 宣武刘，钱民也，铸铁为筭子。薄游，妓求钗奁，刘子辞之，姥曰：“郎君家库里许多青铜，教做不动尊，可惜烂了，风流抛散，能使几何？”刘子云：“我爷唤筭

子作长生铁，况钱乎？彼日日烧香，祷祝天地三光，要钱生儿，绢生孙，金银千百亿化身，岂止不动尊而已？”

据《邵氏闻见后录》，北宋后期有宦官击碎咸阳古墓出土的白玉帘，制成算筹，矜自夸饰。其他用骨，用象牙，乃至就地取材，不一而足。也就是说，在实践应用中，算筹的长度、材质、颜色与枚数随机应变，并不那么刻板。

从《老子》所谓“善计，不用筹策”起，到《资治通鉴》记唐德宗建中四年（783）“吏执笔握筭，入人室庐计其数”，筹算法世代承续。即便《新五代史·王章传》说后汉大臣王章一向轻视文臣，讥嗤这批人：“此辈与一把筭子，未知颠倒，何益于国邪！”这“一把筭子”，也无疑是算筹。在先秦至五代的长时段里，文献中的算子无例外地都指算筹。

除了筹算用，算筹也用来占卜算命。这种用途，直到宋代仍习以为常。马永卿《嬾真子》说，“卜者出筭子约百余，布地上几长丈余”；陈善的《扪虱新话》说其兄陈庆长善算命，有一次，“举起筭子一把，良久，笑云：甚处去耶，此亦有理”。其兄那把算子显然是算筹。

算筹用途广泛，人们便用以设譬状物。王羲之《题卫夫人笔阵图后》就以算筹比喻书法中的笔势：“若平直相似，状如筭子，上下方整，前后齐平，此不是书，但得其点画尔。”宋代有道名菜，叫作“筭条巴子”，《中馈录》记其加工法说，“猪肉精肥，各另切作三寸长，各如筭子样”，也即切成长条算筹的模样。

算筹作为常用器具，有必要预备一种小容器，方便随身携带。孔平仲《谈苑》说：“三代以韦为筭袋，盛筭子及小刀、磨石等。”这种用皮或布做的算袋，宋代仍很流行。据《孙公谈圃》，诗人梅尧臣在大庭广众下忽有灵感，便掣笔写在小纸片上，“纳筭袋中”。《西湖老人繁胜录》开具南宋临安“诸行市”，有一行专卖“筭子筒”，也称“算筒”，还被《咸淳临安志》列为特色名物，算筒装的当然是算筹。

然而，中唐以降，城市经济的蓬勃发展与商贸活动的空前频繁，构成唐宋之际社会变迁的主题之一，也引发了计算工具的改良与计算方法的革命。作为计算器具，原先是算筹的一统天下，进入宋代以后，逐渐跨入算筹与算盘的并存期；在计算方法上也呈现出筹算与珠算并行不悖的双轨制。作为俗语，原先专指算筹的算子，也用以指称新出的算盘，这就给文献解读带来了诸多的困惑；而算盘与珠算究竟何时产生，也成为解读蒋敬绰号“神算子”内涵的关键所在。

二

珠算一词，始见于题名徐岳的《数术记遗》。该书记录了十四种算法，有一种就叫“珠算”，其仅有十字说：“珠算控带四时，经纬三才。”这位徐岳，活动在东汉末年，其书却颇杂佛教语汇，究竟是否成于汉魏之际大可存疑。北周甄鸾曾为其书作注（一般认为就是注者伪托的），说徐岳所谓珠算乃“刻板为三分，其上下二分以停游珠，中间一分以定算位。位各五珠，上一珠与下四珠色别。其上别色之珠当五，其下四珠，珠各当一。至下四珠所领，故云控带四时；其珠游于三方之中，故曰经纬三才也”。有人便据此将算盘起源上推到南北朝甚至汉代。

不过，据现代中算史家对甄鸾注文的复原图，这种珠算，

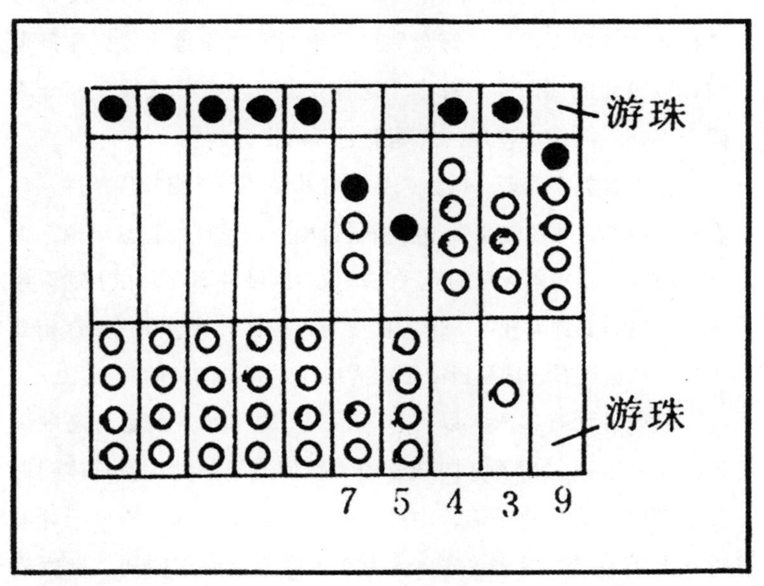

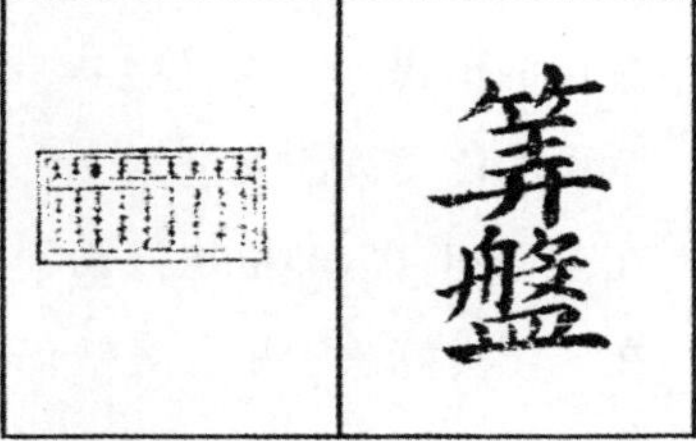

上：今人对《数术记遗》所述珠算示意图

下左：《对相四言》里的算子，图示的是算筹；下右：《对相四言》里的算盘，与算筹恰成对照严格说只是珠算板，不计数时，珠算板上的算珠停留在上下两段，计数时则将当五珠与当一珠集合在中段，聚合以计数；珠算板上的算珠不像后来算盘那样用细圆杆贯串定位，算珠只是作计数筹码的代用品。总之，这种算盘板与现代式算盘完全两码子事，不能作为将现代式算盘起源前推的理据。

在中算史家看来，珠算产生应有其硬件条件与软件条件，两者缺一不可。硬件就是必须有横梁过档竖杆贯珠的算盘出现，软件则应有一套完备成熟的算法与口诀。就硬件而言，在上述珠算板上，只需安置隔开上下珠的横梁与穿珠杆，就与现代算盘相去不远。从这点看，珠算板或可视为现代式算盘的胚胎状态。

就软件而言，入宋以后，一系列与珠算相关的算法与歌诀逐渐走向成熟，为筹算向珠算的飞跃创造了条件。但具体到珠算法何时才算瓜熟蒂落，中算史界往往各执一词。清代天算家梅文鼎著有《古算器考》，认为珠算“盖起元末明初，制度简妙，天下习用之”，理由是简明易记的归除歌诀，是珠算得以流行的前提，而在吴敬1450年著成的《比类算法》（全称《九章详注比类算法大全》）里，这类口诀仍“句长而涩”，足证还在草创期，后经提炼修饰，才成为流传至今的珠算口诀。尽管在《比类算法》里，吴敬仍以筹算示范，但在《起例》里注河图书数时明言“不用筭盘，至无差误”，并在河图书数的歌诀里说“免用筭盘并筭子，乘除加减不为难”，将算盘与算子（即算筹）明确对举。可以断言，至迟到1450年，算盘普及已无疑问。不妨再举两则中外文化交流史料作为有力的旁证。其一，东瀛算盘传自中国，而日本现存最早算盘匣盖上有“文安元子年”纪年，文安元年岁在甲子，乃1444年。其二，据《瀛涯胜览》，有景泰二年（1451）记古里国见闻说，“彼之算法无筭盘，

张择端《清明上河图》里“赵太丞家”的药铺柜上放着两个长方形器物，图片放大后可看到左边是算盘，右边是水牌

只以两手两脚并二十指计算，毫厘无差”，既然明人以珠算法对比对方手足并用的计数法，足证十五世纪中叶算盘已家喻户晓。此时距元明之际已过百年左右，梅文鼎之说是颇留余地的。

但现代中算史家李俨对算盘起源元明之际说却持保留的态度。他认为，归除歌诀始见于南宋末年杨辉的《日用算法》（1262）与《乘除通变算宝》（1274），元初朱世杰《算学启蒙》（1299）把口诀发展成三十六句，与流传至今的珠算口诀已经一致（尽管他俩都仍以算筹演算）。另据元代钦天监颁行《通轨》，凡用乘除，都“有定子之法”，这只有珠算时才采用的。而能否使用“撞归”法与九归口诀，乃是珠算法成熟与否的一大标志，但1355年成书的《丁巨算法》运用“撞归法”已与珠算完全一致。总之，至迟宋元之际，尤其从杨辉中经朱世杰再到丁巨的学术链来看，珠算歌诀已完全成熟；而谙熟筹算者只需不太复杂的技术转换，借助于珠算口诀，很快就能学会以算盘计算的珠算法。软件条件一旦具备，硬件条件就易如反掌，在早期珠算板上安横梁、立穿杆，摇身一变就能成为现代式算盘。有理由认为，至迟宋元之际，珠算上在硬件与软件两方面都进入了水到渠成的收获期。

西方科学史家萨顿指出，珠算盘是中国人独立创造的。但仅从中算史内史的演进逻辑，推论珠算与算盘创于宋元之际，总有点口说无凭。那就不妨从外史眼光，寻找文献、图像乃至实物来做进一步的实证讨论。

三

明代程大位有《算法统宗》，向来视为中算史上专论珠算的首部专著，其中著录了元丰、绍兴与淳熙以来刊刻的算书《盘珠集》与《走盘集》等，惜乎《盘珠集》等原书不存。但算盘古称珠盘，珠算法也称盘珠算法，清代中算家梅瑴成与凌廷堪据此推断，“今之珠算，盖始于宋”。不妨剖辨一下这一结论能否坐实。

天算学家卫朴活动在熙宁间（1068—1077），比前述《盘珠集》刊行的元丰（1078—1085）略前，但《明道杂志》记载，他每次计算历法数据，便“布筭满案，以手略抚之。人有窃取一筭，再抚之即觉”，所用的仍是算筹，足见其时珠算尚未在实践中应用。

据1921年考古发现，河北巨鹿宋城遗址出土过一颗扁圆穿孔的木珠。巨鹿故城在北宋大观二年（1108）因黄河决口而湮没地下，有人据此推断北宋晚期已有用于珠算的算盘。但鉴于未有算盘实物同时出土，不排除这颗圆珠有可能是佛珠，故未便遽下定论。

但北宋晚期完成的《清明上河图》里，经科技史家严敦杰二十世纪六十年代率先指出，卷末赵太丞家中药铺柜上有两件长方形器物极可能是算盘。于是，故宫博物院便派人以放大镜细辨，“像一只十五档的算盘，但算珠与横梁若有若无，不能辨别清楚”。但据中算史家华印椿说：

> 1981年1月，中国珠算协会负责人与北京新闻电影制片厂摄影师，又到故宫博物院考察《清明上河图》，将赵太丞药铺柜上的长方形东西摄影放大。放大后可以看出左为算盘，右为水牌。(《中国珠算史稿》)

倘若此说不虚的话，算盘起源于北宋晚期几乎可以定论。

与《清明上河图》反映同一时段社会风俗的《东京梦华录》记载，当时开封有“试晬”习俗，婴孩满岁时，在其前罗列笔、砚、筭等物件，看他抓取何物，借以占卜其未来前途。然而，孟元老语焉不详，仅凭“试晬”有一“筭”，殊难判别究竟算盘，还是算筹。但南宋张孝祥曾以“仙去山藏乳，商归斗筭珠”的诗句描摹兴安的山水人情，前句夸张地说仙人走了却在山里留下乳汁般的水源，后句说商人归来后都在计量着谁入账多，“斗筭珠”似在描写商人们拨弄算盘珠比拼多少的情景，但也不绝对排除以前述珠算板中算珠一决多寡的可能性。

要之，倘说宋季以前已有算盘，比较有力的实物图证乃是《清明上河图》，但这一判断是否铁板钉钉，笔者虽乐观其成，但仍持谨慎的态度，宁可让结论留有余地些。

四

然而，自宋元之际起，有关诗文与图像都明确指向算盘已在民间普遍应用。

当时来往中日之间有许多禅林诗僧，他们诗文集里颇有“走盘珠”“走珠盘”与“珠走盘”的记载，证明其时已有用于珠算的算盘。日僧无象和尚在1252年入宋，其《示慧约上座》说：“根本既实，转物归己，随处了心，纵横出没，全非外物，如珠走盘，如盘走珠，无顷刻落虑。”以算盘走珠为喻阐发“纵横出没，全非外物”的禅家机锋。

日僧雪村友梅1329年归国，在元期间曾著《岷峨集》，有《无碍》诗云：

> 大人行处等盘珠，
> 影迹何曾略有拘。
> 一拶盘中珠辊出，
> 清光洞照刹尘区。

第三句写现代式算盘呼之欲出。与他同一时代的此山妙在禅师渡海来到元朝，在中土著有《若木集》，其中《维那游方》也以“脚前脚后通活路，全机却似走盘珠”设譬为喻来开悟禅机。这些诗文坐实了宋元之际算盘不仅广泛流传，而且业已援为譬喻以逞机锋。

元末松江学者陶宗仪著有《南村辍耕录》，成书于1366年，内有“筭盘珠”之说：

元王振鹏《货郎图》中货郎担上已插着算盘叫卖（原载《敏行与迪哲：宋元书画私藏集萃》）。下左是原图货郎与货担的局部；下右是货担的局部，算盘赫然在目

> 凡纳婢仆，初来时曰“擂盘珠”，言不拨自动；稍久，曰“算盘珠”，言拨之则动；既久，曰“佛顶珠”，言终日凝然，虽拨亦不动。此虽俗谚，实切事情。(《井珠》)

所谓“擂盘珠”，指大擂盘中放一圆珠，其不拨自动一目了然；“佛顶珠”则是释迦牟尼佛头顶上镶嵌的大珠，拨之也不动。两者都与算盘无关，仅与算盘珠做比较。而拨之则动的算盘珠，说明松江地区算盘已相当普及，用以作譬已无人不知。据此，钱大昕在《十驾斋养新录》里审慎地推断算盘“元代已有之”。但能否将算盘起源从元代再往前推呢？

不妨来看图像史料。美国哥伦比亚大学东亚图书馆藏有《新编对相四言》(近有上海书店出版社2015年影印本，下称《新编》)，这是一册看图识字的蒙学读本。据语文学家张志公说，对相类识字课本产生于十三世纪初。所谓“对相”，就是左图右字（词）的图文对照本。这册《新编》的初刻本虽是1436年明刊本，但颇有元代走俏而明代背时的元素（例如“答护”，一种蒙古游牧民穿的翻毛羊皮大衣)。故张志公据此推断：

> 《新编对相四言》是元初以宋本为底本，经过较大修改的产物，所以带有较多的元代色彩，又留有若干宋书痕迹；从《新编对相四言》的原本又产生了复刊本、稍加修改的复刊本、改编本(或吸取它部分内容的新编本)。

有意思的是，东亚图书馆还藏有和刻本《魁本对相四言杂字》(下称《魁本》)，刊刻年份为明洪武四年（1371)，在糅合和风中保留着宋元坊刻本明显风格。比较两书，在收字数上略有多少（《魁本》仅比《新编》多出“牙刷”与“客店”两词），在全书排序上与图像字体上则各起炉灶，却都有“筭盘”与“筭子”的图文对照，《魁本》算盘为十档，《新编》算盘为九档，却都是梁上二珠，梁下五珠，与现代式算盘毫无二致。如上所述，这两种对相读本中的图像也都指向宋元之际。

如果说《清明上河图》那方算盘在辨认上还不免令人存疑，那么元代画家王振鹏《乾坤一担图》（亦称《货郎图》）里的那把算盘则让所有疑问涣然冰释。在这幅画里，一位老人挑着一副货郎担，担上装满儿童玩具、日常用品与书籍文具，有一把算盘竖插在后面的担子上，尽管只外露六档，横梁与穿珠历历在目，一眼望去就是货真价实的现代式算盘。这幅图有小字题款云：“至大三年秋八月，臣王振鹏书。”至大三年是1310年。既然其时算盘已插在走街串巷的货郎担上，其为民间日用品已绝无可疑，故说其盛行于宋元之际，应是无法推翻的定谳。说得周延些，算盘或起源于北宋晚期，降至宋元之际则已传布于民间。

五

算盘作为计算工具，尽管在宋元之际已经流传，但仍未尽取算筹而代之；故而直到1450年，吴敬在《比类算法》里仍以筹算举例。显而易见，珠算全面取代筹算，还有一段不短的路程。大致说来，算盘与珠算完全取代算筹与筹算，要迟至明代中后期，这是继唐宋社会变迁之后中国古代商品经济又一个发展峰值期，也恰与以前史学界习称的资本主义萌芽期两相重合。

而从宋元之际到元明之际，正是《水浒传》在说话艺人手里基本完形期。对这一时期许多记载，后来读者必须细心甄辨，才能确证所说“算子”究竟是算盘还是算筹。

宋元之际《秦并六国平话》说到蒙恬攻灭楚王宫，以“杀得宫娥如筭子，丫叉尸首不堪闻”形容其杀人如麻，这里的“筭子”显然指算筹。及至元代，孙仲章《勘头巾》杂剧中有六案都孔目张鼎说，大凡掌刑名的有八件事，其二即“筭子”。这里的“筭子”事关钱粮计算，但究竟指算筹，还是算盘，作者未做交代，一时难以确定。但元杂剧《盆儿鬼》说贾半仙代人算命时，装模作样“把筭子又拨上几拨，说道：‘只除离家千里之外，或者可躲’”，从其“拨上几拨”的动作看，不可能是算筹，只能用于算盘。至于杂剧《来生债》里庞居士说，司命神“闲着手去那筭盘里拨了我的寿数”，杂剧《刘弘嫁婢》里王秀才“做打筭盘看文书科，云：一八得八”，都明确点出算盘，也成为其时算盘盛行的史证。

《水浒传》同样如此。第五十九回“宋江闹西岳华山”说贺太守带领三百带刀公吏，入西岳庙拜见吴用假扮的宿太尉，“花荣等一发向前，把那一干人，筭子般都倒在地下”，显然以算筹比拟死尸。第六十一回“吴用智赚玉麒麟”说吴用在卢俊义府上为他算命，“取出一把铁筭子来，排在桌上，算了一回，拿起筭子桌上一拍”，一个“排”字暗示排开的是算筹；下文又说“吴用再把铁筭子搭了一回，便回员外道”，一个“搭”字更点明他使用的确是算筹。

据《水浒传》交代，蒋敬随宋江平方腊后安然回京朝觐，是活着回朝的二十七名头领之一，最后“思念故乡，愿回潭州为民”，也算是为数不多得以善终的梁山好汉之一。也许，蒋敬回到潭州老家后，仍会以其“神算子”的一技之长营生度日。

《水浒传》完形于元明之际，但对蒋敬如何以算子“考算钱粮支出纳入”没有细节刻画，对算子的描写也没一处能坐实他确实在使用算盘。这让后人把握其“神算子”绰号究竟何指，留下了深深的遗憾。但既然这是算盘与算筹共存的时代，也是珠算与筹算并用的时代，对“神算子”不作一定之论，不正是一种开放性结论吗？

风俗篇

一枝花

一

你一定还记得，《水浒》里有个大名府的小押狱，“生来爱带一枝花，河北人顺口，都叫他做一枝花蔡庆”。梁山泊英雄排座次后，他分得的任务是专管行刑的刽子手。以今天的眼光看，满脸横肉的刽子手，却在帽檐上簪着娇艳可人的一朵鲜花，该是何等相映成趣令人喷饭啊！

日本宋史学者佐竹靖彦注意到蔡庆簪花的现象，但他认为，在宋代，“死刑犯即将被处死时，刽子手在其鬓发上插上一朵花以为其送行，蔡庆的习惯便是由此而来的”，故而“一枝花”的绰号比他哥哥蔡福的“铁臂膊”更可怕。他为这一说法引《水浒传》中“梁山泊好汉劫法场”那回江州准备处死宋江与戴宗时的例证：

> 就大牢里把宋江、戴宗两个匾扎起，又将胶水刷了

头发，绾个鹅梨角儿，各插上一朵红绫子纸花，驱至青面圣者神案前，各与了一碗长休饭、永别酒。

我们还可以为佐竹补充小说描写王婆行刑时也戴着纸花的：

东平府尹判了一个“剐”字，拥出长街。两声破鼓响，一棒碎锣鸣；犯由前引，混棍后催；两把尖刀举，一朵纸花摇，带去东平府市心里吃了一剐。

但从前引小说里交代蔡庆绰号来历时，只说他“生来爱带一枝花”，则佐竹的论点虽可以聊备一说，但似乎过于穿凿。至于为死囚犯在处决前簪戴纸花，焉知不是尊重罪犯生前发饰习俗的人性化举动，就像给死刑犯送上断头饭、永别酒那样，是让他享有做人最后的权利，未必就是宋代死囚犯行刑前的特殊规则。

之所以如此解释，关键还是因为，在唐宋两代，簪花并不只是女性的特权，男子也是可以有权染指的。唐代黄滔有《断酒》诗，自称“免遭拽盏郎君谑，还被簪花录事憎”，这位簪花录事想来应是男子。这里且说宋代。

当时每逢重大节庆，例如郊祀回銮、皇帝生日、宫廷会宴和新进士闻喜宴等，君臣都有戴花的习惯，此即《宋史·舆服志》所说的，“幞头簪花，谓之簪戴”。宋徽宗是一位雅好声色的风流君主，《东京梦华录》说他每次出游回宫，都是“御裹小帽，簪花乘马”，从驾的臣僚、仪卫，也都赐花簪戴。诗人姜夔有诗记载朝谒景灵宫后群臣簪花通过御街时的壮观场景：

明代陈洪绶《水浒叶子》中的柴进毕竟是皇族之后，簪一枝花，更显得英气逼人

万数簪花满御街，
圣人先自景灵回。
不知后面花多少，
但见红云冉冉来。

对臣僚簪花，《水浒》也有所反映。第七十二回“柴进簪花入禁院，李逵元夜闹东京”说，柴进、燕青在东京酒楼上，“凭栏望时，见班直人等多从内里出入，幞头边各簪翠叶花一朵”，一位姓王的班直告诉他们：徽宗给每个班直“皆赐衣袄一领，翠叶金花一枝”，有宫花锦袄，才能自由出入大内。

宋代凡参加皇帝举办的宫廷宴会，大臣都能领赐到宫中名花。有一次，寇准以参知政事入宫侍宴，真宗特赐异花，说：“寇准年少，正是戴花吃酒的年岁。”这种赐花，一般官员都自己佩戴，亲王和宰执则由内侍代他们将花插到幞头上，有时皇帝也让内侍为宠爱的翰林学士簪花。真宗时，召东京留守陈尧叟和大内都巡检入后苑赐宴，真宗与二臣“皆戴牡丹而行”，宴会间，真宗命陈尧叟“尽去所戴”，“亲取头上一朵为陈簪之，陈跪受，拜舞谢”，令人艳羡不已。皇帝所赐之花，也有种种区别。其中自以真花最为珍贵。每年三月，君臣共赴金明池游赏，与游群臣才得遍赐“生花”（即鲜花）。真宗时，有一次曲宴宜春殿，赐花，“出牡丹百余盘，千叶者才十余朵，所赐止亲王、宰臣”。其他则是人造生花。这种宴集赐花一般都是人造花，分为三品：绢花成本较低，有辽朝使者参加的皇帝生日宴，为向辽使表示节俭，就用这种绢花；罗帛花色泽艳丽，一般用于春秋两次宴会；大礼后恭谢、上元游春等，从臣都随驾出巡，到时有小宴招待，这种场合则赐“滴粉缕金花”，这种人造花以珍巧著称。

一般官员雅集，也有簪花的风习。据《舆地纪胜》说，韩琦出知扬州时，州衙花园长了四朵数十年一见的奇特芍药，韩琦即命设宴园中，请通判王珪、签判王安石赴会，三人都知名当时。但还有一朵芍药给谁簪戴呢？恰有人通报知名之士陈升之赴任经过扬州，第四朵名花终于有主。四人簪花入席，他们将来都位至宰相。且不说后人以为四人应了“花瑞”，却由此可以证明士人簪花宴饮习俗的流行。这一习俗在当时诗文中也有所见。苏轼就有《李钤辖坐上分题戴花》之类的诗题，感叹“帘前柳絮惊春晚，头上花枝奈老何”。东坡老年有一次立春簪花胜，他的侄子打趣道：“伯伯老人，亦簪花胜耶？”黄庭坚也有词云：“花向老人头上笑，羞羞，白发簪花不解愁。”

“城中好高髻，四方高一尺”，官方文化历来领导着社会习俗的新潮流。宋代官场庆典中簪花的惯例一传到民间，则不论性别年龄，不论贵贱贫富，甚至不论平日节庆，都簪花成习了。有一位刘使君面对镜中华发，仍填词道“虽然年老心未老，满头花压巾帽侧”，与苏东坡、黄山谷相比，他可一点都不服老。陈留街上有一个四十来岁的刀镊工，以刀镊所得与七岁的女儿相依度日，“醉饱则簪花，吹长笛，肩女而归”。听说这一故事，黄庭坚大加赞赏，怀疑这位刀镊工是“有道者”，说他“无一朝之忧，而有终身之乐”，真正知道生活之美的。

约略与苏东坡同时，房州有一个隐居的异人，能诗会画像，出口就是“神仙异语”，常戴三朵纸花入城市，因为不知他的真实姓名，市人就围着他起哄，大叫“三朵花”，他却笑着说：“莫要如此，莫要如此！”房州通判许安世求得他的自画像，准备致送苏轼，为其赋诗致意云：

学道无成鬓已华，不劳千劫漫蒸砂。

为来且看一宿觉，未暇远寻三朵花。

绍兴（1131—1162）初年，江淮有一个名张琦的大盗也自称“三朵花”，那是“意欲冒其名以惑众”。建炎二年（1128），荆湖北路还有一个盗贼首领绰号叫“九朵花”。无论是“三朵花”，还是“九朵花”，强盗簪花却是不争的事实。

《水浒》对男子簪花也多有涉及。第十四回描写阮小五出场时的打扮道：“斜戴着一顶破头巾，鬓边插朵石榴花。”第四十四回杨雄亮相时，《临江仙》赞词也说他“鬓边爱插翠芙蓉”。第七十一回宋江在菊花会上那阕《满江红》也说：“头上尽教添白发，鬓边不可无黄菊。”第七十二回“柴进簪花入禁院，李逵元夜闹东京”说，柴进、燕青在东京御街上，“见往来锦衣花帽之人，纷纷济济”。

二

据欧阳修所见，洛阳“春时，城中无贵贱皆插花，虽负担者亦然”；另据王观说，扬州也不论贵贱“皆喜戴花”。据《武林旧事》，杭州茉莉花上市，价格颇昂，而当地“妇人簇戴，多至七插，所直数十券，不过供一晌之娱”。《夷坚志》载，临安有一个机坊主周五，有一个如花的女儿，听到外面有卖花声，看到与平时不同的花，就多给花钱，“悉买之，遍插于房栊间，往来谛玩”。比较起来，人们更喜欢簪戴与观赏鲜花，于是，就引发了诱人的商机。对城市的鲜花消费，《西湖老人繁胜录》有一段颇具市场眼光的论述：

城内外家家供养，都插菖蒲、石榴、蜀葵花、栀子花之类，一早卖一万贯花钱不啻。何以见得？钱塘有百万人家，一家买一百钱花，便可见也。

唯其如此，花圃原来是作为达官贵人庄园的附庸，到了宋代，种花业也逐渐成为独立的商业性的新兴农业，甚至出现了一种叫作“花户”或“园户”的种花专业户。一些大中城市花卉养植业已呈现规模效应。南宋赵蕃有诗反映了临安近郊的这一趋势：

昔人种田不种花，有花只数西湖家。
只今西湖属官去，卖花乃亦遍户户。
种田年年水旱伤，种花岁岁天时穰。

据《西湖百咏》，临安余杭门外溜水桥北，“河界东西，土脉宜栽花卉，园人工于种接，仰此为业”，其中《东西马塍》一诗歌咏了这些专业花户的莳花技艺：

土塍聚落界西东，业在浇畦夺化工。
接死作生滋夜雨，变红为白借春风。

马塍在南宋已经成为临安城花卉种植基地，“都城之花皆取焉”，叶适有诗述其规模之大：“马塍东西花百里，锦云绣雾参差起。”由于马塍一带“种花土腴无水旱”，即便“园税十倍田租平”，花户仍能获得较好的收益。于是，就有《西塍集》所说的情况：

南宋李嵩的《夏花篮图》《冬花篮图》。你是否感受到当时民众鲜花消费的一个侧面？

山下六七里，山前八九家。
家家清到骨，只卖水仙花。

据叶适说，这些马塍花户深知“高花何啻千金直，著价不到宜深藏”，没有好价钱是绝不出货的。而且，有的花户已经有了自己固定的客户，不愁卖不出去。有一首《马塍卖花者》就反映了这一史实：

十里宜春下苑花，浓香染著洞中霞。
采夫移得将何处，担入宫城许史家。

不仅杭州，苏州东城与西城“所植弥望”，扬州种花的专业户也是“园舍相望”，就连陈州（今河南淮阳）的园户也是“植花如种黍粟，动以顷计”。

三

与此同时，都市卖花业也红火了起来。除两宋都城外，洛阳、成都、苏州、扬州等大城市，都有定期的花市，其喧阗程度以至于“车如流水马如龙，花市相逢咽不通”。柳永有词形容市民花卉消费的热情：“渐渐园林明媚，便好安排欢计：论篮买花，盈车载酒。”扬州开明桥“春月有花市”，市上芍药的身价有时比洛阳牡丹还昂贵，以至韩琦有诗云：

广陵芍药真奇差，名与洛花相上下。
洛花年来品格卑，所在随人趁高价。

成都则二月举办花市，以海棠花为胜，也有诗说及其价格：“化工裁翦用功专，濯锦江头价最偏。”洛阳的花市似乎每年在牡丹盛开时开张，据李格非《洛阳名园记》说：每逢花市，“凡城中赖花以生者，毕家于此。至花时，张幕幄，列市肆，管弦其中”，招徕游春人与买花者。文彦博有诗云“去年春夜游花市，今日重来事宛然”，看来他是游兴盎然的。《西湖老人繁胜录》说杭州“虽小家无花瓶者，用小坛也插一瓶花供养，盖乡土风俗如此”。因而这里的花市也让杨万里叹为奇观，他有诗赞叹杭州和宁门外的花市：

先生一见双眼开，故山三径何独怀？
君不见内前四时有花卖，和宁门外花如海。

范成大则在卖花处见到梅花上市，引发实地走马探梅的雅兴：

烟浓日淡不多寒，担上看花雪作团。
想得竹边春已暗，明朝走马过溪看。

于是，在宋代都市，卖花人成为一道流动的风景线，卖花声成为一首悠远的协奏曲。北宋诗人张耒有诗云：

春风扬尘春日白，衡门向城人寂寂。
淮阳三月桃李时，街头时有卖花儿。

这个卖花儿给三月扬尘的淮阳带来了春的消息。《东京梦华录》则以优美的文字记载了汴京清晨的一帧卖花图：

季春，万花烂漫，牡丹、芍药、棣棠、木香，种种上市。卖花者以马头竹篮铺排，歌叫之声，清奇可听。晴帘静院，晓幕高楼，宿酒未醒，好梦初觉，闻之莫不新愁易感，幽恨悬生。

方岳有诗描写了南宋西湖上卖花的场景："马塍晓雨如尘细，处处筠篮卖牡丹。"

词人蒋捷有一首题为《卖花人》的词，也堪称一幅城市风俗的水墨白描：

担子挑春虽小，白白红红都好。
卖过巷东家，巷西家。

帘外一声声叫，帘里丫鬟入报。
问道买梅花，买桃花？

四

簪戴鲜花固然时髦，但一来有时令限制，二来花销不菲，因而仿制生花就开始走俏，制花业也应运而生。宋太祖时，洛阳有姓李的染匠，擅长打造装花襭，人称李装花。宋代话本《花灯轿莲女成佛记》中的莲女就是"家传做花为生，流寓在湖南潭州，开个花铺"。仿生花多以绢、罗制成，也用通草或琉璃作为材料。据《梦粱录》记载，宋代杭州城里，一种罗帛脱腊像生四时小枝花朵，"沿街吟叫扑卖"。诸行市中则有花团、花市和花朵市，主要坐落在官巷里，其间花作行销的首饰花朵"极

辽代佚名《散乐图》，宣化辽墓壁画中的伎乐男子也都簪花

其工巧，前所罕有者悉皆有之”，又以齐家、归家花朵铺最负盛名。可以推断，《水浒》里写到金枪将徐宁、小李广花荣在对阵时也“鬓边都插翠叶金花”，簪的似是仿制的生花。不过，这样一来，鲜花种植户与生花制造者之间就有了利益冲突。许棐的《马塍种花翁》就折射出两者的矛盾：

东塍白发翁，勤朴种花户。
盆卖有根花，价重无人顾。
西塍年少郎，荒嬉度朝暮。
盆卖无根花，价廉争夺去。
年少传语翁，同业勿相妒。
卖假不卖真，何独是花树。

男子簪花习俗在元代依然盛行。《开诏救忠》是一出元代敷演的杨家将杂剧，其中潘仁美在辕门有一句科白："将过花来，我与两个副帅簪花饮酒者。"杨七郎恰巧来讨救兵，见状悲愤满腔道："天也！我父兄困于番阵，太师在此簪花饮酒，正是几处笙歌几处愁也！"说的虽是宋事，折射的却是元代的风尚。倘若不信，元杂剧家白朴的几句散曲，该让你的疑问涣然冰释：

> 青春过了，朱颜渐老，白发凋骚。
> 则待强簪花，又恐傍人笑。

既然男子簪花在宋元时代是一种不足为怪的习俗，满脸横肉的蔡庆自然有权在鬓边簪上一朵含苞欲放的玫瑰，就像现在大妈也有权画眉毛涂口红那样稀松平常。黄脸横肉，干卿底事？

缠足

一

在《红楼梦》研究中，对大观园的群芳到底是天足，还是小脚，有过不少考证文章。这是因为曹雪芹是旗人，而旗人女性不缠足不以为怪，于是有考证的必要。类似问题在《水浒》研究中，似乎没人重视。实际上，宋江闹事的徽宗政和、宣和之际，倒是女性缠足史上由宫廷波及社会的重要时期。

女子缠足究竟起于何时，可谓众说纷纭。据《南史》记载，齐废帝命“凿金为莲花以帖地，令潘妃行其上，曰：此步步生莲花也”。一般认为，这是把纤足称为“金莲”的最早出处。不过，史料中并没有潘妃缠足的记载。有人还举出南朝乐府《双行缠》，附会当时的“双行缠”就是后来的缠足。其诗云：

新罗绣行缠，足趺如春妍。
他人不言好，独我知可怜！

但据学者研究，“双行缠者，乃缠其双股，非缠足也”，用新罗缠裹秀腿，也让人感到可爱与性感，但与裹脚无关。

明代沈德符曾见到过《唐文皇长孙后绣履图》与《则天皇后像》，这两位大唐皇后的足与男子无异。杨贵妃缢死马嵬坡，野史说其留下了一双罗袜，《诗话总龟》还录有唐玄宗所作的《罗袜铭》，且不论其真伪，其中“窄窄弓弓，手中弄初月，又如脱履露纤圆，恰似同衾见时节”的香艳诗句，就足以令后来的好事者放大想象，于是有诗云：

仙子凌波去不还，独留尘袜马嵬山。
可怜一掬无三寸，踏尽中原万里翻。

字面的女色祸国论掩饰不了骨子里对三寸金莲的臆想，但都是无稽之谈。

一般认为，妇女缠足始自五代南唐后主。据《道山新闻》，李后主见宫嫔窅娘苗条靓丽，能歌善舞，特为她造了一座六尺高的金莲花台，然后命她“以帛绕脚，令纤小屈上，作新月状”，再穿上素袜，在莲花台上袅娜起舞，宛如仙子凌云。唐镐有诗云“莲中花更好，云里月长新”，就是以好花喻人，以新月喻足，来描写窅娘的。窅娘因而倍受李后主的青睐，其他妃嫔也纷纷效颦。这是群体性妇女缠足的开端。

入宋以后的百年间，缠足行为未见史料记载。据《三朝名臣言行录》，宋神宗还在做颖王的时候，“近侍以弓样靴进”，韩维批评说：“安用舞靴！”据此可以推断，北宋中期以前，缠足即便有仿效，也主要在宫中。据研究，缠足的影响途径大致是由宫廷进入教坊乐籍，再传遍京城，最后流行各地的。但据

窅娘为了取宠南唐后主，不惜自戕肢体，她是记载最早的缠足宫嫔，长长的裹脚布是从她这里起头的

《南村辍耕录》说，“熙宁、元丰以前，人犹为者少”。苏轼也许是宋人中最早咏赞小脚的，其《菩萨蛮·咏足》云：

涂香莫惜莲承步，长愁罗袜凌波去。
只见舞回风，都无行处踪。

偷穿宫样稳，并立双趺困。
纤妙说应难，须从掌上看。

苏东坡这首词的写作年代大约也在熙宁、元丰（1068—1085）前后，那时还是教坊乐籍的舞女仿效宫样的阶段。绍圣、元符年间（1094—1100）任相的章惇所见就已不同，他把妇人脚和洛阳牡丹、建州茶并列为“古所不及”的近世三事。而约略同时，赵令畤对苏东坡也有“京师妇人梳妆与脚，天下所不及”的感慨，看来缠足在这几十年里已经不再局限于宫廷和教坊了。难怪同时期的秦观以“脚上鞋儿四寸罗，唇边朱粉一樱多”的词句，来塑造他心目中美女的形象，“鞋儿四寸”离金莲三寸也相差无几了。据《枫窗小牍》，徽宗宣和（1119—1125）年间，缠足走红京城，东京“花靴弓履，穷极金翠”。《老学庵笔记》说，宣和末，妇女的鞋底尖尖的，都以两色合成，名曰“错到底”，足见京师已缠足成风，连尖底绣鞋都有了流行款式。

柔福帝姬的故事也可以证明，北宋末年，宫廷妃嫔与宗室女子已普遍缠足。帝姬是徽宗的女儿，靖康之变，与父兄一起被俘北上。建炎四年（1130），有一个女子突然来到南宋朝廷，自称是柔福帝姬，“自敌中潜归”。高宗让老宫人辨认，“其貌

南宋佚名《杂剧打花鼓》绢画中缠足的女伶

良是”，问其宫禁旧事，也回答得不离谱，“但以足长大疑之”。这女子伤心说道：“金人驱迫如牛羊，跣足行万里，宁复故态哉！”高宗就信以为真，封为福国长公主。绍兴和议缔结，高宗生母韦太后从金朝归国，说柔福帝姬早死在金国，这个冒牌货才被处死。但从小脚来辨认帝姬，说明徽宗朝宫廷内已经推行缠足。

二

《水浒传》群像虽然以男性为主，但涉及的女性也不少。作为一部反映宣和遗事的小说，且看它对妇人缠足是如何描写的。梁山好汉中女性仅有三人，孙二娘在孟州开黑店，顾大嫂在登州大劫狱，小说没有写到她们的脚，但肯定不会小脚伶仃的。扈三娘活捉矮脚虎时，说她“凤头鞋宝镫斜踏”，避免用“弓鞋”“金莲”等词语，而特地用“凤鞋”，暗中点明她没有缠足。鲁智深救下的金翠莲，小说倒是两次写到她的脚：鲁达初见她时，但见她“素白旧衫笼雪体，淡黄软袜衬弓鞋”；鲁达打死镇关西逃亡雁门县，再次与其父女相遇，看那女子时，但见“纤腰袅娜，绿罗裙微露金莲”，明确交代她是缠足的。被宋江怒杀的阎婆惜也是小脚，小说的赞语说她“金莲窄窄，湘裙微露不胜情”。被武松所杀的张都监的养娘玉兰，“绿罗裙掩映金莲”，也是缠过足的。第七十三回“黑旋风乔捉鬼，梁山泊双献头”，写到被李逵救出的刘太公之女“云鬟花颜，其实艳丽”时，有诗为证：“弓鞋窄窄剪春罗，香沁酥胸玉一窝。”竭力渲染其缠足的性感。李师师无疑是《水浒》里的花魁，第八十一回写燕青再次找她，但见“当下李师师轻移莲步，款蹙湘裙，走到客位里面”，用莲步来说明这位花魁娘子是三寸金莲。《水浒》这样是有蓝本的，南宋成书的《宣和遗事》写李师师道：“十指露春笋纤长，一搦衬金莲稳小。”“凤鞋半折小弓弓，莺语一声娇滴滴。”

潘金莲是《水浒》里刻画得最成功的女性形象——尽管是反面的。值得注意的是，她的名字就是小脚的雅称。据说女性缠足是男性为了满足自己变态的性需要，倘若如此，施耐庵在为她命名之际，也许是有过一番考虑的。在西门庆与潘金莲勾搭成奸的过程中，小脚的作用不可小觑：

> 也是缘法凑巧，那双箸正落在妇人脚边。西门庆连忙蹲身下去拾，只见那妇人尖尖的一双小脚儿，正跷在箸边。西门庆且不拾箸，便去那妇人绣花鞋儿上捏一把。那妇人便笑将起来，说道：“官人休要啰唣！你有心，奴亦有意。你真个要勾搭我？”西门庆便跪下道：“只是娘子作成小生。”那妇人便把西门庆搂将起来。

小脚引起的这种性臆想，在南宋文人中已经十分盛行。连爱国词人张元幹也有这类香艳词，其《春光好》曰：

> 吴绫窄，藕丝重，一钩红。
> 翠被眠时要人暖，著怀中。
>
> 六幅裙窣轻风，见人遮尽行踪。
> 正是踏青天气好，忆弓弓。

明万历容与堂刊本《忠义水浒传》版画《王婆贪贿说风情》中潘金莲的小脚在裙子下隐约可见

睡觉时，要把小脚揽入怀中；踏青时，也无端联想起美人弓起的金莲。难怪鲁迅说中国人的性联想特别丰富。而史浩对金莲的赞美更是堂而皇之地不加掩饰，其《如梦令》说：

罗袜半钩新月，更把凤鞋珠结。
步步著金莲，行得轻轻瞥瞥。
难说，难说，真是世间奇绝。

刘过（1154—1206）也是一位豪放派词人，他有一首《沁园春·美人足》，简直恨不得做一切与三寸金莲有关的事和物：

洛浦凌波，为谁微步，轻尘暗生。
记踏花芳径，乱红不损；步苔幽砌，嫩绿无痕。
衬玉罗悭，销金样窄，载不起盈盈一段春。
嬉游倦，笑教人款捻，微褪些跟。

有时自度歌声，悄不觉、微尖点拍频。
忆金莲移换，文鸳得侣；绣茵催衮，舞凤轻分。
懊恨深遮，牵情半露，出没风前烟缕裙。
知何似？似一钩新月，浅碧笼云。

与迷恋缠足密不可分的，就是爱屋及乌，也移情于小鞋。秦观的眼中，姝丽的标准就已是“脸儿美，鞋儿窄，玉纤嫩，酥胸白”，几乎所有咏小脚的诗词，无不都涉及凤鞋的弓窄。画家扬无咎有一首《蝶恋花》，下半阕咏小脚，上半阕则描写欣赏小鞋的场景：

宋佚名《纺车图卷》中纺纱妇女明显是天足

端正纤柔如玉削，窄袜宫鞋，暖衬吴绫薄。
掌上细看才半搦，巧偷强夺尝春酌。

居然死乞白赖把小鞋搞到手，宣称要用它当一醉方休的酒杯，活脱脱写出这个“莲迷”的恋鞋癖。

三

不过，总的说来，北宋缠足主要还是有闲阶层的女性，《水浒》的描写也能印证这点。金翠莲自小会些小曲儿，“来这里酒楼上赶座子”的，阎婆惜因父亲传教“也会唱诸般耍令”，玉兰也是唱曲的，李师师是烟花女子，似乎都与乐籍演艺有关。刘太公的女儿乃大户千金，也是养尊处优的。只有潘金莲出身大户人家的使女，算是例外，但大户使女总有点以色事人的意味。

谚语向来有“杭州脚”之说，明代胡应麟以为：“谚言杭州脚者，行都妓女，皆穿窄袜弓鞋如良人。言如良人者，南渡流人谓北方旧式。”这就说明，宋室南渡，无论行在妓女，还是来自北方的良家女子几乎无不缠足。缠足在南宋进一步普及，已为时尚所趋，这在当时笔记中也颇有描写。《夷坚志》里有个志怪故事，说绍兴末年，一位死去多年的王夫人，借他人之嘴告诉丈夫：只因她“以平生洗头洗足分外用水，及费缠帛履袜之罪”，阴曹地府为她积储了五大坛脏水，让她每天喝下去，实在不堪其苦，恳求丈夫代她斋僧赎罪。故事里的“缠帛”就是裹脚布，这也说明了南宋妇女缠足之普遍。在出土文物中，就有福建、浙江南宋墓中的小脚鞋实物。据《梦粱录》，南宋西湖上有一种游船，专载贾客、妓女、荒鼓板、烧香婆嫂等，就叫作“小脚船”，小脚妓女以色相招徕客商，而游客就径以“小脚”称呼这类游船。

这种趋势也反映在南宋话本小说里。《冯玉梅团圆》中的玉梅出身官宦，“脚小伶俜，行走不动”是不足为奇的。《错斩崔宁》里的陈二姐虽是卖糕的女儿，“挨上路去，行不上一二里，早是脚疼走不动”，分明是裹小脚的。连《碾玉观音》中郡王府的使女秀秀“莲步半折小弓弓”，《西山一窟鬼》里陪嫁的侍女锦儿“金莲着弓弓扣绣鞋儿”，也无不缠着足。不过，当时缠足对女子说来还是一种有身份的待遇。《计押番金鳗产祸》有一段描写：

> 只见恭人教两个养娘来：“与我除了那贱人冠子，脱了身上衣裳，换几件粗布衣裳着了，解开脚，蓬松了头，

罚去厨下打水烧火做饭。”庆奴只叫得万万声苦，哭告恭人。

据《烬余录》说，金帅兀朮攻略江南，将俘虏到的汉族妇女“三十以上及三十以下向未缠足与已生产者，尽戮无遗”。这个骑马民族居然也欣赏汉人女子的缠足，以至不到百年，据《枫窗小牍》作者说，“今闻敌中闺饰复尔”，连裹小脚的“瘦金莲方”也开始“自北传南”，缠足文化的同化作用也太快太大了些。宋元之际，关汉卿散曲以“云鬟雾鬓胜堆鸦，浅露金莲簌绛纱”来摹写美貌女子，三寸金莲已经成为他与同时代元曲家的重要视点，他咏幽会男女分手道：

整乌云欲把金莲屧，纽回身再说些儿话：
你明夜个早些儿来，我专听着纱窗外芭蕉叶儿上打。

比他稍晚的贯云石在《闺愁》里也说“想情人，起来时分，蹀金莲，搓玉笋”，玉笋与金莲都是用来比喻小脚的。

缠足风气经南宋和元代的推波助澜，到元明之际，据陶宗仪说，已是“人人相效，以不为者为耻”了。在这一过程中，南宋学者车若水保持了少有的理性认识，他在《脚气集》里指出：

妇人缠脚，不知起于何时，小儿未四五岁，无罪无辜，而使之受无限之苦。缠得小来，不知何用！

这番言论，不啻反对缠足的第一份声明。而据《湛渊静语》，

浙江衢州南宋墓出土墓主之妻罗双双的小脚银鞋，鞋长14厘米

清代三寸金莲瓷酒杯

程颐的六世孙程淮在南宋末移居池阳（今安徽贵池），其族中妇女“不缠足，不贯耳”，入元以后依然如此。理学家的后代主张天足，豪放的爱国词家却迷恋小脚，历史的现象也真够吊诡的。

刺青

梁山好汉中，刺青的颇多：史进因其“肩臂胸膛总有九条龙，满县人口顺，都叫他做九纹龙史进”；阮小五胸前刺着“青郁郁一个豹子”；病关索杨雄也“露出蓝靛般一身花绣”。《水浒传》描写杨志投奔二龙山：

> 转入林子里来，吃了一惊。只见一个胖大和尚，脱的赤条条的，背上刺着花绣，坐在松树根头乘凉。

这位背刺花绣的胖大和尚就是鲁智深，他对杨志自报家门道：“为因三拳打死了镇关西，却去五台山净发为僧。人见洒家背上有花绣，都叫俺做花和尚鲁智深。”原来他之所以称“花和尚”，乃是身上有花绣刺青之故。至于燕青的文身更是美不胜收，“一身雪练也似白肉”，“遍体花绣却似玉亭柱上铺着软翠，若赛锦体，由你是谁，都输于他”。

不仅《水浒传》，作为其雏形的《宣和遗事》，对绿林好汉们身上的刺青也是不吝笔墨的。此书叙述晁盖在事发逃走后，官府派人捉了他的父亲晁太公，押解交差：

行至中途，遇着一个大汉，身材迭料，遍体雕青，手内使柄泼镔铁大刀，自称铁天王，把晁太公抢去。

据小说中此前的交代，这个铁天王就是晁盖本人，足见他身上也是刺青的。日本研究《水浒传》的学者佐竹靖彦，干脆把智取生辰纲的晁盖集团叫作“刺青团伙”。

一　文身的由来与演变

刺青，即文身。宋代又有花绣、文绣、刺绣、锦体等别称。据宋元之际方回说，“井市人喜文身，称为刺绣。迎神称锦体社”，《西湖游览志余》则说，“花绣则曰锦体社”。有时也叫雕题、雕青，南宋黄震解释道：“雕，刻也；题，额也，谓雕刻其额，以丹青涅之。”由此看来，雕青包含的范围较广，而雕题则专指面部的刺青。

这一习俗可以追溯到殷周之际的泰伯、虞仲，据《史记·周本纪》载，他俩为让位给弟弟季历，流亡荆蛮，“文身断发”。文身原是南方的风习，据学者应劭解释，因南方人常与水打交道，故而断其发而文其身，“以象龙子”，意在模拟同类之形，以“避蛟龙之害”。

据《史记·吴世家》记载，吴王回答子贡说“我文身，不足责礼”，足见春秋时把文身视为蛮荒之地的习俗。前秦使者不无轻蔑地说东晋是“江南文身之俗”，即含有这样的用意，尽管当时南方文化实际上要高于北方。唐代以前，史书所载的文身习俗，基本上分布在南方沿海多水的区域，也就是柳宗元诗所说的“共来百越文身地”。据《新唐书》说，疏勒人“文身碧瞳”，这是较早关于西域中亚人刺青的记载。唐代以后，内陆人文身就时见于文献。据《酉阳杂俎》，荆州有个名叫葛清的，通体遍刺白居易的诗句二十余处，而且来个以画配诗，人们干脆称他为“白舍人行诗图”。《五代史平话》说，后汉高祖刘知远雇请针笔匠为他左臂花绣一个窈窕仙女，右臂刺一条抢宝青龙，背上雕一个笑天夜叉。

宋代，男子文身并不罕见，女子刺青基本上仅见于南方少数民族。这是因为南方少数民族大多为越族之后，还保持着“人皆文身”的旧习，以至于“文身老及幼，川浴女同男”，互相欣赏文身之美。据《太平寰宇记》说，宋代海南黎人崇尚文身，并根据身上花纹多少“以别贵贱”，豪富者多，贫贱者少。苏轼贬谪海南，有诗云“久安儋耳陋，日与雕题亲”，就是说与当地文身的黎族人日渐有了感情。《岭外代答》指出，海南黎族女子在成年礼上，就置酒会亲友，由女伴为她在脸上亲施针笔，刺出细巧的花卉飞蛾，在其间空白处衬上淡栗色的底纹，美艳动人，而身份低卑的婢女却没有这样绣面的资格。宋代南方其他汉族地区，文身似乎仍是习以为常的，陈藻《过建剑书所闻见》诗描述道：“儿孙犹弃水，农圃各文身。”他所经过的建宁府与南剑州地属福建，连耕夫与园丁都刺青，似是自古以来百越文身传统的孑遗。

二　宋代军伍雕青成风

大约晚唐五代以来，中原地区职业兵的文身现象已经相当普遍。他们都是出身低贱，才迫不得已去吃军粮的，因而刺青的兵士即便熬成将帅，也难免有一种自卑感。后周太祖郭威“少贱”，在头颈上刺了个飞雀，诨名郭雀儿，在代汉前夕，他还以此迷惑对手说：“自古岂有雕青天子，幸无以我为疑。”南宋王十朋于此事有诗云：

> 出镇雄藩势已危，拥兵乘衅袭京师。
> 谁知一代生灵主，元是雕青郭雀儿。

玩味诗意，也说明郭威因卑微文身，被人瞧不起。据《蜀梼杌》说，韦昭度的幕府兵“皆文身黧黑，衣装诡异”，大家都称之为“鬼兵”。

到宋代，军队里文身更是司空见惯。宋初，有个姓张的军士，“其项多雕篆”，人们都叫他“张花项”。据北宋杨侃《皇畿赋》，当时金明池水戏中，“文身之卒且多，类虬龙而似蛟蜃”，刺青的水军在唱着主角。而《东京梦华录》记诸军百戏时也说：

> 又爆仗响，有烟火就涌出，人面不相睹，烟中有七人皆披发文身，着青纱短后之衣，锦绣围肚看带。内一人金花小帽，执白旗，余皆头巾，执真刀，互相格斗击刺，作破面剖心之势，谓之“七圣刀”。

康王赵构出使金国，至磁州时，但见百余人“执兵文身，青纱为衣”，列队迎接他的到来。

南宋初年，四大将之一的张俊抗金虽不行，搞钱却来得，他让士兵在行在杭州为他每天搬运石头，营造名叫太平楼的酒肆，以便下海捞上一把。苦不堪言的军士接二连三地逃亡，张俊便想出一个绝招，选择少壮高大的士卒，“自臀而下文刺至足，谓之花腿”，目的是“不使之逃于他军，用为验也”。不久，张家军里便传唱开了一首士兵歌谣：

张家寨里没来由，使他花腿抬石头。
二圣犹自救不得，行在盖起太平楼。

《桯史》记载了一件毛骨悚然的事，说明宋代士兵刺青的广泛性。开禧北伐，宋军大败，大量溃兵伤饿交迫，暑热难当，有的倒毙道旁，有的见附近有水井，“亦或赴死其间”。岳飞之孙岳珂正在当地劳军，打算汲水饮马，“一汲，辄得文身之皮，浮于桶面，间以井满不可汲”。

入元不久，蒙古军看到汉地百姓“手上有雕青者”，认定文身者即原来吃军饷的士兵，就“刷充为军”。这一误解，也说明了刺青与宋代士兵之间有着剪不断的联系。

三　刺青渐成时尚

也许因为雕青率先流行于行伍，而刺青的武人容易给人以一种剽悍难缠的恐怖感，让见者躲避不迭，唯恐受到无端的伤害，因而在北方，迟至北宋中期，刺青还是被视为不端之行，其人也往往令人侧目。天圣二年（1024），有官员说，和尚里有人“间或为盗”，建议今后两种人不得出家为僧，其一是有犯案记录的，其二就是“文身者”，皇帝下诏同意，显然也把文身者当作不轨之徒。当然，这种成见不是没来由的，而是来自社会实际。神宗时，鄠县有个酒税监官，“怙力文身，自号能杀人，众皆惮之”，监司州将也莫奈其何。而两宋之际那个先是为患荆湖、后来投降金朝的兵匪头子孔彦舟“臂上雕青”，也是“少年时不成器，交人刺来”的。唯其如此，南宋洪迈在《夷坚志》里记了饶州的一个市井恶少朱三，说他“臂股胸背皆刺文绣”，每年郡民迎神，他就捋袖揎臂在队伍中充当排头。

不过，宋人对刺青的偏见也在日渐淡化，大约到北宋后期，刺青既不再是局限南方滨海或落后地带的区域性习俗，也不再是军伍士卒低贱身份的象征性标志，而逐步成为流行于民间的一种时尚，开始受到追捧。南宋初年的《鸡肋编》就指出，“京师旧日浮浪辈以此为夸”。《东京梦华录》的记载也印证了这一说法：宋徽宗晚年，也就是梁山好汉起事前后，东京大街上每有节庆游艺，少年狎客总是轻衫小帽，跨着马追逐在妓女队伍后边，另由“三五文身恶少年”为他们控御着马匹，由于这些恶少露出大腿上的刺青，世人戏称这一马队为“花腿马”。

这种风尚在南宋依旧长盛不衰。《梦粱录》记大赦仪式，说届时须有一人爬上高耸入云的旗杆，从杆儿顶托盘上的金鸡嘴里取下赦书，时人有诗记云：

立起青云百尺盘，
文身骁勇上鸡竿。
嵩呼争得金幡下，
万姓均欢仰面看。

第二句尤其点出爬杆儿者文身的特征。南宋都城社团中有

宋代佚名《眼药酸图》中的角色双臂刺青灼然可见

锦体社，成员即由刺青者组成，迎神、比武是他们大显身手的两大节目。例如，临安每逢二月八日祠山真君生日，六条龙舟游戏西湖，其中所载就有“锦体浪子”，“杂以鲜色旗伞、花篮、闹竿、鼓吹之类”，出足了风头。而八月钱塘观潮，更是刺青健儿逞勇之时，《武林旧事》云：

> 吴儿善泅者数百，皆披发文身，手持十幅大彩旗，争先鼓勇，溯迎而上，出没于鲸波万仞中，腾身百变，而旗尾略不沾湿，以此夸能。

文身既然成为一种社会性的习俗，文学艺术作品也对其投射了关注的目光。现存宋人绢画杂剧《眼药酸图》，画中就有一个手臂雕青的杂剧演员，正做着上眼药的动作。除了《水浒传》，宋元之际话本对刺青也多有描写，例如《郑节使立功神臂弓》：

> 郑信脱膊下来，众人看了喝采：先自人才出众，那堪满体雕青。左臂上三仙仗剑，右臂上五鬼擒龙；胸前一搭御屏风，脊背上巴山龙出水。夏扯驴也脱膊下来，众人打一看时，那厮身上刺着的是木拐梯子，黄胖儿忍字。当下两个在花园中厮打，赌个输赢。

最值得注意的是，刺青风尚已经传染到了宗室阶层。尽管朝廷明令皇室赵姓后裔“不许雕青”，但时尚的诱惑难以抵抗，据嘉定七年（1214）公文，天潢子弟仍然是“文刺者往往有之”。

四 刺青拾趣与探幽

宋代刺青的花纹五花八门，据《事物纪原》说："今世俗皆文身，作鱼龙、飞仙、鬼神等像，或为花卉、文字。"据《萍洲可谈》，"在乡间见群丐中有刺青眉者"，其法就是"刺墨为眉"，也许是把眉毛刺染得浓黑吓人。南宋时吉州太和居民谢六"举体雕青"，名闻天下，他自称"青狮子"，人们则叫他"花六"。而据《梦粱录》，当时都城临安金子巷口有一家名吃，叫作陈花脚面食店，店主显然是双脚刺青的，倒也因此产生了广告作用和品牌效应。刺青习俗，至元犹然。《菽园杂记》说："元时，豪侠子弟皆务为此，两臂股皆刺龙凤花草，以繁细者为胜。"但入明以后，朱元璋严加禁止，"自此无敢犯者"，绝迹虽不可能，但至少不敢袒胸露背，招摇过市了。

文身是一种复杂的技艺，需要有一定的医学知识和艺术造诣。于是，就有专门为人文身的工匠。《水浒》交代九纹龙史进时说道，其父史太公"又请高手匠人与他刺了这身花绣"，交代燕青时也说，"卢俊义叫一个高手匠人，与他刺了这一身遍体花绣"。宋时称这种高手匠人为文笔匠、针笔匠或文墨匠人，有需求，就有市场，他们往往"设肆为业"，开出了文身的专业店。宋元之际，马可·波罗到泉州，居然发现印度旅客特多，原来他们"特为刺青而来，盖此处有人精于文身之术"，其手艺居然名扬海外。

撇开文身在人类学上的意义不谈，宋代的刺青似乎更多体现出当时人对男性形体美的一种审美观。不妨先举《夷坚志》为例：

> 永康军有倡女，谒灵显王庙，见门外马卒颀然而长，

容状伟硕，两股文绣飞动，谛观慕之，眷恋不能去。

《夷坚志》虽是小说家语，但洪迈反映的无疑是当时的审美取向。而《水浒传》以燕青为典型，对此多有着笔。第七十四回写到泰安州燕青智扑擎天柱时，说他“把布衫脱将下来，吐个架子，则见庙里的看官如搅海翻江相似，迭头价喝采，众人都呆了”，反映的是一般市民对这种健美的肯定。第八十一回有一段李师师观看燕青文身的描写，以女性的视角对这种男性健美表示欣赏：

数杯之后，李师师笑道：“闻知哥哥好身纹绣，愿求一观如何？”燕青笑道：“小人贱体，虽有些花绣，怎敢在娘子跟前揎衣裸体？”李师师说道：“锦体社家子弟，那里去问揎衣裸体！”三回五次，定要讨看。燕青只的脱膊下来，李师师看了，十分大喜，把尖尖玉手，便摸他身上。

而《大宋宣和遗事》则记载了宋徽宗对佞臣文身的肉麻举止：

人呼李邦彦做浪子宰相。一日侍宴，先将生绡画成龙文贴体，将呈伎艺，则裸其衣，宣示文身，时出狎语。上举杖欲笞之，则缘木而避。

李邦彦的文身有点类似现在的贴纸。但此事不见史料记载，而《宣和遗事》毕竟是话本小说，遽难信以为真。然而，据《挥

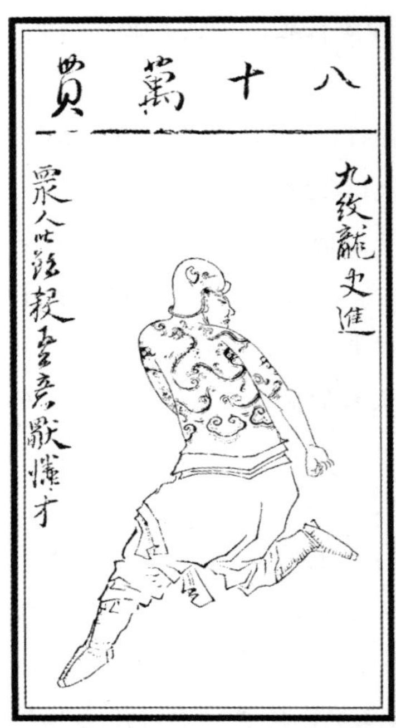

明陈洪绶《水浒叶子》中九纹龙史进的身上满是龙纹的刺青

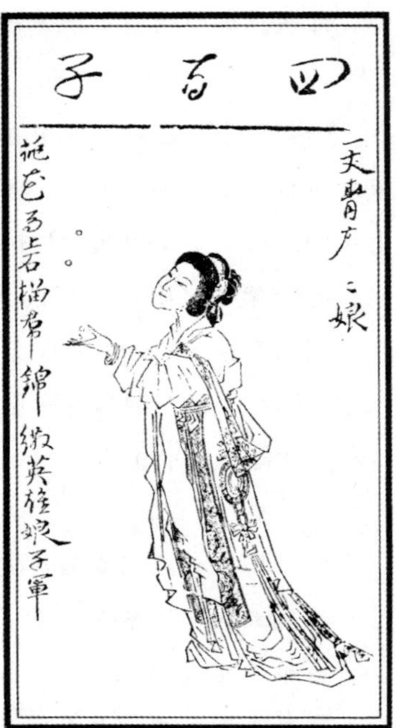

明陈洪绶《水浒叶子》中的一丈青扈三娘，题词云“桃花马上石榴裙，锦繖英雄娘子军”，你能想到她的石榴裙遮蔽下的刺青吗？

麈录》说，睿思殿应制李质因梁师成引见而大受徽宗的宠幸，他虽是太宗时参知政事李昌龄的后代，却“少不检，文其身”，徽宗赐其号为“锦体谪仙”。也许，李邦彦事是附会李质而来的。“锦体谪仙”的赐号虽有调侃的味道，却也隐含怜爱的倾向，这位风流皇帝是否也像《水浒》中李师师那样，对刺青有一种特别的癖好呢？

刺青，虽在底层民众中渐被接纳，却依然为士大夫与正人君子所不齿。据《庆元条法事类》规定，官员有子孙荫补，“无雕青剪刺”也是附加条件之一。绍兴末，有个韩之纯，平日里自称“浪子”，喜欢游娼家，好说黄段子，“又刺淫戏于身肤”，身上还刺着房戏图，酒一喝高就裸裎示众，“人为之羞，而不自羞”。他尽管做到荆湖北路转运判官，但《三朝北盟会编》下笔就说其“轻薄不顾士行之人也”。文臣如此，武官如何呢？据《陶朱新录》，武人王恩已官至三衔，他正要与夫人为他新买的美妾亲热，却被她发现了“髀间雕青”，惊恐地问：“这是何物？”王恩马上嗒然若失，知道这女子必定出身良家，遂访得其实，为其聘嫁。从王恩的失态，可以知道，他之所以不愿以仕宦之家的女子为妾，就是唯恐她在心里因其“髀间雕青”而引发轻视。而据《梦粱录》，士子参加殿试入东华门时，必定要“搜检身内有无绣体私文”，方能放行。与此相印证，《珊瑚钩诗话》有一则记载：陈大雅为人刚烈，文风一如其人，屡试不第，一怒之下，“裂冠文身，示不复践场屋”。在这个故事中，陈大雅恰恰以刺青这种绝对的做法决心不屑于厕身殿试士人之列，他与上述王恩的失态正是对文身同一观念的不同表现。

也是基于士人这种对文身的普遍看法，有人便在某些场合对刺青的隐私遮遮掩掩，以免受到不必要的误解。据《宋季三朝政要》，有个名叫李钫孙的举子，少年时喜欢在大腿间雕一种摩睺罗的图案，在科考复试时担心检查挟带舞弊行为，便在两腿间“蒙纸其上”，但还是被发现，引得搜身者惊叫：“此文身者！”摩睺罗是当时一种土木做的婴孩玩偶，人见人爱，类似后来的福娃。此君少年时无非像现今的卡通迷一样，头脑一热就把喜欢的玩偶形象搞到了两腿之间，也完全出于童心，结果“事闻被黜”，快到手的功名泡了汤，你说冤不冤？

五　扈三娘身上的雕青

既然文身的动机是希望公开展示人体美，对于儒家文化影响下的汉族女性，女子刺青基本上是绝少可能的。唯在《青楼集》里有一条记载，说元代有个艺名叫平阳奴的女戏子，“四体文绣，精于绿林杂剧”。四体文绣，即在双臂与双腿上雕青，目的也许正是为了更好地塑造那些绿林好汉的彪悍形象，招徕观众。从梁山泊的故事里，确也不难发现刺青与绿林有着这种瓜葛。

那么，《水浒传》中那些绿林女性呢？顾大嫂与孙二娘尽管冠以母大虫与母夜叉的外号，却绝无有关雕青的描写。而对扈三娘的最初介绍只说：“庄上别的不打紧，只有一个女将，唤做一丈青扈三娘，使两口日月刀，好生了得。”叙其出场也仅诗云“天然美貌海棠花，一丈青当先出马”，对其诨名“一丈青”却一无交代。但就是这个绰号留下了刺青的蛛丝马迹。

《宣和遗事》里提到的好汉中有“一丈青张横”，而在《水浒传》里，张横的绰号成了“船火儿”。晚宋笔记《癸辛杂识》有一篇《宋江三十六赞》，其中对燕青的赞语为“平康巷陌，岂知汝名？太行春色，有一丈青”。《水浒传》中对燕青文身的描写重彩浓墨，令人觉得赞语中的“一丈青”就是指他那一身“铺着软翠”的刺青。准此而论，张横原来也应该浑身刺青。有学者也许由此得到启发，认为扈三娘原来应是身高一丈、遍体刺青的超大女子。但一丈是否就是身高？男的还勉强说得过去，扈三娘倘若如此，小说怎么还能以“海棠花”来作美喻？

佐竹靖彦从唐代找到了一条材料，《酉阳杂俎》记崔承宠自少从军，“遍身刺一蛇”，自右手指尖开始，沿手臂过脖颈，

清光绪刊本《水浒人物全图》中扈三娘与王英的画像，这对夫妻可是真正的青龙白虎配

蜿蜒下至腹部，再沿着大腿至小腿而止。据估算，这条刺青蛇的长度大约在一丈左右，佐竹因而推断“一丈青”应该是指一丈长的青龙或青蛇的文身；而扈三娘身上刺的则应是青龙，与矮脚虎王英恰成青龙白虎之配。而据余嘉锡先生的考证，南宋初游寇马皋之妻能“带甲上马，敌千人，自号一丈青”，她在马皋被诛杀后改嫁给另一个游寇头目张用，这位马夫人就是《水浒传》里扈三娘的原型。在充分考证后，佐竹有理由在其大著《梁山泊》里悬想道：

> 如果此刻她脱去衣衫后，露出白臂膀，且上有青龙的话，会怎么样呢？不也能显现出一种具有强烈震撼力的妖冶魅力吗？斗胆而言，这或许就是本来的场面。

火葬

一

《水浒》第二十六回说武大郎死后，“只三日便出殡，去城外烧化”：

> 第三日早，众火家自来扛抬棺材，也有几家邻舍街坊相送。那妇人带上孝，一路上假哭养家人。来到城外化人场上，便教举火烧化。

当时，阳谷县城外就有专设的火葬场，有专门从事火葬业的“火家”，折射出火葬已成相当规模。实际上，在小说中，连征方腊战死的张青也是孙二娘“令手下军人寻得尸首烧化”的。在较大规模的战争或打斗以后，火化尸体或是出于不得已。北宋二程是向来反对火葬的，但对这种情况也不得不网开一面，指出：“军人出戍，许令烧焚，将骨殖归。”但第五十二回写沧州知府的小衙内被雷横李逵等杀死，找到尸体后，知府“痛哭不已，备办棺木烧化”；第七十三回记四柳村庄主狄太公的女儿与其相好被李逵杀死，“太公、太婆烦恼啼哭，便叫人扛出后面，去烧化了”。一个是知府的少爷，一个是庄主的千金，却都是火葬。除了《水浒传》，南宋话本《花灯轿莲女成佛记》也记载了湖南民间火葬成风的情况：

> 只见婆婆端然坐化于床上。王氏大惊，出门外和丈夫商议。……抬将出去，众邻相送，至山林边烧化了。第三日，收拾骨殖葬了，不在话下。

顾炎武觉察到宋代葬俗的重大转变，其《日知录·火葬》指出：“自宋以来，此风日盛。”宋代火葬率以今山西一带的河东路和以今苏南、浙江一带的两浙路最高。河东路“中民以下”，有至亲死亡，“即焚其尸”，火化后取骨烬“纳之缸中，寄放僧寺”，或安厝在墓户之处。两浙火葬更是“相习成风，势难遽革”。《马可波罗游记》记录了这位旅行家在杭州亲见的火葬场面：

> 设有死者，其亲友服大丧，衣麻，携数种乐器，行于尸后，在偶像前作丧歌。及至焚尸之所，取纸制之马匹、甲胄、金锦等物，并尸共焚之。

当时，钱塘门外的菩提寺设有化人亭，是“杭人火葬之地”，诗人叶绍翁曾在附近寓居，颇觉“茔多邻舍少，此意自凄凉”。宋末罗公升有诗咏菩提寺的火葬场云：

一亩方池几劫灰，哭声未了笑声催。
六桥烟柳相逢处，半是菩提拭泪来。

钱塘门对着白堤，再过去就是苏堤六桥，火葬场里刚哭了死人，就去白堤、苏堤流连游赏，还笑吟吟对碰到的熟人说："我从菩提寺过来的呀！"诗人算把送终仪式给挖苦到家了。

二

宋人洪迈认为：佛教入华，"于是死而焚尸者，所在皆然"。佛教的影响无可否认，《水浒》里鲁智深坐化圆寂，宋江"请径山住持大惠禅师，来与鲁智深下火；五山十刹禅师，都来诵经；迎出龛子，去六和塔后烧化"，就是例证。在实际生活中，佛教与火葬的关系确实十分密切。据《夷坚志》，广州各寺院寄殡着大量遗骸，绍兴十八年（1148），广东经略安抚使下令诸寺"凡寄殡，悉出焚"。孝宗时，荆湖北路监司也让鄂州胜缘寺僧人将无主尸骸集中起来，"一切火化"。各地的火化场也往往设立在寺庙之内。例如，平江府（今江苏苏州）的化人亭就在城外西南的齐升院、通济寺。而僧寺因利益驱动，往往在寺庙内"凿方尺之池，积涔蹄之水，以浸枯骨"。这样，就给当时人一个错觉："乃以焚人为佛法。"久而久之，便把火葬径称为"僧道火化"。但唐代对佛教的痴狂过于宋代，何以火葬却不盛行？中原葬俗的潜移默化与唐末五代的社会大变乱倒是息息相关的。当时，战争频仍，礼乐废坏，生者尚且苟延残喘，死葬只能因陋就简，火葬遂在变乱中渐成风俗。宋太祖目睹了葬俗在战乱中的变化，指出："近代以来，率多火葬。"

明万历容与堂刊本《忠义水浒传》版画《鲁智深浙江坐化》。小说描写了僧人火化的葬俗细节

宋代绝大多数士大夫激烈反对火葬，最大的理由是违背儒家的孝道："古人之法，必犯大恶则焚其尸。"宋朝政府始终是禁止火葬的，早在建隆三年（962），宋太祖听说京城与各地"多有焚烧尸柩"的现象，就颁布过"宜令今后止绝"的敕令。《宋刑统》还明文规定：子孙烧祖父母、父母棺木者流配三千里，烧尸者判绞刑。总之，自北宋立国以来，上自朝廷，下至地方长官，禁止火葬的禁令就没有少颁，"设棺椁之品，建封树之制"的劝谕没有少讲。南宋初年，还有官员痛心疾首地向皇帝呼吁："火葬之惨，日益炽甚，事关风化，理宜禁止。"但从《水浒传》和历史现实来看，这些法令条规根本不可能付诸实行，因为据研究，宋代的火葬率最高时竟达到30%，法不罚众。宋代火葬率居高不下的根本原因何在呢？

其一，客死他乡。宋代社会已有相当程度的流动性，时有因仕宦、游学、经商而客死远方的情况。以至在礼书《少仪外传》中也有这样的设问："旅宦远方，贫不能致其柩，不焚之，何以致其归葬？"司马光的《书仪·丧仪》就指出："世人又有游宦没于远方，子孙火焚其柩，收烬归葬者。"在古代的交通条件下，要把灵柩千里迢迢运回故里，不仅财力，物力设备也都难以措办。据程颐《明道先生行状》，泽州有郡官的母亲去世，"惮于远致，以投烈火"，以州官之力尚难以扶柩归葬，一般百姓自然更无可能。也许正是出于这种考虑，《宋刑统》特别规定：若是远路归葬，"听许焚烧"。据《夷坚志》记载，王寅是福建籍的太学上舍生，因流落长兴（今属浙江）大雄寺，"偶得病死"，县官将他"旅殡寺后"，其家属来奔丧，也是"火化尸柩"，携骨灰归葬祖坟。《梦粱录》说，临安多寄寓之人，其中不乏"死无周身之具者"，其妻儿往往束手无措，一些好善积德的外籍商贾就出资“助其火葬，以终其事”。这种情况应有相当的普遍性。

其二，费用节省。对此，《水浒传》也有所反映，且看第二十一回一段对话：

> 宋江便道：“王公，我日前曾许你一具棺木钱，一向不曾把得与你。今日我有些金子在这里，把与你，你便可将去陈三郎家，买了一具棺材，放在家里。你百年归寿时，我却再与你些送终之资。”王公道：“恩主时常觑老汉，又蒙与终身寿具，老子今世不能报答，后世做驴做马，报答押司。”

这位王公是卖汤药的小贩，仍积攒不下自己的棺木钱和送终钱，故对宋江许以做驴做马相报。联系到第二十四回，西门庆央求王婆拉皮条，代价也是“送十两银子与你做棺材本”，由此也可推断宋代棺木土葬费用不赀。河东平民“衣食至薄”，葬仪只能“务从省俭”，火葬因而成风。两浙路经济尽管繁荣，但“吴越之俗，葬送费广”，贫苦之家一下子凑不起这么多的费用，“送终之具，唯务从简”，故而这里“从来率以火化为便”。南宋初年，大批流民南迁，时局不稳，立足未定，谋生尚艰，一旦家有死者，哪里有财力筹措土葬，火化便是迫不得已的选择。

其三，人地矛盾。宋代土地私有制进一步深化，尺寸之地，皆有归属，无地与少地的贫下农户占绝大多数，兼之面临历史上人口增长的高峰期，人地矛盾，尤其尖锐。河东路火葬率高，并非“俗杂羌夷”，火葬遗风犹存；“土狭民众，惜地不葬”，才是主要原因。在宋代，这种人地矛盾的现象带有普遍性。《夷坚志》曾描述鄂州（今湖北武汉）死无葬身之地的情况：“鄂州地狭而人众，故少埋葬之所。近城隙地，积骸重叠，多舆棺置其上。”至于两浙路生聚最繁，不仅贫苦之民土葬“未有处所”，即便富裕之家也不愿以“蕞尔之土”安葬死者。正如南宋俞文豹所说：“今京城内外，物故者日以百计。若非火化，何所葬埋？”宋元之际方回有《观丧事》，在人生感慨背后记录了杭州居民普遍火葬的历史事实：

悠悠谁到百年身，百万杭民一聚薪。

棺内棺前争几许，挽郎自是白须人。

棺外的挽郎也是要老成“白须人”的，终究逃不脱“聚薪”火葬的结局。两浙路的火葬率高居两宋首位，也是这一地区人地矛盾高度尖锐的必然结果。

三

宋代虽然法令禁火葬，但上述实际困难却严峻放在整个社会与广大民众的面前。南宋高宗末年，有一位户部侍郎说得很在理：“葬埋未有处所，而行火化之禁，恐非人情所安。”高宗也意识到坟地与经费是禁止火葬的两大难题，只好暂且同意这位侍郎的建议：“除豪富士族申严禁止外，贫下之民并客旅远方之人，若人死亡，姑从其便。”尽管高宗装模作样表示，一旦各地解决葬地，立即“申严禁止”，恐怕他内心十分明白，这是一个无解的问题。正因如此，有些地方官就把火葬作为处理辖境内无主遗骸的可行办法。孝宗时，饶州都大坑冶耿某就建议将暴露遗骸“葬之水火”。光宗时，提举浙西常平张体仁在平江府盘门外创设齐升院，其中附设火化场，“贫民死而家不能津送者，则与之棺后焚瘗焉”。

南宋晚期，著名学者黄震出任吴县尉，请求平江知府“焚人亭今后不许再行起置”，试图借此来禁止火葬。这位不乏卓见的学者在火葬问题上不免有点胶柱鼓瑟，远不如同时代另一位官员来得变通。景定三年（1262）三月，这位不知名的官员写过一篇《差人化遗骸疏》，全文颇有幽默感，保留在周遵道的《豹隐纪谈》里：

> 死于道路，可怜幽滞孤魂；示以津涂，大发慈悲善念。葬之野，则露手露脚；送之归，则无主无家。聚是众骸，付之一火。佛能救苦，乃做看经道场；鬼复为人，别去超生好处。噫！三月落花人世界，一川流水佛慈航。

他把火葬无主骸骨譬喻为看经道场与超生慈航，在当时真是通达之论。

作为一个学者，顾炎武敏锐看到了宋代“地窄人多，不能遍葬，相率焚烧，名曰火葬”，却又站在传统的立场上，对“宋以礼教立国，而不能革火葬之俗”，深表感慨和费解。北宋理学家程颢在观念上也反对火葬，但似乎感受到背后的深层因素，不得不承认：“其火葬者，出不得已也！”与程颢同时的司马光也是火葬反对论者，他在《书仪·葬仪》里有几句话说明了火葬之俗“浸染世人”：“行之既久，习以为常，见者恬然，曾莫之怪。”《水浒传》以细节描写所折射出社会民众对火葬的普遍认同，远比这些大学者枯燥的议论来得通融与生动。

纸马

一

《水浒》描写武松杀嫂前请四邻八舍到场作证时说：

> 唤土兵先去灵床子前，明晃晃地点起两枝蜡烛，焚起一炉香，列下一陌纸钱；把祭物去灵前摆了，堆盘满宴，铺下酒食果品之类……又去对门请两家，一家是开纸马铺的赵四郎赵仲铭。四郎道："小人买卖撇不得，不及陪奉。"武松道："如何使得！众高邻都在那里了。"不由他不来，被武松扯到家里。

这赵四郎自称"买卖撇不得"，虽是托词，却也说明纸马铺生意颇为兴隆。这种纸马铺，不仅武松所在的阳谷县城，一般市镇也都有开设。这种纸马铺不仅出售纸钱，从孟元老记其中元节买卖，可知其经销品种十分丰富："先数日市井卖冥器，靴鞋、

张择端《清明上河图》中的王家纸马铺

幞头、帽子、金犀假带、五彩衣服，以纸糊架子盘游出卖”；“又以竹竿斫成三脚，高三五尺，上织灯窝之状，谓之盂兰盆，挂搭衣服、冥钱在上焚之”；也有印卖《尊胜目连经》的。而当时有十月初一为死者烧献寒衣的惯例，因而纸马店就在九月下旬开卖纸糊的冥衣、靴鞋、席帽、衣料等。

据《东京梦华录》记载，每年清明节，北宋开封府各处的纸马铺，“皆于当街，用纸衮叠成楼阁之状”，竞相兜售。这种纸糊的楼阁完全仿照现实生活中豪宅的样式糊弄起来的，可谓麻雀虽小，五脏俱全，有王安石的《纸暖阁》诗为证：

联屏盖障一寻方，南设钩帘北置床。
侧座对敷红絮暖，仰窗分启碧纱凉。
毡庐易以梅蒸坏，锦幄终于草野妨。
楚縠越藤真自称，每糊因得减书囊。

前四句描写纸暖阁的外形、内部的布局与软装潢，第四、五两句说，这样的纸毡庐很容易被梅雨天的湿气弄坏，而纸锦幄放在草野的坟地里也不相称。最后两句批评买家卖家，他们自夸纸暖阁的材质堪与楚地的纺织名品、越地的藤制品相媲美，但在王安石看来，大量纸张耗费在纸暖阁之类祭品上，书籍印刷就会受到影响。张择端在《清明上河图》里就描绘了一家数开间门面的纸马铺，店招上写着“王家纸马”。店门前沿街放着一个纸扎的高台楼阁，坐店者正向外张望，似乎巴望着顾客的光临。荆公毕竟是书生，同样姓王，纸马铺老板的立场与他就不一样。据《梦粱录》说，每到十二月岁末，南宋临安城里的纸马铺就印些钟馗、财马、回头马等，馈送主顾，既感谢他们今年的惠顾，更为了拉住明年的生意。

二

纸马，也称甲马，是古代祭祀时焚化的神像纸。据说，秦代祭祀用马，西汉代以木马，到唐代改用纸马祭鬼神。但这种纸马似乎是纸扎马，即用麻秆扎成马的形状，外糊彩纸。后来则在纸上画车马、神像，“涂以彩色，祭赛既毕则焚化”，谓之“甲马”。雕版印刷普及后，制作甲马的技术也与时俱进，便以刻版在五色纸上印制神佛画像，出售给平民百姓祭奠焚化之用，因这种印纸“神所凭依，似乎马也”，于是也叫纸马。一说，这些神像上“皆有马以为乘骑之用，故曰纸马”。据《宋史·礼志》记载，宋使吊唁辽朝太后也“焚纸马，皆举哭”。

有趣的是，《水浒》里神行太保戴宗之所以日行数百里，就是因为使用了甲马。第五十三回描写戴宗作弄李逵：

明代陈洪绶《水浒叶子》中的《神行太保戴宗》。这位“南走胡北走越”的神行太保快走前必须在腿上绑上甲马祭起法术，这里的甲马也应是一种念过符的纸马

> 戴宗取四个甲马，去李逵两只腿上也缚了，分付道："你前面酒食店里等我。"戴宗念念有词，吹口气在李逵腿上，李逵拽开脚步，浑如驾云的一般，飞也似去了。戴宗笑道："且着他忍一日饿。"戴宗也自拴上甲马，随后赶来。……看见酒肉饭店，又不能勾入去买吃，李逵只得叫："爷爷，且住一住！"……戴宗道："你今番却要依我。"便把手缩了李逵，喝声："起！"两个轻轻地走了去……戴宗、李逵入到房里去，脚上都卸下甲马来，取出几陌纸钱烧送了。

从戴宗以纸钱烧送甲马可见，这甲马显然就是画有神像与乘骑的纸马。当时这种甲马术，似乎是与道教迷信有关的一种咒术。

纸钱，也称钱纸、纸镪、寓钱、冥钱、楮钱等，可以溯源到汉代在坟墓中瘗埋真钱的葬俗。由于埋的是真钱，就成为盗墓贼的目标之一，《汉书·张汤传》就有关于盗墓贼盗发汉文帝陵园瘗钱的记载。随着纸的发明与普及，民间渐以纸钱代替铜钱。故而唐代封演以为："纸钱，魏晋以来始有其事，今自王公逮于匹庶，通行之矣。"但瘗埋真钱的风习至南朝犹然，南齐僧岩临死叮嘱弟子务必给他埋钱："吾今夕当死。壶中大钱一千，以通九泉之路；蜡烛一挺，以照七尺之尸。"大概说来，魏晋南北朝也许是葬俗中并用纸钱、真钱的"双轨制"时代。

唐玄宗时，王玙任祠祭使，仿效民俗以纸钱用于朝廷祭祠。当时习礼者颇不以为然，在他们看来，古人祭祀本用玉圭，汉代改用真钱，如今竟代以纸钱，自然是江河日下，大悖礼制的。但纸钱用于丧葬祭奠，毕竟是节俭利民的有益改革。故而封演在《封氏闻见记》里指出："今代送葬为凿纸钱，积钱为山，盛加雕饰，舁以引柩。”可见，纸钱用于公私祭祀，“自王公逮于匹庶，通行之矣”，在中唐就逐渐得到了社会的认同。唐人张籍《北邙行》云：

山头松柏半无主，地下白骨多于土。
寒食家家送纸钱，乌鸢作窠衔上树。

据诗所说，唐代对所送纸钱并不一概焚烧，因而导致“风吹旷野纸钱飞”的场面。这一猜测，也可以从白居易的《寒食野望吟》得到印证：

丘墟郭门外，
寒食谁家哭？
风吹旷野纸钱飞，
古墓累累春草绿。

欧阳修说，五代后晋“寒食野祭而焚纸钱”，似乎改变了纸钱满野飞的陋习。据《清异录》说，后周世宗出殡，楮钱“大若盏口”，翰林学士陶榖命在楮钱上雕印文字，黄钱曰“泉台上宝”，白钱曰“冥游亚宝”，好像现在冥钱印上“冥界银行”一样。一说此举就是后世纸钱分黄白两色的开端。

宋代尽管还有人拘泥古礼反对纸钱，甚至有人痛心疾首认为是“罪者满世而莫救其罪”，但连邵雍这样的理学家在春秋祭祀时，“约古今礼行之，亦焚楮钱”。当程颐不无意外时，邵雍的回答很开通：“只要有益，不就是孝子顺孙之心吗？”司马光有点固执，以为送钱财比烧纸钱远为实用，南宋俞文豹也是这一看法："今人送纸钱、纸缯诸伪物，焚为灰烬，于生死俱无益。不若复古赙襚之礼，凡金帛钱物皆可，多少则随力随人情厚薄。"他们都不如朱熹来得变通："鬼神事繁，无许多钱来理得。"朱熹还批评说："国初言礼者错看，遂作纸衣冠而不用纸钱，不知纸钱衣冠有何间别？"宋孝宗时，太上皇高宗入葬，有人提出，焚化纸钱乃民间俗礼，皇帝葬礼不宜仿效，一向以孝道著称的孝宗不高兴地说："邵尧夫（邵雍字）是何等人物，祭先人不也用纸钱吗？"仍坚持在落葬时使用纸钱。大约从此以后，朝野对是否使用纸钱，不见再有什么争议了。其后不久成书的《鼠璞》说："以纸寓钱，亦明器也。与涂车、刍灵何以异？俗谓果资于冥途，则可笑！"在作者戴埴看来，纸钱就是过去实物明器的代用品，表达丧家慎终思亲的一种心情无可厚非，但要说真的对死者在冥界有什么助益，就十分可笑。这一认识是相当通达的。

三

入宋以后，纸马、纸钱成为日常宗教用品。北宋仁宗时，名臣寇准去世，归葬途中路经公安县，县民"皆设祭哭于路，折竹植地，挂纸钱"，表达追思之情，耗去的纸钱当不在少数。据宋代话本《任孝子烈性为神》，若鬼神显灵，"来往行人看见者，回去便患病，备下羹饭、纸钱，当街祭献，其病即痊"。而在另一话本《快嘴李翠莲记》中，那个口无遮拦的李翠莲对挑唆的小姑唱道：

> 若是婆婆打杀我，活捉你去见阎王！

我爷平素性儿强，不和你们善商量。
和尚道士一百个，七日七夜做道场。
沙板棺材罗木底，公婆与我烧钱纸。

可见南宋出殡落葬，禳祝鬼神，祭奠亡灵，烧纸钱已是必不可少的仪式。据孟元老说，北宋东京每年二十四日交年那夜，有请僧道看经、备酒果送神的习俗，还要“烧合家替代钱纸”。这种“替代钱纸”的作用，有一首《咏纸钱谑词》有所交代：

你自平生行短，不公正，欺物瞒心。
交年夜，将烧毁，犹自昧神明。
若还替得，你可知好里，争奈无凭。

我虽无口，肚里清醒。
除非阎家大伯，一时间，批判昏沉。
休痴呵，临时恐怕，各自要安身。

全词以拟人化的口吻写来，从其指责主人“欺物瞒心”的行径，提到被主人得罪过的“阎家大伯”（阎罗王），这种“替代纸钱”就是指望烧来贿赂神明与得罪过的亡灵，让他们不再追究自己与家人。

宋代还有一个著名的剧目叫《王魁》，演到桂英的亡魂活捉王魁一场描写道：

（王）魁在南都试院，有人自烛下出，乃桂英也。魁曰：“汝果无恙乎？”桂英曰：“君轻恩薄义，负誓渝盟，

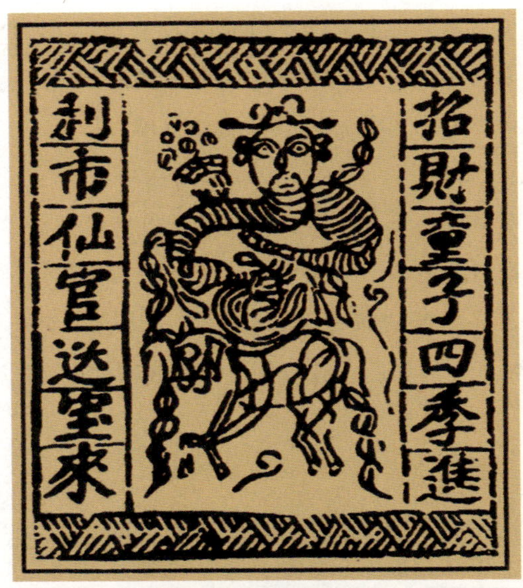

近代所见云南纸马。上图上有“招财童子四季进，利市仙官送宝来”字样，应该是给死者送钱财的纸马；下图上有“喜神”二字，当是祈祝死者如愿之用

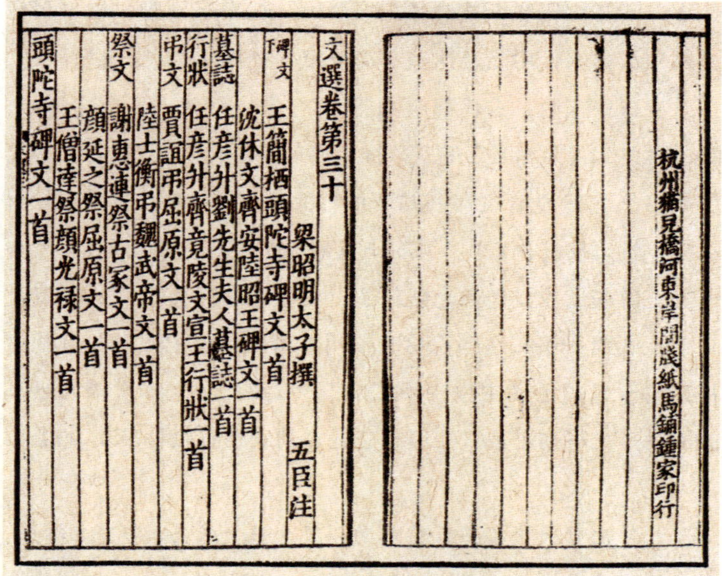

杭州貓兒橋河東岸開牋紙馬鋪鍾家印行

文選卷第三十

梁昭明太子撰　五臣注

碑文　王簡棲頭陀寺碑文一首

沈休文齊安陸昭王碑文一首

墓誌　任彥升劉先生夫人墓誌一首

行狀　任彥升齊竟陵文宣王行狀一首

弔文　賈誼弔屈原文一首

陸士衡弔魏武帝文一首

祭文　謝惠連祭古冢文一首

顏延之祭屈原文一首

王僧達祭顏光祿文一首

頭陀寺碑文一首

南宋杭州猫儿桥河东岸开笺纸马铺钟家印行的《五臣注文选》书影

> 使我至此！”魁曰：“我之罪也。为汝饭僧诵佛书，多焚纸钱，舍我可乎？”桂英曰：“得君之命即止，不知其他！”

这个负心郎企图以“多焚纸钱”来换取桂英鬼魂的原谅，可见人间的纸钱已经成为冥界的通货。而倘若不烧些纸钱，生者也会觉得愧对死者。因而元杂剧《老生儿》里那个贫寒的刘引孙道：“我往纸马铺门首唱了个肥喏，讨了这些纸钱……到祖坟上去浇奠一浇奠，烈些纸儿，添些土儿，也当做拜扫。”

《放翁家训》说“近世出葬，或作香亭、魂亭、寓人、寓马之类”，纸糊的人马亭台是不可缺少的。而《宋史·礼志》规定，诸臣葬仪可以使用黄白纸帐、房屋、车轿、园宅等仿真什物，就好像现在纸扎的冰箱、彩电、轿车、别墅一样，大概也都是纸糊的代用品，这些都应是纸扎铺的活计。《云麓漫钞》指出，这些东西，古代都叫明器，“今之以纸为之，谓之冥器，钱曰冥财”。《水浒传》里一再描写给死者烧化冥钱的相关场景。例如三十二回说清风寨刘知寨的浑家，“为因母亲弃世，今得小祥，特来坟前化纸”。第四十五回描写潘巧云追荐前夫，“当夜五更道场满散，送佛化纸已了，众僧作谢回去”。唐宋以后，纸马、纸钱不仅在送葬设奠时使用，清明节、中元节与其他祭神拜祖驱鬼的活动中也少不了它。《水浒传》也多次描写纸马的消费。在写到晁盖、吴用与三阮、刘唐在石碣村聚义时说：

> 次日天晓，去后堂前面列了金钱、纸马、香花、灯烛，摆了夜来煮的猪羊、烧纸。众人见晁盖如此志诚，尽皆欢喜……六人都说誓了，烧化纸钱。

梁山泊英雄排座次前，宋江在忠义堂连打七天大醮，报答天地神明的眷佑之恩，也曾命人下山“收买一应香烛、纸马、花果、祭仪、素馔、净食”，所需纸马、纸钱的数量肯定惊人。《夷坚志》记载了驱鬼烧纸钱的例子：建阳王田功的田仆为了祭鬼，“共买纸钱焚之”；而宜黄邹智明为了逐疠鬼，“买楮币，聚焚于庭”。

四

由于纸马、纸钱用途渐广，魏晋南北朝时那种“剪纸为钱”的方法，在宋代是供不应求的，于是凿纸钱就成为一种专门工种，纸马铺也渐成专门的行业，纸钱则是纸马铺里最大宗的货品。《宋史·外戚传》说，宋仁宗生母李宸妃的弟弟李用和“居京师凿纸钱为业”；而据《东轩笔录》说，用和与姐自幼失散，“佣于凿纸钱家”，“一日苦下痢，势将不救，为纸家弃于道左”。所谓凿纸钱，就是用一把圆孔铜钱状的铁凿子在一刀纸上猛力捶打，使纸张成为圆钱形状。这种专业店铺居然长期招募佣工，可见其销量之大，生意之好。而熟能生巧，有的凿纸钱者练成一手绝技。据《同话录》，北宋时，有一年举行绝技比赛，有人表演凿纸钱，“运凿如飞”，居然能做到一百张一叠的纸，最下的那张毫无凿痕，而其上九十九张都是凿好的纸钱。

《梦粱录》提及临安城里的打纸作和纸扎铺，打纸作应该就是专凿纸钱的作坊，纸扎铺则是用纸糊扎各种冥器，似乎都是为纸马铺提供产品的，当然也可能是前店后铺的经营方式，自己直接进行销售。有趣的是，在流传至今的宋版珍本中，竟然有出自纸马铺的善本。《五臣注文选》的牌记上赫然刻着“杭州猫儿桥河东岸开笺纸马铺钟家印行”的字样。也许，这家纸马铺颇有经营头脑，先是以卖纸马起家，而后利用打纸马的闲暇，从打印纸马之类的迷信印刷品，发展到刻印佛经，乃至长销的《昭明文选》发卖，也类似农业的套种，好在打纸马与印书籍所用原料都是同样的纸。

规制篇

戒石

《水浒传》第八回写林冲受高俅陷害，押至开封府推问勘理，对府衙威仪有一段描写：

> 官僚守正，戒石上刻御制四行；令史谨严，漆牌中书低声二字。提辖官能掌机密，客帐司专管牌单。吏兵沉重，节级严威。

一般说来，这类四六文多是小说家夸饰之言，但这里“戒石上刻御制四行”，却是有根有据的，小说后面也有照应。第六十二回说，管家李固与主母勾搭，将卢俊义告发，打入大牢，便去找押牢节级蔡福，双方有段对话：

> 李固道：“奸不厮瞒，俏不厮欺，小人的事，都在节级肚里。今夜晚间，只要光前绝后。无甚孝顺，五十两蒜条金在此，送与节级。厅上官吏，小人自去打点。”

黄庭坚书《戒石铭》拓片

蔡福笑道："你不见正厅戒石上刻着'下民易虐，上苍难欺'。你那瞒心昧己勾当，怕我不知！你又占了他家私，谋了他老婆，如今把五十两金子与我，结果了他性命，日后提刑官下马，我吃不的这等官司。"

蔡福的报价是李固出价的十倍，这桩买卖才算成交。其他细节且不管它，蔡福随口引用的也正是"御制四行"中的两句。

蔡福说的八字，出自宋太宗御制《戒石铭》。《容斋随笔·戒石铭》说：

"尔俸尔禄，民膏民脂；下民易虐，上天难欺。"太宗皇帝书此，以赐郡国，立于厅事之南，谓之《戒石铭》。

严格说来，这《戒石铭》的著作权应归五代后蜀主孟昶所有，他曾亲撰《令箴》：

> 朕念赤子，旰食宵衣。言之令长，抚养惠绥。政存三异，道在七丝。驱鸡为理，留犊为规。宽猛得所，风俗可移。无令侵削，无使疮痍。下民易虐，上天难欺。赋舆是切，军国是资。朕之赏罚，固不逾时。尔俸尔禄，民膏民脂。为民父母，莫不仁慈。勉尔为戒，体朕深思。

还将其颁发给后蜀地方政府，让他们各自刊刻作为座右铭。洪迈据此赞赏孟昶："区区爱民之心，在五季诸僭伪之君为可称也。"然而，孟昶也只是号召要求臣下遵行而已，自己所作所为却是另一套。据《新五代史》，孟昶"君臣务为奢侈以自娱，至于溺器皆以七宝装之"。他以亡国之君押至汴京，北宋开国皇帝宋太祖怒叱他："你以七宝装饰便壶，该用什么器物盛饭呢？所为如是，不亡何待！"

尽管孟昶倡廉只是官样文章，但《令箴》的为政思想仍值得肯定。然而，这篇官箴共二十四句九十六字，颇嫌冗长，不便记忆；再如"三异""七丝""驱鸡""留犊"之类，大掉书袋，难以理解。经宋太宗夺胎换骨，删冗汰繁，大刀阔斧，截取四句，确如洪迈点赞的"词简理尽"。宋太宗将孟昶处拿来的十六字颁行全国，命州县衙门都立石为戒。这位第二代赵官家颇擅书道，所谓"御制"或许即出其手。另据《贵耳集》说，宋哲宗在位，也曾"书《戒石铭》赐郡国"，但他的书迹与宋太宗同样都未传世。据《八琼室金石补正》，现存最早的《戒石铭》碑刻原在湖南道县，乃出自宋哲宗时大书家黄庭坚的手笔。据缪荃孙艺风堂收藏的戒石拓片，除“太宗皇帝御制”碑额与“御制戒石铭”题名外，正文四句即分四行直书，与《水浒传》所说“上刻御制四行”若合符节。山西芮城县博物馆藏有金朝明昌元年（1190）所立《戒石铭》，仅将“上天”改作“上苍”，足见宋金虽是敌国，在为官要求与施政理念上并无二致；也说明小说中蔡福将御制铭文的“上天难欺”引作“上苍难欺”，应确有所本的。

作为制度性规定，自宋太宗朝起，全国州县衙门无不立有《戒石铭》。据宋高宗追忆，他在北宋末年“所历郡县，其戒石多置栏槛，植以草花”，已然成为全国官衙的标配；但他也不得不承认，“为守为令者，鲜有知戒石之所谓也”，只是摆设而已。由于戒石只是用来装点赵家官衙的门面，上至朝廷“六贼”，下至州县长吏，民脂民膏尽入囊中，欺天虐民无所不为，这才“乱自上作”，官逼民反，构成了小说的大背景。宋江起事虽然失败，北宋也走到了尽头。

绍兴二年（1132），南宋建立第六个年头，宋高宗号称“中兴之主”，“拨乱爱民，规模祖宗”的旗号还要标榜的，便亲以“御笔钩临黄庭坚书《戒石铭》”，再颁天下，命州县长吏“刻之庭石，置之座右，以为晨夕之戒”。他在政治上最会作秀，颁赐黄庭坚墨本时，还下诏书说：

> 近得黄庭坚所书太宗皇帝御制《戒石铭》。恭味旨意，是使民于今不厌宋德也……可令勒庭坚所书，颁降天下。非惟刻诸庭石，且令置之座右，为晨夕之念，岂曰小补之哉！

“不厌宋德”云云，无非要求子民百姓在这存亡之秋仍应念叨赵家的恩德好处。天子作秀，大臣跟上，在诏书后纷纷题赞说“此盛德大业之本”。令人侧目的是，肉麻吹捧的大臣里就有右相秦桧，而他堪称集中了其时权贵集团酷虐贪腐的所有特点。

不容否认，对宋代有操守的士大夫官僚，《戒石铭》确能起诫勉作用。例如王十朋，在移知夔州次年腊日，重刻《戒石铭》时以诗明志：

戒石重刊照眼明，良辰又遇腊嘉平。
黄堂坐处天威近，一点欺心事莫萌。

两年后，他改知泉州，又葺新戒石，召集属下诸县长官，赋诗《修戒石》共勉并自警道：

一念苟或违，方寸宁不愧。
清源庭中石，整顿自今始。
何敢警同僚，兢兢惟勑己。

王十朋向以刚正廉明而闻名当世，有理由相信他言行必果。综观《戒石铭》，“尔俸尔禄，民膏民脂”强调的是“民为邦本，本固邦宁”；而“下民易虐，上天难欺”告诫的是“人在做，天在看”，主旨无非企望官员以道德自律来勤政爱民。但这类道德劝勉，对贪官污吏究竟能起多少制约作用，是大可怀疑的，尤其在制度性贪腐已成不治绝症的态势下。与王十朋同时代的袁文，在《瓮牖闲评》里揭露那些贪墨残虐的州县官，厚颜无

元杂剧《包待制三勘蝴蝶梦》版画中的官署

明杨定见刊本《忠义水浒传》版画《寿张乔坐衙》中的官署，知县大堂上高悬着“正大光明”的匾额与戒石铭有异曲同工之妙

耻地在《戒石铭》每句原文下各添一句，成为当时官场的绝妙自供状：

尔俸尔禄——只是不足。
民膏民脂——转吃转肥。
下民易虐——来的便著。
上天难欺——他又怎知？

袁文生活在宋孝宗乾道、淳熙（1165—1174）时，算是所谓南宋全盛期，至于宋江闹事的那种末世，官场的腐败黑暗可想而知。不妨再拿《水浒传》说事，第八回铺排开封府衙威仪的那篇骈文，最后歌颂道：

> 户婚词讼，断时有似玉衡明；斗殴相争，判断恰如金镜照。虽然一郡宰臣官，果是四方民父母。直使囚从冰上立，尽教人向镜中行。

这类“明镜高悬”“为民父母”之类的谀词，与小说展示的现实形成尖锐的反讽。那位开封府滕府尹还算不上坏官，明知林冲负屈含冤，但碍于高太尉当权，仍将其刺配远恶州军，这还算周全林冲的。至于卢俊义案，倘若没有柴进代表梁山泊出场，出价再翻一番，“将一千两黄金薄礼在此”，让蔡氏兄弟改了主意，玉麒麟恐也难逃“明日早来扛尸”的结局。前面大半部《水浒传》，展开的就是“下民易虐，来的便著；上天难欺，他又怎知”的历史长卷，有心读者不妨起底小说中粉墨登场的赵家鸟官，有几个是恪守御制《戒石铭》的！

度牒

《水浒传》四十五回写到海阇黎海和尚与杨雄妻子潘巧云勾搭成奸，却要找个人为他们在做好事时望风报晓，是这样描写的：

> 却说这海阇黎自来寻报晓头陀。本房原有个胡道，今在寺后退居里小庵中过活，诸人都叫他做胡头陀，每日只是起五更来敲木鱼报晓，劝人念佛，天明时，收略斋饭。海和尚唤他来房中，安排三杯好酒相待了他，又取些银子送与胡道。胡道起身说道："弟子无功，怎敢受禄？日常又承师父的恩惠。"海阇黎道："我自看你是个志诚的人。我早晚出些钱，贴买道度牒，剃你为僧。这些银子权且将去买些衣服穿着。"

粗读这段文字，难免生出疑窦：这个报晓头陀胡道人既然对海和尚自称弟子，显然已经出家，海和尚怎么还要"贴买道度牒”，剃度他做僧人呢？这就要从宋代度牒制度说起。

一 国家核发的特殊身份证

自从白马驮经，落户东土，套用一位荷兰汉学家的书名，很快，“佛教征服中国”。其主要原因，就是中国缺少抚慰心灵的宗教，此岸的苦难急待彼岸的佛陀来救赎。但佛教徒剧增，国家不能放任自流，否则林子大了，什么鸟儿都会有，僧徒队伍不纯洁，事儿还小，影响到政权的稳定，兹事体大。于是，从北魏开始，设立了管理佛道的职能机构。其中流变，不去细说。反正到了宋代，佛教事务都归左右街僧录司管辖，相当于后来的宗教事务管理局。这有宋代话本《菩萨蛮》为证：

郡王见侍者言语清亮，人才出众，意欲抬举他。当日就差押番去临安府僧录司讨一道度牒，将乙侍者剃度为僧。

随着佛教徒的激增，佛寺隐然与国家争夺开了民众的控制权与财富的享有权。东晋桓玄早就指出问题的严重性：“天府以之倾匮，名器为之秽黩，避役钟于百里，逋逃盈于寺庙。”于是，国家只能动用政权的力量。远的不说，唐玄宗就采取了两条强制性政策。其一为治标的做法，开元十二年（724）规定：凡是六十岁以下的和尚尼姑，三年一次，考试经文，不合格者就清理出僧尼队伍。其二为治本的做法，天宝六载（747）下令，今后僧道出家，必须办妥法定手续，由国家认可，颁发度牒，也就是僧道的身份证。由于度牒是由礼部所属的祠部颁发

唐咸通九年（868）刻本《金刚经》局部，现存中国最早的印刷品竟然是佛经，足以说明佛教征服了中国

的，故而也叫“祠部牒”。这一措施剥夺了寺庙剃度僧尼的权力，将其攥在国家的手里。中唐以后，谁若私度做和尚，全家都充军大漠以西。僧尼既由官度，数量便可限制，国家在与佛教争夺民众上就能胜券稳操。

北宋继续中唐以来出家求度、祠部颁牒的旧规。据《宋会要》记载，祠部职掌之一，就是“受诸州僧尼、道士、女冠、童行之籍，给剃度受戒文牒”，这里的受戒文牒就是度牒。其具体做法是：出家而未受戒者称为“童行”，也就是俗称的“徒弟”。徒弟拜师出家，记名于寺观，上报给祠部，等候试经，这叫“系帐”。一般定在当朝皇帝生日那天，系帐的童行就到所在州府的长吏厅诵念佛教经文，考核合格，方由州府造册呈报祠部，申请发给度牒，这叫“试经”。天圣二年（1024）规定：“身有雕刺，及曾犯刑宪者，并不得试经。”看来，像鲁智深这样浑身刺青的关西军汉，武松那样血溅鸳鸯楼的官府要犯，走正规途径，肯定出不了家的。试经合格，祠部据册填写度牒，再下发州府，童行才能正式受戒，由长吏亲颁度牒交本人收执。

当然，也有不通过试经而直接拨赐的情况。具体做法是，皇帝因自己或母后生日以及其他原因，亲颁特旨于天下，“按检计寺院法名若干人数”，一般是“每寺观十人内度一人”，作为一次性拨赐度牒的额度比，此即《宋史·职官志》所谓“籍其名额，应给度牒若空名者，毋越常数”。唯有个别大寺名刹才可以援例每年享有这类特权，例如淳化二年（991），佛教名胜五台山诸寺院接到诏书，今后每到太宗生日，“依例更不试经，特许剃度行者五十人”。享受这类固定性颁赐度牒待遇的，还有台州天台山寺院、嘉州峨眉山普贤寺等名山福地。而对个别寺院特恩拨赐度牒的史料也时有所见。宋代话本《五戒禅师私红莲记》写到杭州净慈禅寺的五戒禅师对清一说：“我明日与你讨道度牒，剃你做徒弟。你心下如何？”作为名山古刹，净慈寺享受的似乎应该是固定颁赐空名度牒的优遇，故而这位禅师可以近水楼台，许诺清一。

宋代，对试经与拨赐途径颁发的度牒数，控制都是相当严格的。太祖朝颁发的度牒，岁额是在籍僧尼数的百分之一，太宗朝严格到三百分之一，仁宗初年收紧至四百比一，其晚年才放宽到五十比一。唯其如此，太祖朝一年度僧仅一千人，仁宗初也不过一千六百余人。度牒既由国家颁发，求度的人数往往超出核发的限额，这就必然出现供少于求的短缺状态。

那么，佛门为什么有那么大的吸引力呢？在宋代，寺观之内不仅田产可以免纳赋税，僧道也有免役的特权。尽管王安石变法规定僧道减半缴纳助役钱，但不久就下诏蠲免与皇家有关寺观的助役钱，于是寺庙纷纷与皇家套近乎而求特免。在法律上，平民一旦犯罪，在社会上难以立足容身，寺观则成为他们的逃罪之地。早在天禧二年（1018），真宗诏书明令列举不得出家的对象，就有“刑责奸细恶党，山林亡命贼徒”，这也恰恰反证了佛门是法网疏漏之处，因而“游手慵惰之辈，奸恶不逞之徒，皆得投迹其间”。

度牒作为国家核发的特殊身份证，不仅僧尼有，道徒也有。《水浒传》第一回写龙虎山真人不肯打开伏魔殿的大铁锁，洪太尉大怒道：“把你都追了度牒，刺配远恶军州受苦！”所谓“追了度牒”，就是没收度牒，剥夺其出家人的特殊身份。据《挥麈后录》，元丰末，舒州僧张怀素佯狂惑众，被地方官毕仲游逮捕，“索其度牒”，竟然还是南唐颁发的，当即涂毁，杖刑一百，勒令还俗，“递逐出境”。追还度牒，对出家人来说，可是最重的处罚。难怪鲁智深、武松在上水泊梁山前，还要混一道度牒作为护身符！

二　度牒就是财源

度牒问世不久，就有人发现这是无须投入就能产出的国有资源。天宝十四载（755），安史之乱爆发，杨国忠以筹措军费的名义，在河东首开了纳钱度僧的先例，“旬日间得钱百万缗”。这是国家卖度牒的发端，上距祠部始颁度牒仅隔八年。在平定安史之乱中，发卖度牒竟成为“以助军须”的主要财源之一，当时谓之“香水钱”。

在宋代，朝廷公然发卖度牒始于治平四年（1067）十月。这时，神宗刚刚即位，接手的是“百年之积，惟存空簿”的烂摊子。其后，度牒就成为国家财政的构成之一。但直到元丰六年（1083），年发卖额始终控制在1万道以内，每道价格为130贯，年收入在100万贯以上。

宋徽宗好大喜功，崇宁开边仅四个月就发卖度牒2.6万道。大观四年（1110），年发行额更是激增至3万道以上，以每道度牒涨价至200贯计，年收入达600万贯以上。这时鬻卖度牒的年收入，几乎与全国一年的盐税相当。但随着官鬻与颁赐度牒数双双扶摇直上，全国僧尼“比之旧额，约增十倍”，度牒官价大幅度跳水。就在大观四年，空名度牒在“民间折价至九十千（贯）”。就像股市扩容太快，政府不得不出面干预一样，徽宗朝，对官鬻度牒中“不得抑勒”“辄有科配”的奏报频频出现，表明强行配卖已经司空见惯。尽管如此，国家手里的空名度牒还是脱不了手。大观四年，朝廷被迫宣布暂停三年发放度牒。宣和二年（1120），正是《水浒》里武松利用假度牒出家不久的年份，市面上流通的度牒新旧积压，徽宗再次下诏停发五年，并命将未出售的库存度牒悉数销毁。然而，民间误传成未填用的度牒都要作废，抢着“折价急售”，每道惨跌至20贯。后来听说，已售度牒，依旧有效，“其价顿增”，单价很快回升至100贯，于是，“往往珍藏，以邀厚利”。五年期满，朝廷下令，发卖度牒再推迟三年，可谁知北宋仅有二年的气数呢？

建炎南渡，军费告急。建炎三年（1129），小朝廷一歇脚杭州，原先所有拨赐的度牒一概停止，全部用来发卖换钱。度牒官价，建炎时一道为120贯，绍兴初为200贯，为确保军费开支，不得不实行配卖政策。这一做法后果严重，对普通老百姓来说，被迫出钱买到手的那些空名度牒与空头官告不能当饭吃，因而史称“均买度牒，劝谕官告，下户贫民，俱已困乏”。

但既然是配卖，就不是市场行为，官价不过是门面，一道度牒民间价只要30贯就能搞定。尽管如此，建炎、绍兴之际，国家岁入还不满1000万贯，发卖度牒的年收入竟能维持在600万贯上下，在岁入中占压倒的比例，单价低而年发行额高的做法还是生效的。直到绍兴和议缔结，才暂停官鬻度牒。绍兴三十一年（1161），金主完颜亮南侵，停卖已久的度牒再受青睐，每道单价抬至500贯。度牒库从长官到工匠都发加班费，长官多发一个季度的“食钱”，负责书写的楷书手每人加200文，库子工匠每人加100文，连巡防的军士每人也多了10文钱的外快。

孝宗朝发卖度牒，实行减少数额而提高单价的做法，例如淳熙九年（1182）官鬻度牒1000道，每道价至500贯，三年后升至700贯。光宗以后，单价涨至800贯，宁宗前期仍维持这一价格。但开禧北伐一开打，军费开销就像脱缰的野马，度牒单价已涨至1200贯，发行量却也狂窜到数十万道，这项收入竟高达数亿贯。但“给牒颇多”，“壅积不售”。直到理宗即位，度牒的抛售量依然供过于求，“州郡至减价以求售矣”。

自神宗朝以后，度牒不仅成为国家财政来源，也直接成为朝廷支付手段。北宋元丰元年（1078），神宗赐度牒1000道，作为“修治都城诸门瓦木工直之费”；元丰六年（1083），再赐度牒1000道，修建京城水门。南宋乾道三年（1167），虞允文要买马备战，也直接请求孝宗“更降度牒四五百道逐旋变卖钱物使用”，简直把度牒当成可兑现的支票。正如清人赵翼所指出，“宋时凡赈荒兴役，动请度牒数十百道济用”，度牒在宋代财政运转中实际上起着信用支付的作用。

熙宁新法时，王广廉“乞度牒数千道”作为陕西推行青苗法的本钱，王安石大为赞赏，“遂行于四方”，度牒在变法中的贡献恐怕也不容小觑。南宋末年，贾似道推行公田法，度牒也成为国家强买公田的支付凭证。那些被强买1000亩以下的土地所有者，收到土地作价一半是不断贬值的纸币会子，另一半则是令人啼笑皆非的空名度牒。于是，“浙中大扰”，度牒伴随着公田法，一起为南宋王朝唱了一首送终曲。

倘若把宋朝官卖度牒的年份与收入进行统计，勾勒出一条波动不定的年代曲线，那峰线无例外地就是仰仗度牒筹措军费的战争年代或搜刮民财的黑暗年代。

三　度牒的生产与发卖

北宋的度牒是黄纸制作的，仅收100钱作为工本费，太宗时还一度免费发放。自治平末年官卖度牒起，伪造度牒也成为十分红火的地下产业。据《宋会要·职官一三》说，“伪造度牒之人，雕成一板，则摹印无穷，兼染成黄纸，便可印造”。由于造假成本过于低廉，买一份假度牒是稀松平常的事儿。宣和二年，有臣僚建议织造特种绫帛用作度牒材料，试图以提高造假成本与难度来“杜绝伪造之弊”。但北宋旋即灭亡，终于未见施行。

南宋建炎三年，朝廷命祠部牒改黄纸为绫纸，绫纸类似于中国画的绫织装裱纸。当时还设立提领度牒所，归户部管理，但次年仍划归礼部。据史料记载，绫纸度牒的具体样式，是“用绫纸背造，仿官告如法书写，本部官系衔书押，空留合书填去处”，从空着应该填写的去处，可见当时印制的就是空名度牒。一开始，度牒所用绫纸是由官告院供给的，“花样不一，易于伪冒”。绍兴六年（1136），朝廷采纳了工部官员的提议，由文思院专门织造统一的花样，并在绫面上织出“文思院制敕绫”六个字样，用来专造度牒。《水浒传》说鲁达打死镇关西后，凭着赵员外“买下一道五花度牒”，当了和尚，才躲过了追捕。所谓“五花度牒”，似乎就是绫纸裱造的，尽管鲁智深的年代还用黄纸度牒，这也许是说话人把南宋绫纸度牒当成北宋花样的缘故。

从纸造度牒到绫造度牒，仅此一项，绫的年需求量猛增到十万匹。度牒的制作成本自然也水涨船高，而朝廷绝不做亏本的买卖，每本度牒再多收十贯工本费。一本度牒的用绫，无论如何也用不了十贯，从宋代话本《错斩崔宁》里丈人给刘官人十五贯，就足以开张个柴米店，足见十贯成本费绝对不是小数目。但度牒是国家垄断、说一不二的买卖，这笔钱是非出不可的。至于原先持黄纸度牒的僧道，也一概以旧换新，补贴十贯“工墨钱”，换回一张簇新的绫纸度牒。

改用建炎新法发卖度牒以后，祠部直接把“半印合同号簿”发给各路转运司或提刑司，让他们就近“照验书填”。所谓“半印合同号簿”，也许就是盖上半个骑缝印的度牒本，还有半个骑缝印的存根则留在祠部存档。在此之前，无论记名度牒，还是空名度牒，都是不用号簿的。在此以后，记名度牒仍用旧制，空名度牒则以号簿备查。空名度牒簿的字号，由官告院按《千字文》次序排列，报吏部留底备查。而填发空名度牒的机构，每月必须将填发情况报吏部备案，每年上报空名度牒的销存数量。

但既然是买卖，轮到《千字文》里那些犯忌字眼的度牒，谁都不要，史称“交易之间，例多退嫌”，减价推销也没人领情。建炎四年（1130），有官员建议从《千字文》里剔除那些不吉利、犯忌讳的字眼，以免国家损失。于是，共删去百字，包括驴、鸟、盗、贼、罪、祸、亡、终、诛、斩等等，买卖双方皆大欢喜。

宋代度牒的具体格式，未见著录，只知道建炎新牒启用后，度牒绫面上织有“文思院制敕绫”六字底纹，正面分别有礼部侍郎与祠部郎官的系衔押字，盖有祠部官印；背面有尚书省左右司郎官系衔押字，盖着左右司印。日本学者伊藤长胤曾著录了该国入宋僧的一份度牒，而当时入宋僧的度牒完全仿效宋代体例。这份日本承久元年的度牒，其年代相当南宋宁宗嘉定十二年（1219），除了落款年号日期与官员系衔押字，其空名部分待填内容为所属州郡、寺庙、身份、法名、俗姓、现年、本师：

骏州有渡郡久能寺沙弥圆佘

俗姓氏平

见年十八

投于当时住持尧辨

礼为本师

赐度僧牒

剃发受具者

自神宗官卖度牒，京师设有京城所、榷货务、户部度牒场等负责发卖。地方上度牒交易场所主要有两级，路级是安抚司、经略司、制置司等帅司与转运司、提刑司、常平司等监司，南宋还加上总领所，而再低一级就是州军。平民从官方买到空名度牒后，既可以用于自己出家，也可以转让给亲友使用；而有钱者买了空名度牒为名寺大刹剃度僧尼，也是一种通行的还愿方式。《水浒传》就有类似的例证，第四回赵员外对五台山文殊院真长老表示："赵某旧有一条愿心，许剃一僧在上刹，度牒词簿都已有了，到今不曾剃得。"另据洪迈说，张浚出守福州，其母莫夫人"多以度牒付东禅寺，使择其徒披剃"。赵员外是仅将剃度他人作为还愿的方式，张浚的母亲则将所买度牒与剃度权一起奉献给了佛寺。

佛寺获得空名度牒的途径，除了前文所述的按例拨赐，也可以出资购买。据《宋朝事实类苑》记载，僧惠圆就是"主僧乃出鬻度牒"，才剃度出家的。《水浒传》里那个海和尚向胡头陀许诺"贴买道度牒"，剃度他为僧，也属这种情况。

无论是谁受剃度，拿上空名度牒，连同公据，到各地开坛的寺庙，查验核实就可以当场受戒。这一做法，比起此前试经或拨赐的颁牒方式来，对一般人而言，自然大开了方便法门。《水浒传》对此有形象的描写。鲁智深犯事，赵员外为搭救他，拿着预先买下的度牒，请真长老为其剃度：

> 真长老在法座上道："大众听偈。"念道："寸草不留，六根清净，与汝剃了，免得争竞。"长老念罢偈言，喝一声："咄！尽皆剃去！"净发人只一刀，尽皆剃了。首座呈将度牒上法座前，请长老赐法名。长老拿着空头度牒，而说偈曰："灵光一点，价值千金，佛法广大，赐名智深。"长老赐名已罢，把度牒转将下来，书记僧填写了度牒，付与鲁智深收受。

剃度以后，"照验书填"的环节，按例要由政府特许的发卖机构验实填写的，但小说里却是由书记僧填写的，而小说恐怕更符合实际。那些发卖度牒的政府机构至多留下已卖空名度牒“半印合同号簿”的存根，书填空名的后续事儿就放任寺院或者买家自己去操办了。佛门因而难免成为藏污纳垢或逍遥法外之地。

四　度牒的管理及其猫腻

宋代对度牒的管理，天禧五年（1021）前，是由各州府每三年将属地寺庙应给度牒的僧尼童行名额造册报送祠部；祠部审查核实，按册填写度牒，再下发给各州府，而后则根据天下寺院的法名、人数，分档收管。天禧五年起，一度改为沙弥受戒以后巡礼赴京，直接赴祠部送上戒牒，度牒则由祠部官当面“点名给付”。但后来还是回到由祠部通过州府请给度牒的旧法。

据《太宗实录》，在僧尼通过州府向祠部请领度牒的环节中，早在太平兴国八年（983），已有州府长吏虚报数额，然后“募人以缗钱市取，赍以至外郡卖焉，得善价即付与之”，这是宋代私卖度牒的较早记录。庆历元年（1041），一个中书吏人私发度牒三十四道，从中牟利，事发以后，杖杀都市，断罪十分严厉。但当时私下交易的都是记名度牒，就度牒本身而言，并不存在伪造问题。

自治平官鬻度牒后，一方面，试经、拨赐两种给牒方式依旧并存不悖；另一方面，法律上规定度牒“私下不得交易”。但出售的既是空名度牒，私人购得以后，处置犹如货物，往往根据供求需要而进行再次甚至多次的自由交易。度牒既然进入民间流通领域，在实际上已经转变为有价证券。据《画史》记载，画家王诜曾用唐代韩幹画的照夜白马，再加上两道度牒，

明代陈洪绶《水浒叶子》中的《行者武松》，上题“申大义，斩嫂头，啾啾鬼哭鸳鸯楼”。画中的武松虽挂着人头顶骨做的数珠，却没有套箍头的铁界尺

明代陈洪绶《水浒叶子》中的《花和尚鲁智深》，上题“老僧好杀，昼夜一百八”

换回了一幅颜真卿书。度牒既然可以当作货币的等价物流通使用，伪造也就逐渐增多。宣和二年，正是梁山好汉撒欢闹事的那年，据尚书省奏报，造假度牒已像后代造假钞那样批量生产，达到了“伪造度牒印板”的程度。徽宗不得不下了一道御笔：“伪造度牒印板，以违制论！”但从《水浒传》中鲁智深、武松那么轻松地拿到度牒，成为出家人，足见造假不仅没有根绝，反而变本加厉。南宋高宗朝多次颁诏，“伪造绫纸度牒依诈为制书法断罪”，把伪造度牒与伪造诏书同罪断刑，禁令不可谓不严厉，断罪不可谓不酷烈。但绍兴元年（1131），权知昭州符确依旧创造了惊人纪录，一口气书填假度牒一千二百余道。

僧尼如果外出游方，须有所在寺院的师父或主首出面作保，由居住地官府开具公凭，类乎通行证，也就是《宋会要·道释二》所说的“所在官司于度牒后连纸批书所给公凭”。据《庶斋老学丛谈》说，僧道云游到寺观，“有六验方留”，其中“一度牒，二公据，三戒牒”，度牒是国家颁发的身份证，公据是官府发给的通行证，戒牒则是佛教界承认其受戒出家的证书，这恐怕与空名度牒谁都可以弄到手大有关系，因而还需要一道佛门的凭据。

倘若发生鲁智深从五台山文殊院改投到东京相国寺的情况，也就是说，僧尼要跨路分改换寺院，就须向所在州府长吏申请，当堂递交度牒，由地方守臣在度牒背面批明某年月日勘验无误，用印系衔押字，并出示公据，折角实封，交本人携往所去州郡，再新购度牒，照验书填。《水浒传》写到鲁智深改投大相国寺，只说文殊寺长老给他当相国寺住持的师弟智清禅师写了一封私信，介绍鲁智深“去投他那里，讨个职事僧做”，未提及上述手续，可能是小说的省略，也可能是佛门师兄弟之间的违规操作。

按照规定，僧尼所持度牒的书填内容如果与实际情况不相符合，就属于伪造度牒的违法行为。诗僧道潜的法名原来叫昙潜，苏东坡对他特赏识，为其改法名道潜。有一个和尚与他有嫌隙，告官说道潜“度牒冒名”，转运使吕温卿也正想找他的碴儿，“索牒验之，信然”，度牒上分明写着昙潜，就以此为由，勒令其还俗，编管兖州，让他吃足了苦头。

作为身份证件，度牒自然有遗失的可能，据《宋会要》职官十三之十八，补发手续必须“所在召住院僧二人保明无虚伪，具出家来历夹名申奏，令祠部勘会出给”。宋代先后与辽、金对峙，度牒却是有国界的，于是凡有辽金僧尼“归正”大宋的情况，就必须更换度牒。绍兴三十一年，下过一道敕令，凡是领受金国度牒的僧道，只要申请，都予更换度牒。

僧尼如果还俗、逃亡或者身故，其祠部牒就应由所在寺院的主首在规定期限内追还，送缴给所在州府，由主管官员在其上写明“凿毁”两字，在空白处批上死亡或还俗日期，用印押字后集中送祠部。祠部收到各地缴来的作废度牒，每季度派郎官监送到尚书省外集中“依例烧毁”。如有寺院主首在缴纳这类度牒上违犯限令，告发者可获赏金一百贯。尽管如此，这种亡故或还俗僧尼的度牒总不能如数收缴到部，尤其在朝廷停卖空名度牒的年代，这类度牒十分抢手。倒卖出手后只需做一番手脚，“洗改重行书填”，就成了一道冒名顶替的假度牒，这种手脚，当时“谓之反魂”。

据乾道八年（1172）权礼部侍郎李彦颖奏报，庐州僧惠宝与处州僧惠京倒卖“反魂”度牒，仅案发在逃当年就达三十道，则“前后所卖，不知几何；以两州观之，四方万里，如此类者，又不知其几”。自南宋绍兴后期起，朝廷曾一再颁令严禁，甚至规定：凡收缴废度牒的寺院主首，一旦发现在废弃度牒上有猫腻勾当，就责杖一百、勒令还俗。但从李侍郎的奏报，可以推断其效甚微。这种无本的买卖，也用得上经济学的著名论断：为了百分之百的利润，就敢践踏一切人间的法律；有百分之三百的利润，甚至敢冒杀头的危险。

最后，还是回到《水浒传》吧。母夜叉孙二娘在十字坡黑店里放翻了一个过路的头陀，“把来做了几日馒头馅”，留下了

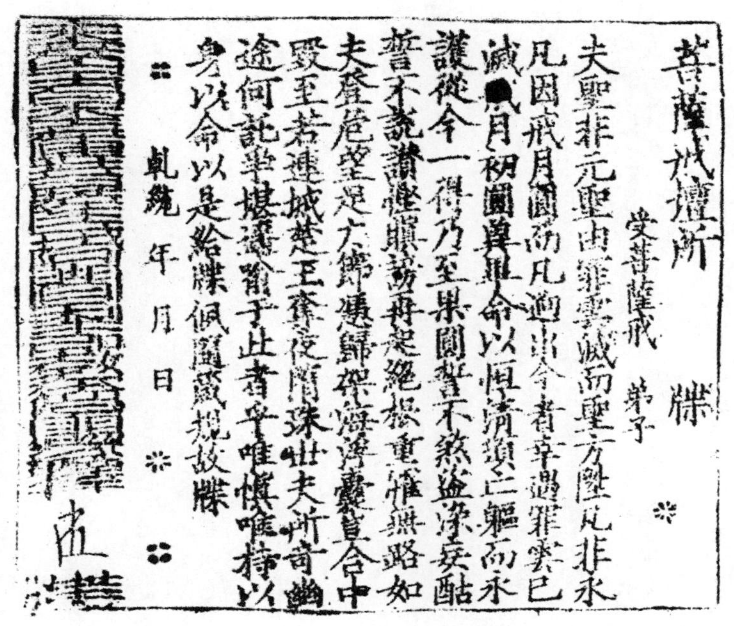
菩薩戒壇所 牒

受菩薩戒 弟子

乾統 年 月 日

辽朝乾统年间（1101—1110）颁发的度牒

他的全套行头与“一本度牒”，却舍不得丢弃。武松血溅鸳鸯楼后到她的店中，这本保存两年之久的度牒派上了大用场。这道度牒，似乎还说不上是“洗改重行书填”的反魂度牒，不过冒名顶替而已。你看那武松，“得这本度牒做护身符”，穿上那个头陀的装束，套上箍头的铁界箍，挂着一百单八颗人头顶骨做成的数珠，挎着两把雪花镔铁打成的戒刀，“果然好个行者”，正准备着“该出手时就出手”呢！

押字

一

《水浒》第八十一回写到李师师要求宋徽宗为燕青亲书一道御笔赦书：

> 天子被逼不过，只得命取纸笔……临写，又问燕青道："寡人忘卿姓氏。"燕青道："男女唤做燕青。"天子便写御书道云："神霄玉府真主宣和羽士虚静道君皇帝，特赦燕青本身一应无罪，诸司不许拿问。"下面押个御书花字。

押字，也称押名、花押或画押，是人们在文书上，根据自身喜好，使用特定的符号，作为证实本人的凭据。其作用正如《孙公谈圃》所说："非自尊也，从省，以代名耳。"由于它往往只是某种符号，便与署上本人姓名的签名不同。押字究竟始于何代，一时颇难确证，但南北朝时已有，唐代则颇流行。据《南部新书》载，北齐斛律金不识字，有人教他押名，对他说："但如立屋，四面平正，即得。"而安禄山也是文盲，押字时，用手指三撮，就算完事。唐代唐彦谦有诗云"公文捧花押，鹰隼驾声势"，活脱脱勾画出官吏鱼肉百姓，衙役狐假虎威的场面。

五代后周柴守礼也有一件与押字有关的荒唐事。显德元年（954），他的儿子柴荣即位为世宗，他退居洛阳，与当朝几个将相之父却老不正经，每天"设乐集妓，轮环无已"，凭着是皇帝他爸，守礼最不守礼，每日点十名洛阳妙妓，"以片纸书姓字，押字大如掌"，派人去呼妓。此人领命，先到洛阳府尹那里，呈上有守礼押字的花票，府尹在旁边签字画押后，再去妓院，完成公费狎妓的全套手续。

暂且不论宋代以前的花押，且说宋徽宗押的御书花字，就是押字，但因皇帝至尊，故称作御押。宋代自太祖到度宗十五朝的御押样式还保存在周密的《癸辛杂识》里，其中真宗、神宗和光宗的御押只是画圈。后来把依样画葫芦的批押叫作画圈，似乎与这种花押不无关系。宋代皇帝还刻有"押字印宝"，也就是把御押符号刻成图章，以便随手盖章，免去画押的麻烦。这种花押印始自宋代，一般没有边框，是一种镌刻花写姓名的印章，让人不容易模仿。从现存徽宗绘画上的御押看来，他使用的押字符号远不止一个。徽宗爱在书画后押上别致的花字，有人说是"天水"（赵姓的郡望）两字的草书连写，也有人以为，徽宗"御书"二字的朱文瓢印下乃是御押"天下一人"四字的连缀。徽宗与其子钦宗后来都沦为金人的阶下囚，绍兴二年（1132）秋，钦宗听说金军准备大举进攻四川，曾辗转向南

宋徽宗《竹禽图》卷末有其“天下一人”的押字

宋大臣张浚传递消息，还带来了有“御封亲笔押字为信”的书函，诉说赵宋皇室北掳的遭遇：“一行百人，今存者十二三人。”御押用到囚书上，也真够凄惶悲惨的。

二

在宋代，不仅皇帝，一般的官员，甚至平民也使用押字。《水浒》第八回写林冲刺配沧州前休妻道：“林冲当下看人写了，借过笔来，去年月下押个花字，打个手模。”林冲这时已是配军，不再是禁军教头，他的押字既可视为官员押字的旧习，也可作为押字流行于民间的佐证。

押字在宋代应用相当普遍。其一，官员用于案牍公文。宋代如果仅签名而不押字，公文无效；反之，只押字而不署名，公文即为有效。因而，自宋初起，官员进呈给朝廷的文书，往往只押字而不签名。这一惯例大约持续到孝宗朝，其后才押字签名并用。当好几位官员联署一份公文时，惯例是官职越高，押字越后，因而宰相的押字总在最后。《朱子语类》说了一件官场逸事，就反映了这一惯例：苏颂押花字总喜欢押在最下边，有一次，一个官位在他之上的人与他同署一个文件，见苏颂先押的花字已在最下，便只得“挨得他花字向上面去”，其后，苏颂“遂终身悔其初无思量，不合押花字在下”。唯其如此，钱惟演做到枢密使，离宰相还差一步之遥，出于宰相情结，他常感慨道：“使我得于黄纸尽处押一个字，足矣！”

其二，官府用于纸币、量器。据《宋朝事实·财用》，益州富户联合发行世界上最早的纸币，用统一的纸张印造，名为交子。交子纸面上印有屋木人物，“铺户押字，各自隐密题号，朱墨间错，以为私记”。这种最初由出资铺户联合押字的交子，后来改由官府发行，实物虽然迄今未有发现，但与南宋对峙的金朝，有押字的纸币倒颇有传世的。此外，宋代各官仓使用的斛、斗、升、合等量器，也都“各刻仓分、监官押字”，以取信于民。

其三，工匠用于工艺器物。宋代曾规定：官铸铜器必须铸上主副工匠姓名和监官的押字。现存宋代文物中，留有工匠或窑户押字的漆器、瓷器也颇不少。

据《长物志》说，宋徽宗收藏书画在装裱后，展卷处留有一指阔的空隙，“傍有木印黑字一行，俱装池匠花押名款然”。

其四，平民用于契约、诉状。据《袁氏世范》，买卖田产，“如有寡妇、幼子应押契人，必令人亲见其押字”，并当场书填价格、亩数、年月。而《作邑自箴》交代诉状格式，状末应写“姓某押状”，如果起诉人不会写字，则由代笔人当众宣读，“亲押花字”。这些无不说明押字在平民法律文书中不可替代的作用。宋元之际的南戏《白兔记》描写大舅子逼迫刘知远立下字据休妻出走时，不忘让他在“年月日时”下“写个花字”，反映出民间在契约上画押的习惯。

三

宋代文官当道，公牍盛行，书押制度十分繁琐，进入宦海的士大夫也不得不被文牍纸尾的押字所牵累。且以宋末南康军为例，不过是“渺然小垒”，但各路监司“例以属郡视之，押字如鸦，四面而至”，不断下发公文，让这个小郡长官疲于奔命。这种情况，在宋代有其普遍性，刘克庄所说“花押常衙少，

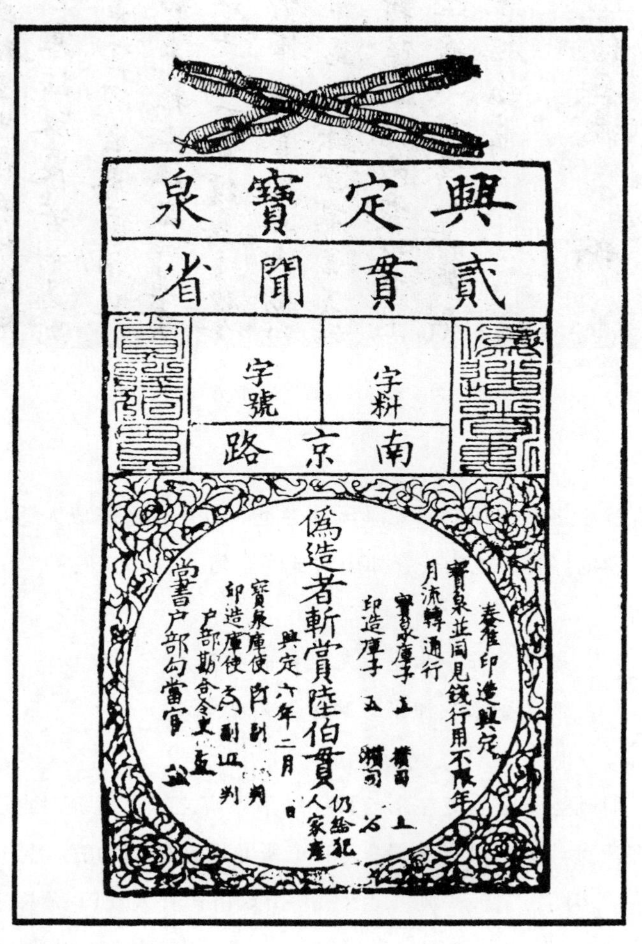

金朝纸币“兴定宝泉贰贯闻省”印版，各库子、库使、库使副与令史、勾当官下都是各人的押字

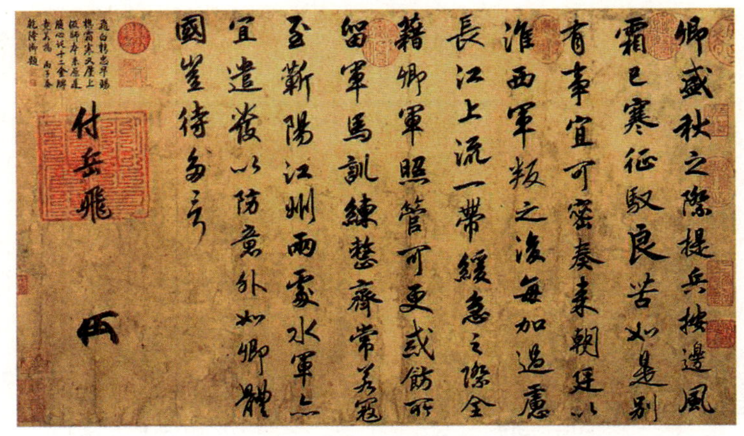
卿盛秋之際提兵按邊風
霜已寒征馭良苦如是別
有事宜可密奏來朝廷以
淮西軍叛之後每加過慮
長江上流一帶緩急之際全
藉卿軍照管可更戒飭所
留軍馬訓練整齊常若寇
至蘄陽江州兩處水軍亦
宜遣發以防意外如卿體
國豈待多言
付岳飛

宋高宗《付岳飞手劄》书影，文末即为赵构的花押

柑香静坐多”的衙门，几乎无处寻觅。以至于像范成大这样关注民瘼的好官，也为公牍如山而徒唤奈何：

> 老来穷苦事相违，几坐铃斋竟日痴。
> 眼目昏缘多押字，胸襟俗为少吟诗。

但既然做官当吏注定与押字结下不解之缘，就要对自己的花押负责。据《灵异小录》，有个张龙图在颍州为官，见州牒押字“多团，下拽一画”，活像一个炊饼，有人戏曰：“押字如有蒸饼样。”此君急智，应声对云：“为官恰似面糊团。”嘲讽当官的都在捣糨糊，混日子，只管画押而不负责任。唯其如此，吕本中告诫说：

> 当官处事，但务着实。如涂擦文书，追改日月，重

易押字，万一败露，得罪反重，亦非所以养诚心，事君不欺之道也。

也就是说，如何对待押字关系到一个为人之道与为官之德。史称杜衍为相，“公心而乐与人善，既知其人，无复毫发疑间”，韩琦时任枢密副使，在一二件公事上与他有过争议，但最终赢得他的信任。其后，每有公文，杜衍就问韩琦看过没有，如已看过，“便将来押字”。这样一来，韩琦“益为之尽心”，不敢稍有疏忽。

王安石拜相变法，冯京、王珪任参知政事，都检正曾布凡事只请示安石，有人提醒他也应向冯、王报告，他却说：“丞相已定，何必再问？他们在诏敕下达后押字就是了。”且不论曾布视宰执押字为过场，冯、王的押字也有愧于执政之责。相比之下，南宋郑刚中是一个善用押字的好官。他通判温州时，恰遇大饥荒，哀鸿遍野，便带头捐俸，粜米赈灾。知州却担心层层转发，灾民拿不到救命米。刚中“乃以万钱每钱押一字”，夜出坊巷，碰到一个饥民发给一钱，并嘱咐道：“勿拭去押字，翌日凭钱给米。”这次赈灾真正做到“饥者无遗”，押字派上了大用场。南宋末年，元军攻陷临安，左右丞相吴坚与贾余庆迎合旨意，“以省札遍告天下”，开城降元，签书枢密院事家铉翁拒绝在省札上押字，元军“胁以无礼”，他不为所动，保持了气节。

四

宋代书押司空见惯。《水浒传》一开头描写鲁智深的几回里，就有两处提到押字，一处是鲁提辖打死镇关西后：

府尹辞了经略相公，出到府前，上了轿，回到州衙里，升厅坐下，便唤当日缉捕使臣押下文书，捉拿犯人鲁达。

说的是官府公文中使用押字的情况。另一处是鲁智深被介绍到东京大相国寺安身：

次早，清长老升法座，押了法帖，委智深管菜园。智深到座前领了法帖，辞了长老，背上包裹，跨了戒刀，提了禅杖，和两个送入院的和尚，直来酸枣门外廨宇里来住持。

表明佛门内也以押字为凭据。

在实际生活中，押字的应用范围可能还要广泛。据《能改斋漫录》，包拯生前立有家训："后世子孙仕宦，有犯赃滥者，不得放归本家；亡殁之后，不得葬于大茔之中。不从吾志，非吾子孙。"其后有他的押字。这则家训，连同押字，后来刻石立于包氏堂屋东壁。这是家族内部使用押字的例子。

据范成大说，"古人押字，谓之花押印，是用名字稍花之"，他说的"古人"指宋代以前。实际上，宋代的押字既可以是自己姓名的某一个字，甚至也可以是与姓名无关的某个符号。但是，这种"用名字稍花之"的押字，与汉字文化的书写过程相结合，容易引起种种出人意表的趣事。司马光押字，只是"署名而小花"，也就是署名略花一点而已，符合其为人周正的特点。据《石林燕语》，王安石的花押就画一"石"字，先是一横，然后在一撇的中间加个圈。他性情忭急，像阿Q一样画圈总不圆，往往窝扁，横划又多带过，别人取笑他押了个“歹”字，也有人私下说他押了个“反”字。王安石听说，就“加意作圈”，有时候“作圈复不圆”，就用浓墨涂去，“旁别作一圈”，免得别人说“歹”道“反”的。祖无择其人不拘小节，说话口无遮拦，为王安石所不满，最后竟至入狱。据说，他在押字时直接“作一口字”，有人问其故，他回答说：“口不择言。”还有一个平江府佥判名叫赵时杖，他的押字与祖无择同样“作一大口字”。一个新来的知府初见其画押，便在其旁批道：“佥判押字大空空。请改之，庶几务实，仍请别押一样来。”把押字的虚实与为政的务实硬扯在一起，让人哭笑不得。最有趣的要数“米颠”米芾，他在出知无为军时，在衙署里凿了一个池，入夏蛙声聒噪，他取一片瓦，写了“墨池”二字，“书押字”后投入池中，蛙鼓顿歇。至于后来蛙声如何，毋须追问，但这片押字也真够风雅绝顶的。

押字流行，阴阳家从中看到有利可图，于是大谈“押字且存诸贵贱祸福”。在宋代书目里，就有署名张玄达《相押字法》与佚名《六神相押字法》各一卷。其书虽佚，具体内容不得而知，但据《图画见闻志》说：“世之相押字之术，谓之心印，本自心源，想成形迹，迹与心合，是之谓印。”押字作为一种笔迹，折射出书写者一定的性格或当时的心态，自有心理学的依据，但强调过头也就流于迷信。据《陶朱新录》说，马纯的外祖母是文彦博之女，只要见到文彦博的花押，“必剪收，云能愈痁疾”，这显然有悖于医学常识。南宋初年，有个名叫马友的溃军头目，平日押字把“友”字押成“市”字模样，后来在潭州（今湖南长沙）市上遭到袭杀，有人说就是应了押“市”的恶兆。

两宋十五朝御押摹本

押字流行，也容易带来假造仿冒，营私舞弊。仁宗时，有三司吏人模仿三司使的押字，“脱赚钱物”，居然还懵过了三司副使。另一方面，因押字流行，文人雅士中便有人开始研究收藏。北宋有个名叫施结的知州，好蓄古今人押字，“不远千里求之”，收藏颇丰。他认为从押字的放恣或谨小，可以窥见一个人的性格和度量，便将所藏唐宋名人的押字“尽以刻石”，摩挲把玩，如对故人。他先后担任过饶州（治今江西鄱阳）、虔州（治今江西赣州）、吉州（治今江西吉安）知州，每次调任，必“用数人负之而行”。也堪称一痴，可与米芾拜石相媲美。

五

与南宋对峙的金朝，也流行押字。宣和七年（1125），金人早已不把宋朝放在眼里，在回覆的国书中准备用押字代替国玺，宋使卫肤敏据理力争：“押字岂能用于邻国的邦交！”再三交涉，终于用玺。这一事例不仅证明金国皇帝也用押字，同时说明用玺、用印要比押字来得郑重与正规。据出使金国的范成大说，按照金国法规，出朝公干的使者，带有金、银、木三种信牌，称金牌使者、银牌使者等，牌上有“准敕急递”等女真文字与“阿骨打花押”。

宋元易代，掌权为官的蒙古人与色目人大多“不能执笔花押”，于是将花押“例以象牙或木刻而印之”，凡官至一品者得旨特赐才有资格以玉印章押字。后至元间（1335—1340），太师伯颜擅权，把宫中所藏历代玉玺全都磨去原有的篆文，改制成押字印章或鹰坠饰物，分给同党大臣。元人有诗云：

皇朝内府多旧玺，尽畀太师作鹰坠。
党臣势焰同薰天，亦得分为玉押字。

写的就是这件焚琴煮鹤的煞风景事。不久，红巾军起事，松江府印制官号给元兵佩戴，号上画了一圈火，圈内印一“府”字，上盖府印，火圈的外四角则是府官的花押。民谣讽刺道：

满城都是火，府官四散躲。
城里无一人，红军府上坐。

不到二个月，松江城果然被红巾军攻破。小小的押字也关乎着民心的向背呢！

刺字

《水浒传》里林冲是第一个遭到刺配的好汉，小说描写道：

> 就此日府尹回来升厅，叫林冲除了长枷，断了二十脊杖，唤个文笔匠刺了面颊，量地方远近，该配沧州牢城……原来宋时但是犯人徒流迁徙的，都脸上刺字，怕人恨怪，只唤做打金印。

卖友求荣的陆谦还要求押解林冲的董超、薛霸在路上下毒手后“必揭取林冲脸上金印回来做表证”。

一

刺字的目的，正如《大学衍义补》所说：“本以示辱，且使人望而识之”。南宋话本《志诚张主管》描写张主管偶遇旧主，第一眼就看见“张员外面上刺着四字金印，蓬头垢面，衣服不整齐”。确实，罪犯一旦脸上刺了字，就无法掩盖身份，隐匿逃窜也十分困难，有利于知情人举报和官府的缉捕。林冲在火烧草料场后受到通缉，投奔梁山，一入朱贵的酒店就被认出，原因即如朱贵所说：“你脸上文着金印，如何要赖得过？”鲁智深第一次见到杨志，问是什么人，杨志一报出姓名，鲁智深就说：“你不是在东京杀了破落户牛二的？”杨志不无幽默地自亮证据道：“你不见俺脸上金印？”真可谓一打金印，身份铁定。

刺字一般都刺在面颊上，刺字以后又必须烧炙涂药，染以黑色，故而刺字也叫刺面、黥面、墨面。刺字由上古墨刑发展而来，其方法是用刀、针等利器在犯人的脸颊或额头上刺刻文字记号。对罪犯刺面的做法，始于五代后晋。宋代则把五代的刺面与中唐以来决杖流配结合起来，加重了刑罚的力度。故而《大学衍义补》认为：“宋人承五代为刺配之法，既杖其脊，又配其人，且刺其面，是一人之身、一事之犯而兼受三刑也。”例如武松为兄复仇，东平府的判决先是“开了长枷，脊杖四十”，然后“脸上免不得刺了两行金印”，结末是“迭配孟州牢城”，与林冲一样，也是受三种刑罚。

至于刺字的一般格式，《水浒》里也有所涉及。智取生辰纲后，济州府尹因何涛缉捕不力，便唤文笔匠来，去何涛脸上刺下“迭配……州”字样，空着某处州名，以为警戒。这大约已是北宋中期以后的定制，而此前官府对所刺的部位、大小、形状有点随心所欲，犯人往往被刺得“满脸大字，毁形颇甚”。《东轩笔录》有个故事说明了这种情况：陆东权知苏州，下令在流犯的脸上刺“特刺配某州牢城”，僚属对他说：“凡‘特’者，指罪不及此，而出于朝廷特旨。现在这人罪应刺配，刺上‘特’字，恐怕有点僭越。”陆东大恐慌，连忙命人将囚犯脸上

明万历容与堂刊本《忠义水浒传》版画《林教头刺配沧州道》

的“特刺”改为“准条”。后来，他被人推荐提职，一位大臣说：“噢，不就是那个在人家脸上打草稿的权知苏州吗！”

直到哲宗即位，才对刺配法做了明确规定：犯强盗罪在其耳后刺以环形，徒刑、流刑刺以方形，杖刑刺以圆形；杖刑三犯，刺字移于面颊，直径不得超过五分。南宋高、孝两朝，曾在“贷死”强盗的额头上刺“强盗”二字，仍在其两颊以大字刺上“配某州、府重役”或“配某州、府屯驻军重役”等字样，似乎是从重的特例。《庆元条法事类》中也列有这条律令。而据宋元之际方回说，南宋后期仍执行类似做法，“强盗免死，额刺‘免斩’，面刺双旗”，作为终身洗刷不去的耻辱标志。

刺字以所刺字形大小，分大刺与小刺。情节严重的罪犯，所刺字就大，而且两颊分刺。据《宋会要》记载，真宗以前，“犯人刺面者多大刺文字，毁伤既甚”，大中祥符六年（1013）曾下诏约束：除了特殊奉命大刺的，其余都依照募兵的惯例，施行小刺。但这样一来，犯人与士兵就很难区别，士兵毕竟不是罪犯。仁宗天圣二年（1024）规定，对情节严重的罪犯，才在一面刺上稍大的字样。刺配之法，向来繁琐，南宋孝宗时多达五百七十条。其后，大概有过省并，到制定《庆元条法事类》时规定已较清楚：一般降配者，所刺字不超过二分，逃亡或发配本城者不超过四分，发配牢城者五分，发配远恶军州及沙门岛者七分；原刺字模糊不清或消除遮盖者，官府经确认后添刺，无法添刺者则另刺新字。准此而论，发配远恶州军的就属于大刺，而刺字不过二分的一般降配者，就是小刺。

二

脸颊刺字是对犯人永久性的侮辱，对其精神与心理都是一种巨创与摧残。《退斋笔录》说了一桩史事。宋神宗对西夏用兵失利，恼怒之下准备杀一个误事的转运使，宰相蔡确提醒他“祖宗以来从未有杀士人事”，神宗沉吟良久，说：“那就刺面，发配远恶州军！”但执政章惇以为：那还不如把他杀了。神宗问何故，章惇说：“士可杀，不可辱。”神宗悻悻道：“快意事一件也做不得！”由此可见，在士大夫眼里，与其刺字，还不如处死。这种心态在其他阶层中自然也应如此，刺字往往反而会把他们逼上绝路。《水浒》里林冲就浩叹：“谁想今日被高俅这贼坑陷了我这一场，文了面，直断送到这里，闪得我有家难奔，有国难投。”宋江也在这种绝望心理下写出了反诗：“不幸刺文双颊，那堪配在江州；他年若得报怨仇，血染浔阳江口。”其后，他更是动辄卑猥地自称“文面小吏”。

由于刺字者往往有犯罪的前科，因而刺字也被一般人视为不法之徒的标志。宋代话本《万秀娘仇报山亭儿》有两个杀人越货的强贼：一个“兜腮卷口，面上刺着六个大字，这汉不知怎地，人都叫他做大字焦吉”；一个“掀起两只腿上间朱刺的文字道：‘这个便是我姓名，我便唤做十条龙苗忠’”。唯其如此，为了能在社会中正常生活，遮掩或消除这一耻辱的标记，对被刺字的囚犯来说至关重要。武松在出发打蒋门神前，特向施恩“讨了一个小膏药，贴了脸上金印”，就出于这种动机。血溅鸳鸯楼后，武松受到官府画影图形的通缉，落脚在孙二娘黑店里，寸步难行。小说也有一段描写：

> 孙二娘道：“……阿叔脸上，见今明明地两行金印，走到前路，须赖不过。”张青道：“脸上贴了两个膏药便了。”孙二娘笑道：“天下只有你乖，你说这痴话，这个如何瞒得过做公的？我却有个道理，只怕叔叔依不得。”

武松道："我既要逃灾避难，如何依不得？"……（孙二娘道）"叔叔既要逃难，只除非把头发剪了，做个行者，须遮得额上金印。"

武松此举固然是为了避难，但由此也不难想见，被刺过字的人是如何不见容于社会。双枪将董平在未上梁山时阵前就是以"文面小吏"来羞辱宋江的。也正是这种情结，宋江一做上梁山泊主，就千方百计试图磨灭脸上的金印。当然，这时他的条件比起武松来，是不可同日而语的，小说对此也有交代：

原来却得神医安道全上山之后，却把毒药与他点去了。后用好药调治，起了红疤，再要良金美玉，碾为细末，每日涂搽，自然消磨去了。那医书中说"美玉灭斑"，正此意也。

一百二十回本《水浒传》有征王庆的故事，说王庆吃官司后刺配陕州（治今河南三门峡市），拘管期间却又杀人潜逃，路遇做房州押牢节级的表兄范全。这个范全虽是司法吏役，却执法犯法，包庇逃犯，把王庆带回房州藏匿：

范全思想王庆脸上金印不稳。幸得昔年到建康，闻得神医安道全的名，用厚币交结他，学得个疗金印的法儿，却将毒药与王庆点去了。后用好药调治，起了红疤，再将金玉细末，涂搽调治，二月有余，那疤痕也消磨了。

这段描写明显是前者的克隆，以良金美玉消除金印的手法如出

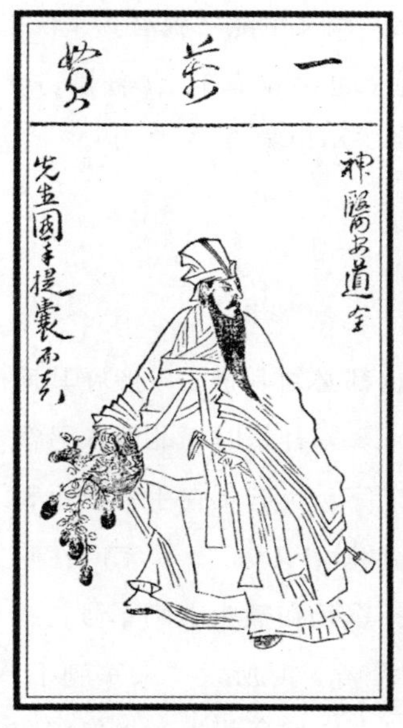

明代陈洪绶《水浒叶子》中《神医安道全》，画上题词是“先生国手，提囊而走”，《水浒传》里只有他掌握点灭刺字的医术

明杨定见刊本《忠义水浒传》版画《剪发藏金印》描绘十字坡黑店中张青与孙二娘夫妇为武松乔装改扮，遮去脸上刺字的场景

一辙。但是，这只是小说家姑妄言之，似乎难以征信。

所幸明代的《普济方》载有除去刺文与雕青的药方，不妨转述，以为谈助。对付身上的印文或刺青，取活水蛭一条，将一枚生鸡卵剖开小头，放入水蛭，再把将小头盖牢封死，直到水蛭把鸡蛋清吃尽，而后自己死去，再取出其汁搽在印文或刺青上，就会褪去。医治脸上的金印，则以针将字挑破，再用醋调和赤土，敷于其上，干后，再换敷调醋的黑土，直到字消为止。另一种取字的秘方，则是将硼砂、瓦灰、白龙骨、木贼、白石脂、蜜佗僧、桑柴皮与信少许，碾成粉末，将刺文弄湿，再敷上药粉，以熨斗熨于其上，干后，刺文也随之脱落。一说，用未满月的小儿屎，敷上一月，刺字也会没有的。《普济方》是一部严肃的医书，可靠性自然要高于小说家言。

三

除了囚犯刺字，宋代招募士兵也都必须刺字。一般在其面部以小字刺上军队的番号，作为标识。宋神宗时河北蕃人弓箭手应征，就在其左耳前刺“蕃兵”二字。也有刺在手背或手臂上的，仁宗时在陕西募兵就在手背上刺“义勇”，钦宗时在陕西刺义勇则只在手臂上刺字。南宋招军仍在额头上刺军号，在手臂上刺姓名。此即方回在续《古今考》时所说“大军刺手，号以姓名；禁厢军刺额，号以六点”。方回还指出，一般囚犯刺配以后“有牢城营以居之，充兵”，也都转为军队的成员。其目的就是《宋史·兵志》所说：把“犷暴之民收隶尺籍”，使他们在军队的强力控制下，“虽有桀骜恣肆而无所施于其间”。由于士兵也与流配犯一样，要刺上侮辱性的字样，而有些士兵本来就是刺配的囚犯，故而宋代往往将两者合称为“配军”，辱骂时就径称“贼配军”。例如高俅对八十万禁军教头王进，也是开口闭口“贼配军”。据洪迈《夷坚志》说，南宋荆湖南北两路，“大抵皆黥卒”，大多是盗贼囚犯宽贷免死后转投行伍的，于是，刺配的黥文与募兵的刺字，一股脑儿往脸上凑热闹。有一个叫谢四的惯犯，“凡三以盗败，幸而不死，黥文满面”，让人惨不忍睹。

对士兵刺字，也是一种人格的侮辱。名将狄青行伍出身，即便成名以后，还经常因脸上的黥文而备受羞辱。在韩琦的宴席上，有个艺妓竟趁着酒意嘲笑他说："敬斑儿一盏。"他出任最高军事长官枢密使，副使是状元出身的王尧臣，有一次也半真半假指着狄青脸上的两行刺字说："哟，愈加鲜明了么。"狄青回敬道："你喜欢，我就奉送一行吧！"有一次，仁宗再让王尧臣劝他去掉黥文，狄青百感交集地说："你是以状元而致身枢府，我呢，若无这两行黥字，怎能与你同坐共事呢？这黥文断不能去，我要让天下微贱都知道，国家有如此高位相待他们。"由此也不难想见刺字对士兵与犯人的心理伤害。

四

宋代严禁主人私自黥刺奴婢。英宗时，有个名叫刘注的官员在逃亡的仆人脸上刺"逃走"二字，被处以追官编管。国家强制主人尊重奴婢的人格，无疑是历史的进步；却全然没有意识到：国家自身对士兵，乃至对犯人，也应该有这种人格的尊重。

主人私黥婢仆的风习，在与南宋对峙的金朝曾经再度回潮，这与金朝社会的奴隶制残余是密切相关的。乾道六年（1170），范成大出使金国，途经定兴（今属河北）清远店客邸，见有一个小女孩汗津津地跟随着一辆贵族妇女的毡车，她的两颊都刺有"逃走"二字。私下询问，才知道她的父兄远在两淮，她却沦为婢女，因思乡而南逃，被抓回后就刺上了字。据她说，对她来说，刺字黥面的处罚还算轻的，女真贵族即便随心所欲地杀戮奴婢，官府也是从不追究的。听了女孩的诉说，范成大写了一首《清远店》，感慨他的所见所闻：

女僮流汗逐毡軿，云在淮乡有父兄。
屠婢杀奴官不问，大书黥面罚犹轻。

女子受黥，见人自然更加难堪。南宋理宗时，岳州有一个类似美国小说家霍桑笔下《红字》的故事。州学教授陈诜与官妓江柳相恋，绯闻颇为人知。知州孟之经到任，不无醋意。有一次公宴，江柳居然不来助兴，孟之经大丢面子，就把她叫来，滥用职权，责以杖刑，发配辰州，还在她的眉鬓之间刺上“陈诜”两字，横加羞辱。陈诜倒也有情，他知道辰州离岳州有八百里之遥，就罄其所有变换得一千贯钱，六百贯给江柳，四百贯赠送监押的吏卒，请他们一路上好生照顾。临别，只见江柳用花钿遮掩着眉间的刺文，陈诜泪眼相对，伤感地赋《眼儿媚》词饯别：

鬓边一点似飞鸦，休把翠钿遮！
两年三载，千拦百就，今日天涯。

杨花又逐东风去，随分入人家。
要不思量，除非酒醒，不照菱花。

是啊，对江柳来说，鬓边的翠钿怎能遮去飞鸦一般黑的黥文呢？即便遮去了，就能抹平刺在心头的创痛吗？要她不思念这段恋情，要她想起这种羞辱，那也许只有一辈子不照菱花镜，再也看不到眉鬓间那耻辱的刺文。

五

刺字与刺青，原理相同，一般也由专业的针笔匠下手，开封府流配杨志时，就“唤个文墨匠人刺了两行金印”。大体说来，刺青是追求美，出于自愿；刺字则多出于被迫，是受侮辱。五代时，幽州军阀刘仁恭强迫属地男子不论贵贱，一律刺“定霸都”三字，文人则在手臂上刺“一心事主”四字。辽太宗耶律德光攻灭后晋，一旦俘获晋人，就在他们的脸上刺上“奉敕不杀”四个大字，然后“纵其南归”，作为羞辱性的报复。

当然，任何共性都可能有特例。北宋初年宋辽对峙，有一个名叫呼延赞的武将，发誓与契丹不共戴天，为了表达这一信念，他招来一个高明的针笔匠，为他浑身刺满“赤心杀契丹”的字样，甚至还翻转嘴唇将这几个字刺黥其上。他还心血来潮，横剑对妻子说：“你受国家俸禄，也该刺字报答。否则就断首！”逼着妻子也在脸上与他刺上相同的字。举家泣求，说妇女黥面，有碍观瞻，就刺在手臂上罢。呼延赞勉强同意，却同时让婢仆也都照样刺字。他的儿辈也无不遵照父命，每人都在耳背后刺上十二个字：“出门忘家为国，临阵忘死为主。”

靖康之难，家破国亡，名将王彦率领士兵在共城（今河南辉县）西山坚持抗金，这批铁血男儿都在脸上刺上“赤心报国，誓杀金贼”八个大字。从此，八字军威名远扬，女真军闻风丧胆。爱国名将岳飞背上刺字是脍炙人口的。靖康之变后，岳飞从抗金前线回乡探母。母亲姚氏深明大义，支持儿子重返战场。母子分袂之际，姚氏请人在岳飞脊背上刺上“尽忠报国”四个大字。据《宋史》记载，他被秦桧诬陷入狱，命他承认谋反，

清代杨柳青年画中的《岳母刺字》

他便愤怒地“袒而示之背，背有旧涅‘尽忠报国’四大字，深入肤理”。这四个大字不仅“深入肤理”，而且深深刻在了岳飞的心版上，造就了流芳百世的民族英雄。后人缅怀英雄，也记住了英雄的母亲。于是，小说、戏曲里就有岳母刺字的情节。清代钱彩在《说岳全传》里描写道：

> 岳飞道：“母亲说得有理，就与孩儿刺字罢。”就将衣服脱下半边。安人（指岳母）取笔，先在岳飞背上正脊之中写了“尽忠报国”四字，然后将绣花针拿在手中，在他背上一刺，只见岳飞的肉一耸。安人道：“我儿痛么？”岳飞道：“母亲刺也不曾刺，怎么问孩儿痛不痛？”安人流泪道：“我儿！你恐怕做娘的手软，故说不痛。”就咬着牙根而刺。刺完，将醋墨涂上了，便永不退色的了。

清代杨柳青年画也有一幅《岳母刺字》，似乎就是根据这段文字创作的，画中也是岳母亲自为儿子刺字。但是，这一细节却是有悖史实的。据研究，姚氏没有文化，不可能亲自刺字；即便岳母勉强识得这四字，由于刺字是一种高难度的活计，未经专门训练，她也不可能亲自拿着绣花针仓促上手的。小说家与年画家这种想当然的虚构，都忽视了刺字针笔匠的专业性。

叉手

一

施耐庵写高俅发迹道：

> 那端王且不理玉玩器下落，却先问高俅道："你原来会踢气毬！你唤做甚么？"高俅叉手跪覆道："小的叫做高俅，胡踢得几脚。"端王道："好！你便下场来踢一回耍。"

《水浒》里"智取生辰纲"一回又说：

> 梁中书大喜，随即唤杨志上厅说道："我正忘了你，你若与我送得生辰纲去，我自有抬举你处。"杨志叉手向前禀道："恩相差遣，不敢不依。"

从这两段上下文看，叉手之礼显然用于以下见上、以卑谒尊的场合，但对其行礼姿势，小说却未道其详。这也许因为在宋元时期，上到朝堂下至士庶，叉手是通用的敬礼姿势，没有必要特地交代。

据《东京梦华录》，西夏使者在正旦大朝会时，也都“叉手展拜”。这是朝堂上的例子，而士人则可举秦观女婿范仲温为证。据说他参加一次达贵的家宴，筵上有侍儿大唱特唱秦观流行的新词，唯独没人对他这位东床略加青眼。好久，才有人发问：“此郎何人？”仲温按捺不住，立刻起身叉手，引岳父的名句道：“我就是‘山抹微云’的女婿啊！”满座为之绝倒。据《春渚纪闻》，范仲淹在江上见一渔父，猜度他是隐者，问其姓名，不答，仅留一绝而去，其中两句是“十年江上无人问，两手今朝一度叉”。后一句表示他叉手向范仲淹致以敬意，可见普通老百姓也行叉手礼。南宋林希逸《力学》诗说：“醉知叉手矜持易，过似科头点检难。”意思是说，醉后知道行叉手礼，还能矜持而不失态；但犯了过错就好似光了头，再要点检就十分难。这也反证叉手礼简易而通行。

辽国也是如此。《虏廷事实》说，辽国汉人、士大夫等有身份的人，有些时日或阔别已久再相见，就“交手于胸前，亦不作声。是谓‘相揖’”，而相揖也就是叉手。但辽国的山野之人就不行叉手礼，联系到西夏使者在宋廷朝堂上“叉手朝拜”，也许契丹、党项、女真、蒙古等上层人物是从中原王朝接受叉手礼的。

二

《水浒》分别写到菜园子张青与金眼彪施恩初见武松时，

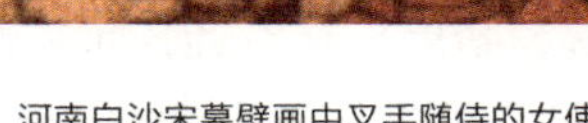
河南白沙宋墓壁画中叉手随侍的女使

西夏壁画中党项男子叉手的形象，表明叉手礼流行于与宋并存的契丹辽、西夏、金朝

都说他俩“叉手不离方寸”，看来拱立叉手，不离心口方寸之地，才是叉手礼的规范姿势。这从其他宋元话本里也可以得到印证，例如《简帖和尚》写道：

> 官人去腰里取下版金线篋儿，抖下五十来钱，安在僧儿盘子里。僧儿见了，可煞喜欢，叉手不离方寸：“告官人，有何使令？”

《童子礼》说：“教童子叉手有法，则拜揖之礼，方可循序而进。”可见叉手是拜揖礼的基本功。但“不离方寸”的叉手礼究竟怎样行法，仍令人有云里雾里之感。《事林广记》是宋元之际的日用百科全书，好在其中《幼学须知》还明确记载了

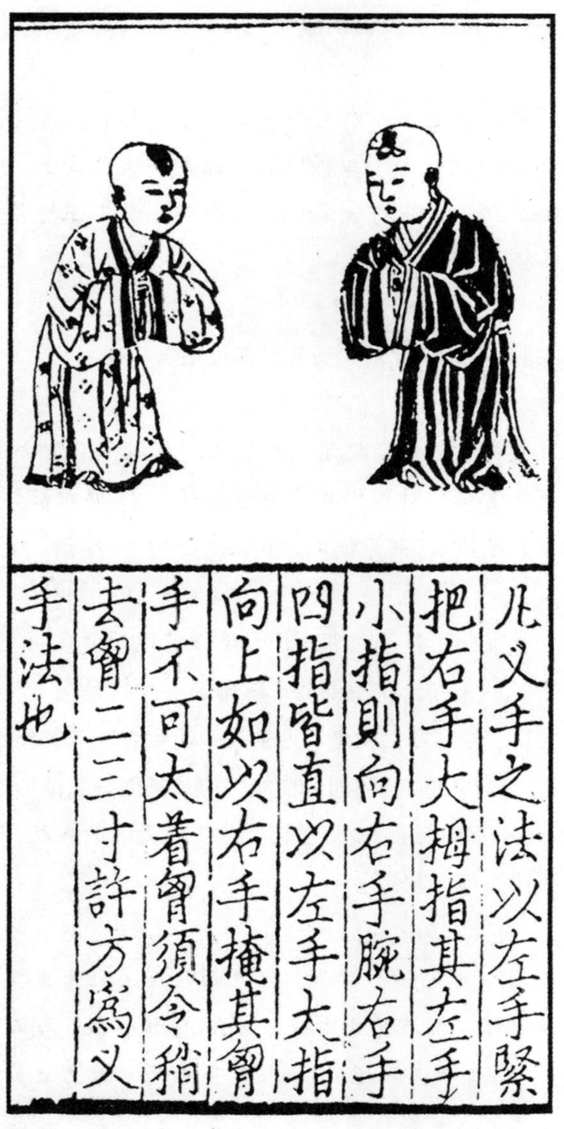

凡叉手之法以左手緊把右手大拇指其左手小指則向右手腕右手四指皆直以左手大指向上如以右手掩其胷手不可太着胷須令稍去胷二三寸許方爲叉手法也

宋元之际日用类书《事林广记》所载《习叉手图》，并附有详细的文字说明相关细节（可惜示意图仍不清晰）：

> 凡叉手之法，以左手紧把右手大拇指，其左手小指则向右手腕，右手四指皆直，以左手大指向上。如以右手掩其胸，手不可太着胸，须令稍去胸二三寸许，方为叉手法也。

再来看《水浒》“供人头武二郎设祭”一回：

> 武松拿着刀，提了两颗人头，再对四家邻舍道：“我还有一句话，对你们四位高邻说则个。”那四家邻舍叉手拱立，尽道：“都头但说，我众人一听尊命。”

武松是衙门里都头，邻舍们自然以尊上视之，而叉手拱立似是叉手礼的正办。联系到北宋陈师道有一首题为《寄滕县李奉议》的诗，描写滕县父老“曲躬叉手前致言”，向这位李知县歌功颂德，则拱立时稍稍曲躬前倾，应是最能表达谦恭之意的。

《水浒》里写到西门庆为掩盖毒杀武大郎的真相，在酒阁子里收买团头何九叔：

> 两个吃了一个时辰，只见西门庆去袖子里摸出一锭十两银子，放在桌上说道：“九叔休嫌轻微，明日别有酬谢。”何九叔叉手道：“小人无半点用功效力之处，如何敢受大官人见赐银两？”

小说并未描写何九叔起立离席，足见坐着也可以行叉手礼。

而写高俅第一次到端王府，以一个鸳鸯拐把气毬从场外踢还给端王，大受当时端王的青睐，问他姓名，高俅跪着行叉手礼，似乎与何九叔坐着行叉手礼一样，都是变通的姿态。

至于《水浒》写到潘金莲失手将叉竿打在西门庆头上时说：

> 这妇人情知不是，叉手深深地道个万福，说道："奴家一时失手，官人休怪。"那人一头把手整头巾，一面把腰曲着地还礼道："不妨事。娘子请尊便。"

这段描写表明：其一，妇女对人也行叉手之礼，因为妇人所处的地位总是卑下的；其二，叉手礼也可以与万福礼同时施行。而男子一般也把叉手礼与作揖或唱喏同行。宋真宗召隐士种放入京，这位大隐士只知道向宰执们"韦布长揖"，诗人杨亿作诗嘲讽他说："不把一言裨万乘，只叉双手揖三公。"可见作揖的同时也可以叉手。宋代话本《碾玉观音》说男主人公崔宁对女主人公秀秀"叉着手，只应得喏"，《郑节使立功神臂弓》也说"这人走至面前，放下篮儿，叉着手唱三个喏"，都是叉手与唱喏并行的例证。据《五灯会元》说，有个僧人不看经，只打坐，住持问他，回答说是不识字，问他"何不问人"，这个僧人向前一步，叉手鞠躬道："这个是甚么字？"足见僧人也是叉手与鞠躬相结合的。

三

叉手，有时也叫作抄手。《水浒》"鲁提辖拳打镇关西"一回说：

五代顾闳中《韩熙载夜宴图》中叉手示敬的僧人

南宋刘松年《中兴四将图》中的岳飞，其旁侍卫叉手侍立，这位抗金名将何曾想到在不久的冤案中，他竟要向狱吏叉手而立

鲁达焦躁，便把碟儿、盏儿都丢在楼板上。酒保听得，慌忙上来看时，见鲁提辖气愤愤地。酒保抄手道："官人要甚东西，分付卖来。"

酒保见鲁达发怒，急忙叉手行礼，显得十分谦恭。唐人张保嗣有一首《戏示诸妓》诗，也作抄手：

绿罗裙上标三棒，红粉腮边泪两行。
抄手向前咨大使，这回不敢恼儿郎。

诗歌调侃妓女香臀挨打，粉泪横流，叉着手规矩地向教坊大使讨饶。

史称晚唐词人温庭筠才思敏捷，擅作小赋，每次入试，押韵作赋，"凡八叉手而八韵成"，时号"温八叉"。看来，温庭筠在酝酿文思时，已把叉手礼用为下意识动作。而禅宗语录说沩仰宗的创始人灵祐与慧寂最初相见，也是"插锹叉手"，大概说来，僧人合十礼庄重，而叉手则略见随意。另据《北梦琐言》，五代时王凝讲究礼数，连就寝也"必叉手而卧"，问其缘故，说是怕梦中见到先灵，有失恭敬。从张保嗣的诗到王凝的梦，可以推断，叉手礼至少在晚唐五代就是管用的礼数。《韩熙载夜宴图》中也画有叉手示敬的僧人，沈从文先生的《中国古代服饰研究》以为叉手示敬是两宋制度，进而推断这幅名作"不会是南唐时作品"。结合以上诗歌、笔记，毋宁认为：《夜宴图》倒是晚唐五代已经流行叉手致敬礼的形象物证。

当然，叉手示敬在两宋已成惯例，以至于《墨庄漫录》转载李邵《咏猫》诗，也拟人化地说猫叉手而坐：

家家入雪白于霜，更有欹鞍似闹装。
便请炉边叉手坐，从他鼠子自跳梁。

这只白猫养尊处优，看到老鼠跳梁，却只会恭敬地在炉边“叉手”致敬，世界也正是颠倒了。

世界颠倒的还不仅如此。岳飞遭到秦桧陷害，第一次押入大理寺狱，初见狱吏，站立不正而撒手下垂，狱吏就击杖呵叱道：“叉手正立！”岳飞悚然声喏而正立叉手，事后感慨说：“我曾统领十万大军，今日才知道狱吏的厉害。”在狱吏看来，岳飞作为阶下囚，不叉手正立就是对他最大的不恭，也难怪他要击杖呵叱。

元代戏曲小说中有关叉手的例证仍不胜枚举，但进入明代以后，叉手礼却逐渐废弃。《万历野获编》指出：“古以叉手为敬”，而晚明以下见上、以卑谒尊，每见必垂袖撒手以表示敬畏，“此中外南北通例”。唯其如此，明代杜堇绘《水浒图》时，已对叉手礼义不甚了然。他把李逵、燕青画为一幅，李逵向燕青躬身抱拳，燕青则两手交叉放在胸前。二十世纪五十年代出版《水浒传》时，有人根据燕青的这种姿势来为“叉手”作注，则不免有点想当然耳。

人物篇

李师师

一

在《水浒》中，李师师绝对是引人注目的角色。她在宋江受招安中起了穿针引线的关键作用，就因为她是“天子心爱的人”。《靖康稗史》也说“侯蒙上书，未若师师进言”，小说的构思倒并非空穴来风。至于读者记得她，恐怕主要是道君皇帝与她那段若明若暗的艳史。

李师师在历史上确有其人，与宋徽宗也真有过一段风流情。但《水浒》中的李师师基本上是小说家的虚构，人们自然希望了解那个真实的李师师。关于李师师，除了宋代笔记野史里的雪泥鸿爪，最集中的材料有两种。一是南宋平话《宣和遗事》，一是清初著录的《李师师外传》，两者都是与《水浒》相去不远的小说家言。相对说来，后者是明季伪作，自不足以征信；倒还是《宣和遗事》，因说本朝史，总得有基本史实作为敷衍故事的背景与骨干，去伪存真，还可以沙里淘金。

孟元老在其《东京梦华录》里开列了“崇、观以来，在京瓦肆伎艺”的群芳谱，其中“小唱：李师师、徐婆惜、封宜奴、孙三四等，诚其角者”，李师师排名第一。崇、观指崇宁（1102—1106）、大观（1107—1110），是徽宗第二、第三个年号。徽宗即位时年十九，大观末年是二十九岁。而这时李师师小荷才露尖尖角，应是“娉娉袅袅十三余”的年龄。

然而，人们发现在此以前也颇有关于师师的材料。最早可以追溯到词人张先，他的词里有一首《师师令》，从“不须回扇障清歌，唇一点、小于花蕊”，受赠者显然也是一个歌妓。有人因此认定：《师师令》所赠的就是李师师。张先死在元丰元年（1078），时年八十九岁，就算这首词是他临死那年的风流遗作，师师即便还是个豆蔻年华的雏妓，那么到宣和年间（1119—1125），她至少应该年逾五十，比徽宗将近大二十岁。有研究者就以此为据，试图否认徽宗与她的罗曼史。但倘若换个思路，倒不难推出另一个结论：当时有相去一辈的两个师师。

晏几道有两首《生查子》，也都写到名叫师师的青楼妓女。一首云“归去凤城时，说与青楼道：遍看颍川花，不似师师好”。另一首云“几时花里闲，看得花枝足；醉后莫思家，借取师师宿”。秦观有一首《一丛花》，也是赠给名叫师师的歌妓的：“年时今夜见师师，双颊酒红滋。疏帘半卷微灯外，露华上，烟袅凉飔。簪髻乱抛，偎人不起，弹泪唱新词。”据词学家的研究，晏几道的词约作于元丰五年（1082），秦观的词不会迟于绍圣二年（1095）。张先、晏几道和秦观钟情的倒可能是同一个师师，但都没有提到姓，未必也叫李师师。

二

据《李师师外传》，李师师是汴京染局匠王寅的女儿。在襁褓时，她的母亲就死了，父亲用豆浆当奶喂养她，才活了下来。当时东京风俗，父母疼孩子，就将其舍身佛寺。王寅也让女儿舍身宝光寺。到佛寺舍身时，小女孩忽然啼哭起来，僧人抚摩其头顶，她立即止住了哭。她父亲暗忖："这女孩还真是佛弟子。"俚俗呼佛弟子为师，父亲就叫她师师。师师四岁时，王寅犯事，死在牢中。因无所归依，隶籍娼户的李姥收养了她，就改姓了李，也入了勾栏娼籍。长大以后，李师师色艺绝伦，名冠诸坊。她的歌喉是众所公认的，南渡初年朱敦儒有诗云"解唱《阳关》别调声，前朝惟有李夫人"，说的就是李师师。另据南宋刘学箕说，她似乎还有一个艺名，叫作白牡丹。

刘学箕有一首《贺新郎》，小序说：他与友人黄端夫等见到一张李师师的画像，"画者曲尽其妙"，就约定"输棋者赋之"，结果黄端夫输棋，学箕代赋其词，上半阕勾画了师师的容貌：

> 午睡莺惊起。
> 鬓云偏、鬅鬙未整，凤钗斜坠。
> 宿酒残妆无意绪，春恨春愁似水。
> 谁共说、厌厌情味？
> 手展流苏腰肢瘦，叹黄金两钿香消臂。
> 心事远，仗谁寄？

除了慵懒苗条，后人也很难从这首词里获得感性的印象。

倒不如小说《李师师外传》有一段对话来得生动形象：

> 帝尝于宫中集宫眷等宴坐，韦妃私问曰："何物李家儿，陛下悦之如此？"帝曰："无他。但令尔等百人改艳妆，服玄素，令此娃杂处其中，迥然自别，其一种幽姿逸韵，要在色容之外耳。"

据张邦基《墨庄漫录》说："政和间，汴都平康之盛，李师师、崔念月二妓名著一时。"可见政和年间（1111—1118），李师师已经走红。当时，诗人晁冲之正值年少，每有会饮，经常招她侑席。其后十余年，冲之再来京师，李、崔两人"声名溢于中国"，而师师"门第尤峻"，像他这样的人已无缘叫局而一亲芳泽了，只得写了两首诗酸酸地"追往昔"。诗中描述李师师居所环境是"门侵杨柳垂珠箔，窗对樱桃卷碧纱"，"系马柳低当户叶，迎人桃出隔墙花"，可以想见她的金钱巷住宅门前有株垂柳，柳条的枝叶几乎正对垂着珠箔的门帘，隔着围墙有一株樱桃掩映在碧纱窗上，花枝伸出围墙，似乎在欢迎来客。其诗以"看舞霓裳羽衣曲，听歌玉树后庭花"来形容师师的歌舞技艺，评价虽是最顶级的，但不免程式化；倒还不如刻画姿色容貌的两句略为感性些："鬓深钗暖云侵脸，臂薄衫寒玉照纱。"晁冲之结末感慨"莫作一生惆怅事"，他当然不知道：宣和年间李师师"门第尤峻"，与徽宗的垂青是大有关系的。

三

后宫妃嫔之多，宋徽宗在北宋帝王中首屈一指，但家花不

明杨定见刊本《忠义水浒传》版画《月夜遇道君》描绘了宋徽宗夜访李师师遇见燕青的场景，案边坐着的就是李师师

明万历容与堂刊本《忠义水浒传》版画《燕青月夜遇道君》表现的是同一内容，但构图却让李师师亭亭玉立在道君皇帝的身边

及野花香，外面的世界更精彩。徽宗从何时起瞄上了李师师？《李师师外传》将他第一次嫖宿师师家安排在大观三年（1109），显然大大提早了。据史书记载，政和六年（1116），“微行始出”，“妓馆、酒肆亦皆游幸”。从此，徽宗经常乘上小轿，带几个贴身内侍，微服出行。还专门设立了“行幸局”，来为微行张罗忙碌和撒谎圆场。当时以排当指宫中宴饮，于是，微行就谎称“有排当”；第二天还未还宫，就推脱说有疮疾不能临朝。大约宣和元年（1119），有一个叫曹辅的耿直谏官，已在给徽宗的奏疏中挑明：“易服微行，宿于某娼之家，自陛下始。”这个“某娼”，显然是指李师师。由此推断，宋徽宗与李师师的关系开始在政和六七年间，到宣和初年已是路人皆知了。

然而，微行毕竟不是每天的事，以李师师的色艺，在徽宗加入进来以前，绝不缺少捧角的名人。当时就有两个邦彦经常出入其家，一个是后来被人称为浪子宰相的李邦彦，另一个就是擅长音乐的著名词人周邦彦，当时他正提举大晟府。师师曾对他很专情，《耆旧续闻》说是"欲委身而未能也，与同起止"。

据《贵耳集》记载，有一个冬夜，周邦彦先到李师师家，徽宗也不期而至。仓促之间，臣当然只得让君，便藏匿于床下（一说是"复壁间"，似更合理）。徽宗亲自携来一枚江南上贡的新橙，与师师开始打情骂俏，邦彦在场听得一清二楚。徽宗走后，邦彦出来，重为嘉宾，便把徽宗与师师的卿卿我我隐括成一首《少年游》：

并刀如水，吴盐胜雪，纤手破新橙。
锦幄初温，兽香不断，相对坐调筝。

低声问：向谁行宿？城上已三更。
马滑霜浓，不如休去，直是少人行。

说最后那行挽留话的，就是"纤手破新橙"的李师师，无论是对徽宗殷殷的假敷衍，还是对邦彦小小的恶作剧，她当时心情都是十分有趣的。

当下次见到徽宗时，李师师就唱起这首《少年游》。徽宗见说的是上次幽会事，便问谁作，李师师说出作者。徽宗十分恼怒，他当然不能让臣下知道隐私，更不能容忍臣下分尝禁脔，就罢免了周邦彦的官职，将他贬出了京城。隔了一二日，徽宗又私幸李师师家，不见其人，一问才知道去送周邦彦出京。坐

《听琴图》中弹琴者一说即宋徽宗的自画像

到上更时，师师才回来，“愁眉泪睫，憔悴可掬”。见徽宗在，她连称“臣妾万死”。在艺术才华上，徽宗还是欣赏邦彦的，便问：“他今天有新词否？”师师说：“有《兰陵王》。”徽宗让她唱一遍，师师奏道：“容臣妾奉一杯，歌此词为官家寿。”曲终，徽宗大喜，仍将邦彦召回。从邦彦的行年推断，这事应是政和七、八年间。

这个故事一波三折，富有戏剧性。国学大师王国维却以为不可信，理由是政和元年（1111）周邦彦已经五十六岁，“应无冶游之事”。王静安真是君子度人之心，周邦彦风流倜傥，何况冶游又岂关年岁？当然，因传闻异词，《贵耳集》的作者所记邦彦的官职与史实略有出入，我们在叙述中已做了相应的纠正。

据《宣和遗事》说，李师师是“罗敷自有夫”，其夫贾奕是右厢都巡官。见皇帝给他戴绿帽子，贾奕也气不过，写了一首《南乡子》，描摹他想象中皇帝偷情的场面：

闲步小楼前，见个家人貌类仙。
暗想圣情浑似梦，追欢，执手兰房恣意怜。

一夜说盟言，满掬沉檀喷瑞烟。
报道早朝归去晚，回銮，留下鲛绡当宿钱。

他又将这事辗转捅给了做谏官的曹辅，后来被徽宗贬到了琼州。这事也是小说家言，姑妄听之而已。至于《宣和遗事》还说，宣和六年（1124），宋徽宗“册李师师做李明妃，改金钱巷唤做小御街”。前者绝无可能，因为册妃大事，不能不载诸正史。后者则可能是民间的反应，以小御街来称呼徽宗微行必经的金钱巷，虽是对事实的描述，也隐含着对天子狎妓的一种嘲讽。《水浒》与《李师师外传》还都说徽宗由地道私幸师师家，这也不可信。从史料来看，徽宗“微行并不避人”，完全不必再修地道暗度陈仓。

四

宋徽宗游狎李师师的风流事，形象展现了一个王朝的醉生梦死。果然，数年之后，金人的铁蹄就腾踏在东京城下。宋徽宗仓皇把皇位传给了儿子宋钦宗，自个儿当上了太上皇，自顾不暇，也不可能再顾及李师师。师师的命运也因宋金战争而急转直下。

野史笔记里颇有关于李师师在抗金战争中的传说。张邦基的《汴都平康记》勾画了这位名妓精神世界的另一面，说李师师“慷慨飞扬，有丈夫气，以侠名倾一时，号飞将军。每客退，焚香啜茗，萧然自如，人靡得而窥之也”。《人烬余录注》也说，金军逼近东京，李师师募集游勇，练习武艺，“以应边急”，并改唐代王昌龄《出塞》诗作“但使凤城飞将在，不教胡马度燕山”，因而自号“飞将军”。这些大体还可以相信。

但《汴都平康记》还说，徽宗曾把安南进贡的美酒赐给李师师，她又转赠给御边将士，让主帅梁师成把御酒注入泉井，使每个士兵都能尝到。当时有人赋诗说：

> 九天玉露出禁苑，不赐楼兰赐勾栏。
> 幸有凤城飞将在，甘泉宫酒入酒泉。

但梁师成却独吞了那樽御酒。李师师又拿出白银三千两，让梁师成购美酒十万瓶，犒劳出征将士，又被梁师成贪污了。一怒之下，师师便以重金收买刺客行刺梁师成，虽未成功，梁师成却也奈何她不得。梁师成从来没有当过带兵的主帅，行刺的真实性更是大可怀疑。

据《李师师外传》，当时河北告急，她向开封府表示，愿将徽宗前后所赐金钱“入官助河北饷”。她还辗转托人向太上皇请求“弃家为女冠”，徽宗给她安排了开封城北的慈云观。但不久金军就攻破了东京，金军主帅挞懒声称金国皇帝也知其名，“必欲生得之”。大索数日不得，最后还是傀儡张邦昌派人找到了她，献给了金营。李师师大骂：“吾以贱妓，蒙皇帝眷，宁一死无他志。若辈高爵厚禄，朝廷何负于汝，乃事事为斩灭宗社计，今又北面事丑虏，冀得一当为呈身之地，吾岂作若辈羔雁贽耶？”说着拔下了头上的金簪，猛刺咽喉，不死；折断了金簪，最后吞金自杀。这是《李师师外传》安排的结局。

《李师师外传》还渲染说，宋徽宗流放到五国城（今黑龙江依兰），听说李师师的死，情不自禁“其涕泣之汍澜”。但据张端义的《贵耳集》，宋徽宗在五国城确实没有忘记那段风流韵事，还写过一篇《李师师小传》。徽宗死后，金人把这篇小传附在他给大金皇帝一大摞子屈辱的谢表之后，集成一帙，刊印出来，在宋金榷场上发卖了四五十年。当时南宋“士大夫皆有之”，可惜这篇小传没能流传下来。

但据《三朝北盟会编》，靖康元年（1126）正月，尚书省奉钦宗圣旨，对李师师、赵元奴等曾侍奉皇帝的倡优之家和其他艺人“逐人家财籍没”。这次籍没，是为了凑齐金帅所勒索的巨额金银。徽宗赐给李师师的金银财货，主要应在这次根括金银中被籍没的。当然，以其任侠的个性，主动拿出一部分用于抗金义举，也不是没有可能的。次年二月，东京城内包括嘌唱在内的各色艺人一百五十家，被开封府押往金营，“哭泣之声，遍于里巷”。《李师师外传》记她怒骂张邦昌，就在这时。但有足够史料说明李师师并没有自杀，其后还活着。

明清之际的《续金瓶梅》秉着女色祸国罪有应得的主旨，为李师师编派了另一种归宿。说靖康之变后，她“串通金营将官，把个金桶般家业护的完完全全，不曾耗散一点儿”。但粘罕扶植伪齐时，却当众大打其丰臀，查封了她的妓院，将她指配给一个七十岁的养马军头，发落到关外大凌河边，整日价担水饮马做饭。这些纯属虚构。

据《墨庄漫录》说，靖康中，李师师与赵元奴等“例籍其家”，师师“流落来浙中”，由于她的名气与色艺，“士大夫犹邀之以听其歌”，然而，国破家亡的打击，颠沛流离的磨难，她已“憔悴无复向来之态矣”。从靖康二年（1127）金军将大批著名艺人、工匠掳至金国的举动来看，李师师倘若身陷其中，就很难在中途脱险。合理的推测是：她在上年籍没以后，就飘然出京，南下浙中。李师师在靖康之变后安然南渡，还有其他佐证。刘子翚《汴京纪事诗》有诗史的价值，有一首写到李师师：

辇毂繁华事可伤，师师垂老过湖湘。
缕衣檀板无颜色，一曲当年动帝王。

刘子翚就是刘学箕祖父（学箕也许正是从祖父那里听到了师师的传说，才热衷于为她的肖像题词），死于绍兴十七年

（1147），作诗也许还要早四五年。这时，李师师四十开外，又经历了家国沧桑，说她“垂老”，并不为过。至于说“垂老过湖湘”，显然她又从浙中流徙到了湖南。因而《宣和遗事》说她“流落湖湘间，为商人所得”，似乎是有所根据的。

两宋之际词人朱敦儒也有一首《鹧鸪天》：

唱得梨园绝代声，前朝惟数李夫人。
自从惊破霓裳后，楚奏吴歌扇里新。

秦嶂雁，越溪砧，西风北客两飘零。
樽前忽听当时曲，侧帽停杯泪满襟。

有理由推断，从词里所说李夫人身份与经历来看，应该就是李师师，前朝也唯她堪称“梨园绝代声”。“惊破霓裳”借《长恨歌》用典指靖康之变，“秦嶂雁”仅借喻建炎南渡，“楚奏”“吴歌”“越砧”似说在那以后李师师到过荆楚吴越等地。建炎南渡后，朱敦儒显然听过李师师唱曲，双方还应有所叙谈，这才引得词人侧帽停杯，含泪唏嘘。

结合两人的诗词，约略知道，李师师南下流离，飘零在吴越湘楚之间，谋生的手段依然是“缕衣檀板”，执扇唱曲，却已无复当年的神采与风光。在她那略含忧思的目光里，是否在追念自己享誉一时的绝代曲声，回忆宣和年间的“辇毂繁华”，眷恋着名动帝王的昔日辉煌，浮想起那个给国家带来灾难与动乱的风流君主？

其后，李师师不知所终。灾难与动乱将她也湮没了。

高俅

小时候读《水浒传》，对代表朝廷的反面人物，最咬牙切齿的，就是那个迫害豹子头林冲的高俅高太尉，蔡京、童贯都还在其次。相对蔡京与童贯的脸谱化倾向，小说有意把高俅作为统治阶级的腐朽代表来加以刻画，第二回先将他从“浮浪破落户子弟”到“殿帅府太尉”的发迹过程交代得原原本本，再通过他在白虎节堂陷害林冲，后来三次大败在梁山英雄的手下，成功塑造了一个反面典型。金圣叹虽不敢代天下苍生愤然直呼出“罪归朝廷，功归强盗”，却能在把《水浒传》捧为第五才子书的评点中说：“盖不写高俅，便写一百八人，则是乱自下生也；不写一百八人，先写高俅，则是乱自上作也。”一针见血地指出官逼民反的症结，也算得上难能可贵。

在历史上，高俅与蔡京、童贯都确有其人，《宋史》还有后二人的详细传记，唯独对高俅却不立传。一部卷帙浩繁的《宋史》，对高俅只提及七处，且都语焉不详，这就给全面描述高俅带来了困难，也让后人对真实的高俅更感兴趣。随着古籍文献信息化的进步，最大限度地复原历史上的高俅已有可能。

一　发迹前史与家世排行

《水浒传》对发迹以前高俅的描写，并非都出自小说家的虚构，而有着历史的影子。南宋王明清在《挥麈后录》里有段记载，就是小说的出处，好在不长，录其相关者，而略加括注：

高俅者，本东坡先生小史，笔札颇工。东坡自翰苑出帅中山，留以予曾文肃（即曾布），文肃以史令已多，辞之。东坡以属王晋卿（即王诜，小说中的“小王都太尉”）。

元符末，晋卿为枢密都承旨，时祐陵（以宋徽宗陵号指代其本人）为端王，在潜邸日，已自好文，故与晋卿善。在殿庐待班解后，王云：“今日偶忘记带篦刀子来，欲假以掠鬓，可乎？”晋卿从腰间取之，王云：“此样甚新可爱。”晋卿言：“近创造二副，一犹未用，少刻当以驰内。”

至晚，遣俅赍往，值王在园中蹴鞠，俅候报之际，睥睨不已。王呼来前，询曰：“汝亦解此技邪？”俅曰：“能之。”漫令对蹴，遂惬王之意，大喜，呼隶辈云：“可往传语都尉，既谢篦刀之贶，并所送人皆辍留矣！”由是日见亲信。

逾月，王登宝位，上优宠之，眷渥甚厚，不次迁拜。其侪类援以祈恩，上云：“汝曹争如彼好脚迹邪？”

读过小说的人，对这段文献不难理解。与小说有重要出入或相互印证处，主要有几点。第一，小说虽也提及高俅“胡乱学诗书词赋”，却更强调他是“一个浮浪破落户子弟”；而实际上，高俅既然能做大文学家苏东坡的书童（小史），“笔札颇工”才是可信的，“破落户”之说恐怕出自说书人的口舌。邹浩在《高俅转官制》里说他“试艺应格，逢时致身”，也应有所根据。唯其如此，他才不但能以蹴鞠博得风流天子的好感，也能以笔札受到道君皇帝的青睐。另外，历史上，高俅是苏轼的小史，苏东坡应是“大苏”；小说里却改为“小苏学士”，一变为苏轼之弟苏辙。

第二，东坡“出帅中山”，指他在元祐八年（1093）出知定州（今河北定州市）。既然这时高俅还是书童，年龄太大不行，太小也说不上“笔札颇工”，似乎应在十八岁上下，照此推算，他大约出生在熙宁九年（1076）前后。

第三，元符末，高俅与徽宗在即位前就对上了眼，不仅《挥麈后录》与《水浒传》能两相印证，李若水曾抨击高俅“以胥侩之才，事上皇于潜邸，夤缘遭遇，超躐显位”，也能证明这点。元符是宋哲宗最末的年号，共三年，徽宗是元符三年（1100）正月即位的。《水浒传》说，“高俅自此遭际端王，每日跟着，寸步不离。却在宫中未及两个月，哲宗皇帝晏驾”，与王明清所载“逾月，王登宝位”也相契合，则高俅与徽宗交结应在元符二年十一月。

第四，高俅因结交徽宗而平步青云，其他从龙亲信也想援例，徽宗的回答最能反映这位风流皇帝的个性。在专制政体下，那些略有一技之长者，往往因最高统治者的个人喜好，就做上了国家领导人，徽宗的说法一步到位，也最具戏剧性。但这一细节却为小说所不载，未免有遗珠之憾，这也证明《水浒传》原创者确为阅读面不太广博的说书人。然而，这些问题还有为人忽略的另一方面。据宣和二年（1120）宋徽宗给高敦复的建节告词，竟然将高俅比作辅佐汉文帝与汉光武帝的从龙功臣宋昌与王常，而李若水后来在论劾高俅的奏状里也说他“事上皇于潜邸，夤缘遭遇”，似乎都暗示高俅在宋徽宗的皇位博弈战中出过大力，但真相却已难以考实。

对于高俅的姓名，《水浒传》这样交代：

> 姓高，排行第二，自小不成家业，只好刺枪使棒，最是踢得好脚气毬，京师人口顺，不叫高二，却都叫他做高毬。后来发迹，便将气毬那字去了毛旁，添作立人，便改作姓高名俅。

据此，高俅之名似是发迹后才改的。但《建炎以来系年要录》说：“傑、伸皆俅兄，坐根括犒军金银，而相与隐匿，为婢所告也。”“俅”与“傑”“伸”皆立人旁，按照旧时论辈取名规则，高氏三兄弟应是人字辈，可见高俅其名应是其父所起，绝不是因蹴鞠发迹人们叫他“高毬”后才改的。小说那么写，纯粹是用北方骂人的脏话来糟践他。高俅的父亲叫高敦复，也见载于《挥麈后录》。敦复的出身不详，只知道他在宣和二年拜为建武军节度使，圆了武臣终生以求的建节梦。告词说他“沉毅而有勇”，透露出其父原是靠武艺谋活的低级武官，故而从未有史料说高俅乃“将家子”；而高敦复在“任职滋久”后居然好梦成真，显然是父凭子贵。

至于排行，小说说其“排行第二”，从上引《系年要录》

来看，似乎排行第三；《宋会要辑稿》记及此事，说是“伸寄藏金银于兄傑家”，那样的话，高俅确乎应是老三。然而据《三朝北盟会编》，有“高傑近收其兄俅、伸等书报言”云云，则高傑才是老三，高俅排在最前，倒可能是老大。但《会编》是转述陈东的上书，收入陈东《少阳集》的这篇上书却作“高俅近收其兄伸等书报”，可见高俅是高伸之弟，排行正是老二，《会编》之所以先书高俅，或是高俅名位与劣迹在其兄之上。上引《挥麈后录》也说高俅“兄伸自言业进士”，而政和间童谣说“吃了羔儿荷叶在”，也是以“羔儿”谐音“高二”，都可证明小说说其“排行第二”，是于史有证的。总之，高氏三兄弟的排行依次应是高伸、高俅、高傑。

高俅之兄高伸“自言业进士，直赴殿试，后登八座”，政和年间曾任殿中监，最高官至资政殿大学士。高俅失势，高伸、高傑也受到牵连。靖康二年（1127），高伸贬为延康殿学士。这时，高傑任左金吾卫大将军。朝廷正根括金银犒劳金军，他俩因窝藏金银而被告发，可见搜括的财富相当可观，高伸因此落职，高傑也降为左卫率府率。

《水浒传》第七回说到高俅有个“螟蛉之子高衙内”：“原来高俅新发迹，不曾有亲儿，无人帮助，因此过房这高阿叔高三郎儿子在房内为子。”历史上，高俅是有如假包换的亲生儿子的，而且还是四个儿子：尧卿、尧辅、尧康与尧明。据《宋会要》，在徽宗恩宠下，高俅一再迁官，他利用转官回授给子弟的办法，让自己的儿子尧康从遥郡官转为正任官，另一个儿子尧辅从观察使迁为承宣使。小说所载高俅“不曾有亲儿”也是说书人憎恨其所为而诅咒其绝后的虚构之笔。

据《挥麈后录》说，高俅发迹以后，“恩幸无比，极其富贵，然不忘苏氏，每其子弟入都，则给养问恤甚勤”。这是有史可证的：苏轼第三子苏过在政和六年（1116）入京，就“客于高殿帅之馆”而与友人“未尝相闻”。清代王士祯据《挥麈录》，说高俅还不忘本。不过，苏东坡的名人效应不可小觑，高俅交结其后人的用意，焉知不是自抬身价的人情投资呢？

二　赫赫高太尉

《水浒传》第二回交代宋徽宗登基之后说：

> 忽一日，与高俅道：“朕欲要抬举你，但有边功方可升迁。先教枢密院与你入名，只是做随驾迁转的人。”后来没半年之间，直抬举高俅做到殿帅府太尉职事。

这段小说家语，说及高俅迁转程序，基本契合宋制，但说这一迁转历时“没半年”，就坐上殿帅的高位，显与史实不符，意在凸显高俅显赫不合常规。据《宋会要》记载，大观二年（1108），在侍卫亲军步军都指挥使任上，高俅上过一个奏折。这是他在官方记载中露脸的最早年代。北宋禁军的最高军事机构是三衙，由殿前司、侍卫马军司与侍卫步军司组成，殿前都指挥使、侍卫亲军马军都指挥使与侍卫亲军步军都指挥使分别是三衙的最高统帅，分别简称殿帅、马帅与步帅。而宋制规定：“非有边功不得为三衙。”据《南渡十将传》，徽宗打算拔擢高俅，由于这一祖制，便让他去跟随边帅刘仲武。刘仲武也是明白人，有边功就算上高俅一份。于是，在提升高俅制词里便有了“顷临边寄，屡奏战多”之类的说词，他的迁转也就一路绿

明杨定见刊本《忠义水浒传》版画《高俅十路军》描绘高俅率领十节度进攻梁山泊的场面，马上的高太尉一副神气活现的模样

明万历容与堂刊本《忠义水浒传》版画《十节度议取梁山泊》表现高俅第二次与梁山好汉交手前的部署

灯。徽宗即位仅仅八年，高俅已经从一介胥吏做到了步军最高统帅，正可谓春风得意，青云直上。据《景定建康志》记载，政和元年（1111），高俅改任侍卫亲军马军副都指挥使，在三衙管军序位上，似乎比步帅正职要低。但同年八月，高俅就迁为殿前副都指挥使，合理的解释是，徽宗让他从步帅正职先后出任马帅与殿帅的副职，用意就在于使他“遍历三衙”，为他升任殿帅这一三衙最高正职铺平道路。

高俅晋升殿帅正职的年月不详，大致应在政和前期。在殿帅任上，他还拜过奉国军节度使，不过，徽宗朝节度使多至六十人，“议者以为滥”，已经不足以标榜其地位。对一般节度使，徽宗只赐紫衫黑花而已，而对高俅则“特加宠异”，赏给他的是“盘雕金眼睛紫窄衫”，所谓金眼睛，就是以纯金饰所绣盘雕的两眼，望之灿然。

徽宗还为高俅“御书碑额”，文曰“风云庆会”，而给蔡京题的是“君臣庆会”，给童贯题的是“褒功”。这伙君臣沆瀣一气，硬是把北宋王朝一步步拖入了死地。大约政和五年（1115）前后，也就是宋江起事的前夜，东京城里传唱开了这样的童谣：“杀了穜蒿割了菜，吃了羔儿荷叶在！”“穜蒿”谐音指童贯，“菜”指的是蔡京，“羔儿”谐音指高俅，“荷叶”谐音指何执中，他因趋附蔡京，当时正与蔡京并居相位。“杀”“割”“吃”三字，把老百姓恨不得食其肉寝其皮的愤慨心情表现得淋漓尽致。

在东京城里，殿帅绝对是个跺一脚地动山摇的腕儿，不仅是禁军最高统帅，还担负着保卫京城与大内的重任。据《东京梦华录》，在冬至郊礼的前三日，徽宗要移宿大庆殿，护驾任务更见吃紧，殿帅地位也更加凸现。于是，御街远近，禁卫严装，铁骑数万，围绕大内。除内殿仪卫之外，又设“喝探兵士”，十余人一队，聚首而立，共数十队，每队各有一名士兵喝道：“是与不是？”众兵士答道：“是！”领呼者又喊道：“是甚人？”大家再回答：“殿前都指挥使高俅！”这样，彻夜互相喝叫不停，高俅也就更加不可一世。

政和七年（1117）正月，殿前都指挥使高俅官拜太尉，享受执政级别的待遇。任命制词说了一大堆溢美摆功的好话，也不必一一抄录。但其中有两句却是关键：“尝事潜藩，永肩诚节。”高俅在藩邸与徽宗厮混仅一月有余，结缘就是踢球，所谓“诚节”也许有两层含义，一是球场上的铁哥们，二是登基时的助推手。这年七月，徽宗让他享受的待遇落到实处，派尚书省散祗候十名、枢密院承引官二十一名供他差遣，以表达对幸臣的关怀。高俅受宠若惊，表示自己现领军政，“已有人从”，不能再让这些“朝廷差使之人”作为随从，徽宗同意了他的请求。

宣和三年（1121）十一月，徽宗特赐高俅第宅一区。大约一年半后，有臣僚上奏说：“比年臣下缘赐第宅，展占民居，甚者至数百家迁徙逼迫，老幼怨咨。”虽没有点名，但就有高太尉的份。据《靖康要录》记载，高俅死后不久，就有臣僚上奏揭露他“自恃昵幸，无所忌惮”，在扩建第宅时胡作非为：第一，“身总军政而侵夺军营以广私第”；第二，“多占禁军以充力役，凡所占募多是技艺工匠”，让为军队服役的技艺工匠来为他修缮第宅；第三，化公为私，“凡私家修造，砖瓦泥土之类尽出军营”；第四，“既供私役，复借权幸”，利用职权，向同党送顺水人情。宣和四年（1122）五月，高俅获得了开府仪同三司的殊荣，这已是大臣所能享受的最高级别加衔。

宣和五年（1123）正月，其父去世，高俅按理应停职守丧。徽宗一面追赠其父为建武军节度使，检校少师；一面特下御笔，强调“俅系随龙”，现领军职，命他起复，“出参治事”，可见这位道君皇帝已经不可一日无高俅了。大约这年前后，朝廷有收复灵武（今属宁夏）之议，准备让高俅“总其事”，徽宗还“御笔条画攻取之计”，但高俅“自惮其事”，自知根本不是这个料，这一动议最后无疾而终。

这一期间，高俅有恃无恐，为自己与家族大捞好处，不仅“子侄皆为郎”，据李若水在其死后揭发，甚至“儿童被朱紫，媵妾享封号，膳奴厩卒，名杂仕流，其蒙恩则侥冒也”。而让他不快意的人，高俅则施以报复与陷害。据《华阳集》，有个谏官叫陈伯强，说高俅“妄造圣语”，也就是假传圣旨，得罪了高俅，送吏部罢免了他的言职，而后让他守本官致仕，彻底断送了他的仕途。

当然，历史上的高俅也有知恩图报之举。宣和二年，他荐举了老上司刘仲武之子，即后来的抗金名将刘锜，这是值得一提的。

三　独死牖下有余辜

宣和七年（1125）十二月，金军兵分两路正向东京扑来，二十三日，徽宗匆忙禅位给儿子钦宗，自称太上皇。十天以后，靖康元年（1126）正月初三，道君太上皇帝被金军吓破了胆，借口去亳州太清宫进香还愿，私自向南逃窜。他由蔡攸与内侍数人随行，夜出开封城，一路折腾，到了符离（今安徽宿州市），才上了官舟。这时，童贯与高俅带着禁军匆匆赶到。在护驾南巡的问题上，这伙走狗之间有过一场钩心斗角的较量，蔡攸、童贯掌握了决定权，连高俅“被宣欲进，亦复艰之”，明显受到了排挤。最后，他们“诈传上皇御笔劄付高俅”，命令他率禁卫三千在泗州（今江苏盱眙北）守御淮河浮桥，“不得南来”。当童贯率禁军扈从徽宗渡过淮河时，有史料说：

> 高俅兄弟在道徬徨，得一望见上皇。君臣相顾泣下，意若有所言者，而群贼（指童贯、蔡攸等）在侧，上皇气塞声咽，不敢辄发一语。

这时，高俅惶惶如丧家之犬，据《挥麈后录》说，他未能

明杨定见刊本《忠义水浒传》版画《三败捉高俅》，与容与堂刊本《宋江三败高太尉》版画反映的是同一内容

高俅三败被捉上梁山，却受到上等的款待，酒醉之余，自吹相扑功夫，却被燕青攧了个嘴啃泥。明杨定见刊本《忠义水浒传》版画《一跤跌太尉》勾画了这一场景

从驾南下，随后就“以疾为解辞，归京师”，说是托病，但也许是真有病。不久，钦宗下旨，命将他与蔡京、童贯以及其他贵戚的“所有金银并行直取”，送入国库，以便用金银向金朝乞讨和平。陈东等爱国士民则纷纷要求严惩高俅与六贼，他尝到了失去保护伞的滋味。钦宗一度准备对他们采取措施，碍于童贯、蔡攸还扈从徽宗在镇江，投鼠忌器，这才暂缓动作。三月，钦宗将高俅由检校少傅升为检校太保，却免去他殿帅的实职，改任中太一宫使，这是毫无职权的闲差。一朝天子一朝臣，这一信号意味着高俅在钦宗朝的最佳命运，就是被晾起来。

五月十四日，高俅死在开府仪同三司的任上，大约活了五十岁左右。对高俅之死，史料没有记载其死因，但后来死节的李若水说“中外交贺”，应属不虚。按照礼制，像高俅这样级别的大臣丧礼，皇帝应该“挂服举哀”。李若水一再上疏，认为高俅败坏军政，“按情定罪，当示鞭尸之辱”，不仅不能为他“挂服举哀”，而且应该追夺其官职。死后第三天，钦宗下诏追削其太保、开府仪同三司的官职，追夺节度使的爵位与简国公的封号。

身为三衙最高军事长官，高俅“久握兵柄，实与童贯分内外之寄”，在败坏军政上“高俅坏之于内，童贯弊之于外”，作用十分恶劣。当时，抗战派领袖李纲就指出：“国朝军政，最号严明，自童贯、高俅主兵以来，其制始坏。”还有一个叫吴敏的人说得更到位：“自蔡京、王黼坏文，高俅、童贯坏武，纲纪大乱，祸衅已久。”

关于他俩对禁军的破坏，同时代的张守指出：“本朝之兵，自童贯、高俅等坏之，而劝沮之法废，骄惰之风成，出戍则亡，遇敌则溃，小则荷戈攘夺以逞，大则杀掠婴城而叛，天下可用之兵无几矣。”南宋名臣真德秀也认为：“自童贯、高俅迭主兵柄，教阅训练之事尽废，上下阶级之法不行，溃败者不诛而招以金帛，死敌者不恤而诬以逃亡，于是赏罚无章而军政大坏矣。”具体到高俅，有朝臣揭露说：“诸军请给既不以时，而俅率敛又多，无以存活，往往别营他业，虽禁军亦皆僦力取直，以为衣食，全废教阅，曾不顾恤。夫出钱者既私令免教，无钱者又营生废教。”长期以来，高俅克扣军饷，征敛士卒，私役军队，大吃空额，不教阅，不训练，战败不惩，战死不恤，造成了一伙骄兵、惰兵、败兵和逃兵。总之，高俅与童贯自坏长城，靖康之变时，东京只有“纪律尽废”的三万士兵，根本无法抵御强悍凌厉的金军，一触即溃以后，与其他地区的溃逃士兵一起四处流窜，成为其后建炎、绍兴之际为害严重的溃兵集团。

高俅死去的岁末，金军第二次包围东京，城内老百姓天寒地冻，珠米桂薪，主事者奉命“毁高俅赐第，鬻其材于民”。此事一开头，小民百姓都自发起来，不仅拆毁了宋徽宗赐给高俅、杨戬的豪华第宅，连同大内的艮岳也都拆来当薪柴烧了。

高俅死了，他的太尉府也被都人拆了烧了。与童贯、梁师成罪诛的下场相比，他“独死牖下”，结局也算得上幸运了。在宋徽宗的扶持下，高俅与六贼一伙倒行逆施，加剧了北宋的灭亡。而靖康之变，把高俅这伙也给一块儿埋葬了。

那些善终的梁山好汉

《水浒传》在描述方腊行刑后有诗为证："善恶到头终有报，只争来早与来迟。"果报观念，可以说是前近代中国民众的普遍认识。而一部小说，在决定人物命运上，往往体现着创作意图。读罢《水浒传》，掩卷深思，发现众多角色不得善终，但若干好汉却享天年。死生事大，其中的择别与取舍也许隐含着作者的理想寄寓与价值判断。《水浒传》虽由施耐庵定稿，却是宋元之际众多说话人与书会才人参与的集体创作。他们附丽在善终好汉身上的理想与价值，折射出普通民众的思想观念，构成另类思想史的素材与底色（尽管说到底，有的仍是统治阶级的思想）。

在百回本《水浒传》里，直到征方腊前，梁山好汉仍全伙在世，其后与方腊对垒时却接二连三地损兵折将。及至平了方腊，从杭州准备班师时，除此前回蓟州的公孙胜与留用京师的五人，还有三十六位好汉。在这四十二名中，宋江喝了御赐药酒，自知不久人世，唯恐李逵再反，将其骗来同饮，一起鸩死；

吴用、花荣寻梦蓼儿洼，在宋江墓前双双自缢；卢俊义饮下钦赐毒酒，水银坠入肾脏，酒醉站脚不稳，淹死在淮河。这类俱非善终的下场，不仅宣告了“替天行道”梁山梦的幻灭，而且反映了小民百姓对污浊朝政的彻底绝望，同时传达了统治阶级主流思想，即绝不容许造反领袖与骨干有好下场。

班师前夕，鲁智深在六和寺听到钱塘潮信，应了“听潮而圆，见信而寂”的偈语，坐化圆寂。武松也随即出家寺中，他在睦州决战时断了左臂，尽管已成废人，小说却说他“至八十善终”。作为一种善终的类型，小说表彰于武松与鲁智深的，无疑是“放下屠刀，立地成佛”的止杀向善观念。成为对照，刚要启程，杨雄发背疮，时迁生搅肠痧，相继而死。林冲也患风病瘫，不能痊愈，留寺由武松照看，“半载而亡”，都不宜入善终之列。

刚离杭州，燕青就劝旧主卢俊义“纳还原受官诰，私去隐迹埋名，寻个僻净去处，以终天年”，卢俊义自以为没有半点异心，执迷于衣锦还乡与封妻荫子，对昔日小厮“只恐主人此去无结果”的忠告置诸脑后。燕青不告而别，遗书宋江说：“自思命薄身微，不堪国家任用，情愿退居山野，为一闲人。”他未雨绸缪，早有李师师代为讨得的赦书，终于遂其所愿，“洒脱风尘过此生”。燕青之得善终，小说称赞他“可谓知进退存亡之机”，也寄托了普通民众对洞达知性的向往追求。

到苏州城外，李俊佯装中风，请求留下童威、童猛照看，表示一俟痊愈即赴朝觐。获准以后，他与二童赶往榆柳庄。在征方腊途中，李俊路过此地，与当地费保等四人太湖小结义，烛见到“太平本是将军定，不许将军见太平”的前景，约定“趁此气数未尽之时，寻个了身达命之处”。这次会合，他们不负

明陈洪绶《水浒叶子》中的玉麒麟卢俊义，他是不得善终的，题词说他“积粟千斛皆盗粮，积钱万贯无私囊”，口气颇为嘲讽

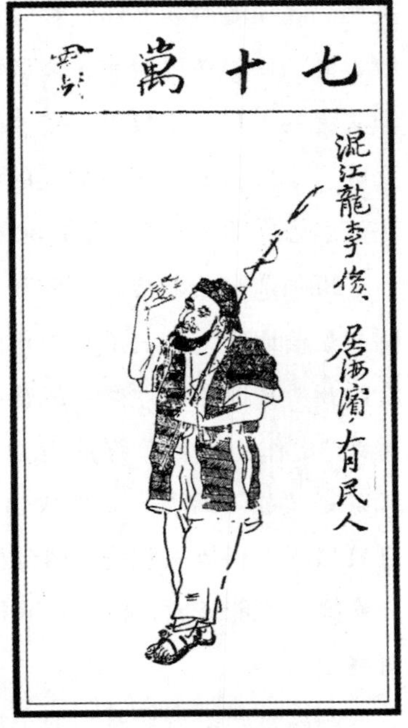

明陈洪绶《水浒叶子》中的混江龙李俊，他是善终的梁山好汉，题词说他“居海滨，有民人”，颇有赞许之意

旧约，造船出海，“自投化外国去了，后来为暹罗国之主”。这一笔“谁知天海阔，别有一家人”的交代，转化为明清之际《水浒后传》的引子，但陈忱的续作把未死的好汉全拉进来，虽别有寄兴，却自作主张。《水浒传》只说李俊他们“自取其乐，另霸海滨”，这一善终类型，不仅是普通百姓“此处不留爷，自有留爷处”生存智慧的具体表现，而且与《诗经·硕鼠》“逝将去汝，适彼乐土，适彼乐土，爰得我所”，与孔子“道不行，乘桴浮于海”的理念一脉相承，你也不妨说他们在追求虚无缥

明陈洪绶《水浒叶子》中的入云龙公孙胜，题词说他“出入绿林，一清道人”，他之善终折射出民间崇道的心态

明陈洪绶《水浒叶子》中的圣手书生萧让，题词说他“用兵如神，笔舌杀人”，他之善终或因有一技之长

缈的理想国或乌托邦。《水浒传》以诗句点赞他们：“知几君子事，明哲迈夷伦。重结义中义，更全身外身。”在小说作者看来，李俊与燕青在行事方式上虽有不同，但都属于“知几明哲”的典型。

据百回本《水浒传》，征辽回京后，公孙胜请宋公明兑现前诺，放他归山，从师学道，侍养老母，宋江只得让他回蓟州跟罗真人学道去了。小说结末交代，神机军师朱武与混世魔王樊瑞后来同为全真先生，云游江湖，也去投奔公孙胜出家，三人都“以终天年”。这一善终类型旨在弘扬道教，即小说作者借罗真人之口说的“俗缘日短，道行日长”，“远绝尘俗，正当其理”。与公孙胜类似的还有戴宗，他夜梦道教神崔府君的勾唤，发了善心，交出官诰，赴泰安州岳庙，陪堂出家，虔诚礼敬。数月之后，与道伴作别，“大笑而终”。公孙胜、戴宗为代表的以道化人式的善终，与鲁智深、武松那样立地成佛式的善终，相辅相成，相得益彰，也可以掂量出佛道两教在民间的分量。

小说结尾也交代了征方腊前留京五人的结局：神医安道全在太医院继续做他的御用医官；紫髯伯皇甫端擅长相马，做了御马监大使；玉臂匠金大坚工于治印，在内府御宝监任职；圣手书生萧让在蔡京府中做门馆先生；铁叫子乐和在驸马王都尉府中做清客，“尽老清闲，终身快乐”。这五人之俱得善终，都有赖于怀揣一技之长。与他们相似的还有震天雷凌振，他作为炮手出色非凡，仍受火药局御营任用。民谚向来有所谓“积财千万，不如薄技在身”，“一招鲜，吃遍天”，只要有独门技艺，到哪儿都吃香，归宿也不会差。这一善终类型凸显的正是一般民众对专业人才的由衷推重。

《水浒传》末回说，小遮拦穆春回到揭阳镇乡中，“复为良民”。这就构成了善终好汉中的顺从良民类型，为数也最多。铁扇子宋清虽受了官爵，却只在乡中务农，奉祀宗亲香火，经营宋家庄院，将多余钱财，散惠给下民。原来出身贵族的柴进也归入这种类型。他怕有人纠缠自己做过方腊的驸马，“自识时务”，纳还官诰，求闲为农，回沧州横海郡为民，自在过活，“无疾而终”。扑天雕李应受他启悟，也缴了官诰，返回故乡独龙冈村过活，与杜兴一起成为富豪，“俱得善终”。阮小七穿方腊皇袍事发，褫夺官诰，复为庶民，他却内心自喜，重返石碣村，依旧打鱼为生，奉养老母，“寿至六十而亡”，也算得上善终。一枝花蔡庆仍归北京大名府，未操押狱的老行当，而是“为民”。神算子蒋敬思念故乡，回潭州“为民”，却不知是否靠摆弄算子精于计算糊口谋生。独角龙邹润也不愿为官，“回登云山去了”，也是一般平民。综观这类善终的好汉，实际身份大有差异，宋清、柴进、李应与杜兴应属于富民阶层，相比之下，穆春、蔡庆、蒋敬与邹润的财力地位似乎略逊，但仍明显优越于渔民身份的阮小七。小说传达的主流理念十分明确：不管哪个阶层，只有做朝廷的顺民与良民，才有好果子吃。反过来说，朝廷如能给人一个过安生日子的天下，别说乡绅富民，即便阮小七那样的贫穷小民，也决不会揭竿而起的。

报效朝廷是梁山好汉善终的另一类型。美髯公朱仝先在保定府管军，后来大破金军，做到太平军节度使。镇三山黄信仍做他的青州兵马都监。病尉迟孙立带着妻小与兄弟孙新、顾大嫂夫妇，也回登州依旧做兵马提辖。铁面孔目裴宣与锦豹子杨林“受职求闲”，仍归饮马川。所谓“求闲”，即只受虚衔，却不赴任，宋代官制里确有这样的特许。如果说这种“受职求闲”还算善终特例，那关胜与呼延灼却另当别论了。还朝以后，关胜在大名府任兵马总管，甚得军心，但小说写他操练回来，醉酒落马，得病身亡，仍没让他善终。至于呼延灼以御营指挥使领军抗金，虽大破金兀术，最后却阵亡淮西，虽死于抗金大业，也难算善终。这两位赚上梁山的朝廷命将，虽受了招安，再归顺朝廷，之所以仍不得善终，书会才人与说书人也许隐然在其中贯彻了忠君报国的价值观。其原因或是他俩身份远较前几位下层武人为高，而覆案朱仝、黄信、孙立与裴宣等上梁山的经历也多有被逼与裹挟的因素，于是，在君臣纲常层面上，对关

明陈洪绶《水浒叶子》中的活阎罗阮小七，题词说他“还告身，渔于津，养老亲”，对他的善终充满赞美

明陈洪绶《水浒叶子》说“双鞭呼延灼”乃“将门之子，执鞭令史”，小说交代他归顺后阵亡于抗金前线，既含表彰却未得善终的安排，也表明了一种道德评判

胜与呼延灼的道德审判也就来得更严峻，更苛刻。这与宋代新儒学砥砺忠义名节之风深入民间，深刻感染到这些俗文化的创作者也许是不无关系的。

总之，《水浒传》里得以善终的好汉，大略可分知几明哲型、佛道化人型、专业人才型、顺从良民型与效力朝廷型。前三种类型较多包蕴了下层民众的思想观念，后两种类型则更多掺杂进了统治阶级的主导思想。质诸高明，以为然否？

明陈洪绶《水浒叶子》中的美髯公朱仝，他算是报效朝廷而得善终的，题词宽容地说他“许身是孝子，黥面不为耻”

文景

社科新知　文艺新潮

Horizon

水浒寻宋

虞云国 著

出 品 人：姚映然
策划编辑：何晓涛
特约策划：微言传媒
责任编辑：但　诚
营销编辑：胡珍珍
装帧设计：微言视觉|苗庆东　杜宝星

出　　品：北京世纪文景文化传播有限责任公司
（北京朝阳区东土城路8号林达大厦A座4A　100013）
出版发行：上海人民出版社
印　　刷：山东临沂新华印刷物流集团有限责任公司

开 本：890mm × 1240mm　1/32
印 张：16.75　　字 数：386,000
2020年5月第1版　　2024年4月第4次印刷
定 价：98.00元
ISBN：978-7-208-16324-9 / K·2931

图书在版编目（CIP）数据

水浒寻宋 / 虞云国著. — 上海：上海人民出版社，2020

ISBN 978-7-208-16324-9

Ⅰ. ①水… Ⅱ. ①虞… Ⅲ. ①中国历史 – 宋代 – 文集 Ⅳ. ①K244.07-53

中国版本图书馆CIP数据核字（2020）第029686号